## Das Buch

Ob in Gehaltsverhandlungen oder Prüfungen, ob im Kundengespräch, bei einer Bewerbung oder beim Flirt – immer wieder zählt nur das eine: andere von sich zu begeistern und zu überzeugen. Doch viele Menschen überlassen ihre Wirkung einfach dem Zufall. In sieben Schritten verrät Ingo Vogel, wie Sie Ihre persönliche Ausstrahlung und Überzeugungskraft stärken, Ihre Ideen und Wünsche unwiderstehlich machen und auch in Krisensituationen einen klaren Kopf behalten. Mit vielen Selbsttests, Workshops und anschaulichen Beispielen – ein Ratgeber, der ohne Umwege zum Ziel führt.

## Der Autor

Ingo Vogel, namhafter Verkaufsrhetorik- und Powersprache-Coach, leitet sein eigenes Consulting-Unternehmen in Stuttgart. Zu seinen Kunden zählen unter anderem DaimlerChrysler, Johnson & Johnson und Siemens. Er ist gefragter Interviewpartner in TV, Radio und Printmedien, Referent der Akademie für Führungskräfte der deutschen Wirtschaft in Bad Harzburg, der Haufe Akademie in Freiburg sowie Referent und Schirmherr der Schober Akademie in Stuttgart.

In unserem Hause ist von Ingo Vogel bereits erschienen:

*So reden Sie sich an die Spitze*

Ingo Vogel

# So verkaufen Sie sich richtig gut

## Erfolgreich mit Selbst-PR

Ullstein

Besuchen Sie uns im Internet:
www.ullstein-taschenbuch.de

Umwelthinweis:
Dieses Buch wurde auf chlor- und säurefreiem Papier gedruckt.

Ungekürzte Ausgabe im Ullstein Taschenbuch
1. Auflage Februar 2005
2. Auflage 2006

Die Angaben und Ratschläge in diesem Buch sind von Autor und Verlag sorgfältig erwogen und geprüft; dennoch kann eine Garantie nicht übernommen werden. Eine Haftung des Autors bzw. des Verlags und seiner Beauftragten für Personen-, Sach- und Vermögensschäden ist ausgeschlossen.
Umschlaggestaltung: Büro Hamburg
(nach einer Vorlage von Thomas Jarzina, Köln)
Titelabbildung: Mauritius, Mittenwald
Druck und Bindearbeiten: Ebner & Spiegel, Ulm
Printed in Germany
ISBN-13: 978-3-548-36719-4
ISBN-10: 3-548-36719-4

# Inhaltsverzeichnis

**Liebe, Erfolg und Anerkennung.**

**Das ist das, wonach wir uns
sehnen und was sich die meisten Menschen
von ganzem Herzen wünschen.**

**Erfolgreiche Selbst-PR ist ein guter Weg dorthin!**

# Achtung: Bevor Sie dieses Buch lesen!

Halt! Bevor Sie dieses Buch lesen, sollten Sie unbedingt die vielen positiven Nebenwirkungen und die von mir beabsichtigten »Erfolgsrisiken« kennen. Sie sollten es nur dann lesen, wenn Sie schon bald

- erfolgreicher sein,
- mehr verdienen,
- Ihre Stärken erkennen und nutzen,
- Ihr persönliches Potenzial ausschöpfen,
- glücklicher und zufriedener sein,
- sympathischer wirken, mehr Ausstrahlung haben,
- souveräner wirken,
- die Macht der Power-Sprache nutzen,
- auch in Krisensituationen sicher wirken,
- starke persönliche Überzeugungen aufbauen,
- mehr Überzeugungskraft nach außen entfesseln und
- ***sich selbst, Ihre Idee, Ihre Leistungen und Ziele durch erfolgreiche Selbst-PR besser verkaufen wollen!***

Genau darum geht es in »So verkaufen Sie sich richtig gut«. Es ist dann das richtige Buch für Sie, wenn Sie noch mehr aus sich machen, Ihre persönliche Performance schnell und einfach verbessern und auf andere Menschen viel überzeugender wirken wollen.

An wen beziehungsweise welche Zielgruppe wende ich mich mit diesem Buch? An alle! Denn es ist egal, wie weit oder erfolgreich Sie jetzt schon sind – ich garantiere Ihnen, es steckt noch so viel an nicht oder nur teilweise genutztem Potenzial in Ihnen und Sie können vieles zusätzlich oder anders tun als bisher. Jeder, der dieses Buch liest, hat seinen persönlichen Level. Resultierend aus Alter, Ausbildung, Beruf, Erfahrungen, den natürlichen Neigungen beziehungsweise Fähigkeiten etc. Doch eines verbindet alle miteinander, ist immer gleich: der Weg, um aus sich selbst noch mehr herauszuholen, um zusätzliche persönliche Ressourcen und Fähigkeiten zu aktivieren – entweder um noch wirkungsvoller, überzeugender und letztendlich erfolgreicher zu sein oder um dasselbe Ergebnis schneller oder einfach mit viel weniger Aufwand zu erreichen.

Wirkungsvoller, überzeugender, erfolgreicher sein: Sind diese Traumattribute nur für einige Auserwählte oder für jedermann erreichbar? Letzteres, denn alle drei sind keineswegs Zufall, weder ein angeborenes Recht noch göttliche Fügung. Vielmehr entstehen sie aus der Aneinanderreihung einfacher, gezielter und hochwirksamer Erfolgsfaktoren. Unscheinbare Kleinigkeiten, die, sehr bewusst und gut dosiert eingesetzt, den großen Unterschied zu den eher durchschnittlichen Ergebnissen der Masse ausmachen. Sie fragen, welche das sind? Sie werden es erfahren! Sie werden nach der Lektüre dieses Buches Ihr ganzes persönliches Potenzial kennen und nutzen: all die Ideen, Visionen und Fähigkeiten, die in Ihnen stecken. Sie werden sehr bewusst damit umgehen und sie genau dann für sich einsetzen, wenn es an der Zeit ist: wenn Sie sich oder andere begeistern und überzeugen wollen, wenn Sie Ihre Produkte, Ihre Dienstleistung oder Ihre einzigartige »Marke Ich« besser verkaufen wollen – künftig auf jeden Fall eher über als unter Wert. Sie sind es wert!

# Einleitung

»Ich muss mich selbst nicht verkaufen. Ich bin TV-Moderator, kein Verkäufer. Meine gute Arbeit spricht ja wohl für sich.«

»Nein«, dachte ich spontan, »nicht schon wieder.« Als ich, wie schon so oft, mit dieser Einstellung konfrontiert wurde, entschied ich mich endgültig dazu, dieses Buch zu schreiben.

Der TV-Moderator meinte, dass aufgrund seiner guten Arbeit und Einschaltquoten (beides stimmte sogar!) zwangsläufig auch sein Gehalt steigen beziehungsweise der weitere Aufstieg im Sender gesichert sein müsste. Ich stellte ihm daraufhin zwei Fragen: »Wie steht es denn gerade um Ihre Gehaltsentwicklung?« und »Für welche neuen, größeren Abendformate sind Sie denn konkret im Gespräch?« In beiden Fällen antwortete er ausweichend. Eines stand für mich in diesem Augenblick fest: So würde aus ihm niemals ein Top-Moderator vom Format eines Thomas Gottschalk werden.

## Schluss mit falscher Bescheidenheit – Zeigen Sie, was Sie können!

Fragen Sie sich auch manchmal, warum Sie, trotz brillanter Leistungen, noch nicht da stehen, wo Sie sein wollen? Oder warum andere weiter gekommen sind als Sie? Ich gebe Ihnen die Antwort: Weil Sie Ihr Licht unter den Scheffel stellen. Hören Sie auf damit! Sie sind gut, und das sollten nicht nur Sie selbst, sondern auch andere Menschen wissen!

Nur gut zu sein, Ideen zu haben, Leistungen zu vollbringen und seine Arbeit qualifiziert zu erfüllen, das reichte vielleicht früher noch aus, um an die Spitze zu kommen. Heute ist das anders. Heute muss selbst bestes Können attraktiv verpackt sein und erfolgreich verkauft werden. Das erreicht man mit Selbst-PR, mit Public Relations in eigener Sache.

Das ist keine Spielerei, kein luxuriöser Zeitvertreib für Promis und auserwählte Unternehmen, sondern eine Notwendigkeit für uns alle. Letzteres können wir drehen und wenden, wie wir wollen: In der heutigen Zeit kommt es mehr denn je darauf an, sein Wissen und sein Können, seine Ideen und seine Leistungen werbewirksam an den Mann zu bringen. Wo wir heute auch hinschauen – Erfolg hat derjenige, dem es gelingt, im ursprünglichen Sinn prominent zu sein, das heißt, aus der breiten Masse – also dem Durchschnitt – herauszuragen. Und glauben Sie doch bitte nicht, dass all diejenigen Personen, die prominent sind und in der Öffentlichkeit stehen, in ihrem Fach immer die Besten sind. Nein, ihnen ist offensichtlich etwas viel Wichtigeres gut gelungen: Sie haben das, was sie können oder zu bieten haben, anscheinend anders – besser – oder effektiver verkauft als andere. Die Vermarktung in eigener Sache ist das A und O – nicht nur die Leistung oder Qualität eines Produkts steht im Vordergrund, nicht allein das Können einer Person zählt, sondern zunehmend die gezielte öffentliche Darstellung.

Die persönlichen Anforderungen an jeden von uns sind deutlich gestiegen beziehungsweise haben sich grundlegend verändert. Maßhaltigkeit, vornehme Zurückhaltung oder gar falsche Bescheidenheit sind völlig out, Reliquien der Vergangenheit. Nur wer sich ins rechte Licht rücken kann, hat heute noch eine Chance, beachtet, entdeckt und gefördert zu werden. An die Spitze kommen, erfolgreich sein: All das setzt mittlerweile eine gehörige Portion an persönlichem Mut, an Kreativität und an Durchsetzungsvermögen voraus.

Die Zeiten, in denen es ausreichte, gute Arbeit zu leisten oder etwas ganz ausgezeichnet zu können, sind wohl endgültig vorbei. Propagiere ich hier etwa den weiteren Ausbau des Egoismus und der Ellenbogengesellschaft? Mitnichten! Ich trage lediglich der Entwicklung Rechnung, die sich tagtäglich vor unser aller Augen abspielt, und ich glaube nicht, dass sich daran in einem überschaubaren Zeitraum etwas ändern wird. Außerdem war es doch eigentlich schon immer so, oder? Nicht unbedingt die Besten hatten die tollsten Zeugnisse oder Jobs, sondern diejenigen, die ihre Person besonders gut in Szene setzen konnten.

Der Mensch reagiert nun einmal auf Äußerlichkeiten und emotionale Botschaften. Dies gilt in der Werbung und ebenso in Bezug auf Ihre Person. Überlegen Sie einmal. Wie ist es denn bei Ihnen, wenn Sie zum Beispiel an das letzte Fest denken, auf dem Sie waren: Woran erinnern Sie sich besonders gut? Wahrscheinlich auch eher an die tolle Stimmung, das leckere Essen und das schöne Ambiente; an das, was im Einzelnen gesprochen wurde, doch eher kaum oder nur teilweise. Nehmen wir die Schulzeit, den Mathematikunterricht. Sicher sind Ihnen die Situationen stärker präsent, in denen Sie mehr oder weniger erfolgreich vor der Klasse an der Tafel standen, als der Stoff, der sonst in diesen Unterrichtsstunden vermittelt wurde, nicht wahr?

Machen wir uns nichts vor: In erster Linie ist unser Leben durch all das bestimmt, was unsere fünf Sinne anspricht. Und das sind keine sachlichen Inhalte, sondern das, was wir sinnlich erfassen oder vermitteln. Was heißt das, und vor allem, was bedeutet das für unsere Selbst-PR? Wir können neue, andere Wege gehen! Das, was wir sind, wollen oder können, noch eindeutiger, überzeugender und attraktiver rüberbringen. Klare Ziele – knackige Formulierungen – gezielte emotionale Botschaften – Worte und Verhaltensweisen, die in die Welt des Gegenübers passen: eine unschlagbar erfolgreiche, einfach unwiderstehliche Kombination hochwirksamer Zutaten.

Jetzt wissen Sie, worauf ich hinauswill: Ich möchte Sie fit machen für neue Höhenflüge, noch größere Erfolgserlebnisse und eine völlig neue Form der persönlichen Darstellung in der Öffentlichkeit. Ich will Sie dazu animieren, sich selbst äußerst werbewirksam zu vermarkten, künftig in der ersten Reihe zu stehen und zu denjenigen Menschen zu gehören, die andere sowohl mit Worten als auch mit Taten begeistern und führen. Ich will Sie motivieren, noch mehr zu wollen und zu können, und vor allem: aus dem, was Sie bereits zu bieten haben, sehr viel mehr zu machen. Indem Sie die Strukturen der persönlichen Überzeugungskraft entdecken, entschlüsseln und für noch mehr Erfolg in Ihrem Leben nutzen. Indem Sie die herrliche Alltagssouveränität und genau das praktische Können entwickeln, um aus bislang vielleicht scheinbar zufälligen Positiverlebnissen zukünftig einfach und sicher wiederholbare Erfolgsmomente zu machen. Sie werden mithilfe dieses Buches Ihre Stärken und Defizite präzisieren, Ihre Ziele klar fokussieren und Ihre Person als Ganzes anders beziehungsweise werbewirksamer präsentieren. Dies sind in aller Kürze die Ziele, die wir ab sofort gemeinsam verfolgen werden. Ab jetzt geht es nur noch um Sie: Los geht's!

## Selbst-PR beginnt mit Ihrer Vorstellungskraft

Machen wir gleich zu Beginn ein kleines Experiment: Stellen Sie sich vor, Sie wären ein richtig toller Hecht! Sowohl Ihre Person als auch Ihre persönlichen Leistungen genießen die volle Aufmerksamkeit und Anerkennung Ihrer Mitmenschen. Sie stehen immer wieder einmal im Mittelpunkt des Geschehens, man hört Ihnen zu und bewundert Ihren Mut, Ihre Tatkraft und Ihre vielen guten Ideen. Sie sind in der Lage, Menschen mit einfachen, aber hochwirksamen Worten zu begeistern und für Ihre Ziele zu motivieren. Sie werden als eine Person geschätzt und geachtet, die zu ihrem Handeln, das heißt sowohl zu ihren Erfolgen als auch zu ihren Misserfolgen steht.

Wie wäre das für Sie? Wie gut fühlen Sie sich bei diesem Gedanken? Bitte schließen Sie jetzt für einen kurzen Moment Ihre Augen und genießen Sie dieses Gefühl: … die Beachtung, … die Anerkennung, … die Bewunderung und – den persönlichen Erfolg. Verharren Sie in dieser Vorstellung, baden Sie in dieser wunderbaren Emotion und stellen Sie sich alles ganz genau vor …

Wie lange halten Sie diese unwiderstehlich attraktiven Gedanken aus?

Alles nur Wunschdenken? Keineswegs! »So verkaufen Sie sich richtig gut« wird Ihnen erfolgreiche Selbst-PR, also erfolgreiche Werbung in eigener Sache, auf einem anderen, hochemotionalen und humorvollen Weg nahe bringen. Sie benötigen keine Vorkenntnisse, und ich verspreche Ihnen: Ich verschone Sie mit störendem Fremd- und Fachvokabular. Denn für Sie ist allein entscheidend zu wissen, wie die Erfolgsstrategien in der Praxis funktionieren, und nicht, wie diese im Einzelnen heißen. Natürlich erhalten Sie viele konkrete Ratschläge, intensiv und komprimiert dargestellt. Wahre Erfolgsstorys und zum Teil persönliche Erlebnisse werden Ihnen dabei hilfreich sein, Ihnen Mut machen und den Weg zeigen. Damit Sie ein »Dreamteam« entfesseln, das unschlagbar ist: echtes Können und starke innere Überzeugungen kombiniert mit unwiderstehlicher Wirkung und persönlicher Überzeugungskraft nach außen.

Noch bedeutender ist allerdings der ganz persönliche Ansatz: Denn die Tipps für die Praxis entfalten erst dann die volle Wirkung, wenn Sie sie auf ein Fundament der Selbstsicherheit, der inneren Überzeugungen, der Souveränität und der Glaubwürdigkeit stellen; wenn das, was Sie künftig erreichen und bewirken (wollen), wenn Ihr neues Verhalten und Ihre Ziele auch wirklich zu Ihrer Person passen.

## Abwarten lohnt nicht: Ihr nächstes Ziel kann entscheidend sein!

Machen wir gleich einen Test. Denn schon Ihr nächstes Ziel, die nächste größere Aufgabe kann für Ihren weiteren persönlichen Erfolg bahnbrechend sein! Denken Sie jetzt bitte an die nächste Situation, in der Sie Menschen für sich gewinnen und überzeugen wollen. Beantworten Sie die Fragen auf der folgenden Seite und lesen Sie danach in Anhang A2 »So wird aus Zielen persönliche Überzeugung«.

| | Ja | ? | Nein |
|---|---|---|---|
| Wissen Sie, was Sie persönlich erreichen wollen? | ☐ | ☐ | ☐ |
| Können Sie Ihr Ziel in drei Worten darstellen? | ☐ | ☐ | ☐ |
| Ist daran etwas neu, anders oder besonders? | ☐ | ☐ | ☐ |
| Haben Sie drei Highlights, die überzeugend sind? | ☐ | ☐ | ☐ |
| Würden Sie selbst Ihren Vorschlag/Ihre Idee »kaufen«? | ☐ | ☐ | ☐ |
| Können Sie darstellen, was andere davon haben? | ☐ | ☐ | ☐ |
| Wissen Sie, wie Sie in das Gespräch einsteigen? | ☐ | ☐ | ☐ |
| Haben Sie eine Strategie, wie Sie weiter vorgehen? | ☐ | ☐ | ☐ |
| Wissen Sie, wie Ihr Gegenüber reagieren wird? | ☐ | ☐ | ☐ |
| Kennen Sie seine Vorlieben/Abneigungen? | ☐ | ☐ | ☐ |
| Rechnen Sie im Gespräch mit Schwierigkeiten? | ☐ | ☐ | ☐ |
| Wenn ja: Sind Sie darauf vorbereitet? | ☐ | ☐ | ☐ |
| Haben Sie einen Plan B, wenn Plan A nicht funktioniert? | ☐ | ☐ | ☐ |
| Was tun Sie, wenn Ihr Gegenüber Nein sagt? | ☐ | ☐ | ☐ |
| Können Sie Ihre Kernaussage in einem Satz formulieren? | ☐ | ☐ | ☐ |

## So entdecken Sie dieses Buch

Sie halten dieses Buch gerade in der Hand und fragen sich jetzt vielleicht: Wann und wie soll ich es lesen? Mein erster Tipp für Sie: Starten Sie sofort! Abwarten bringt nichts, kostet Sie nur wertvolle Zeit. Tipp Nr. 2: Lesen Sie zuerst, worauf Sie gerade Lust haben, was Sie aktuell betrifft, wonach Ihnen jetzt im Moment ist. Ich habe dieses Buch bewusst so geschrieben und sehr darauf geachtet, dass die einzelnen Abschnitte kurz und weitestgehend voneinander unabhängig lesbar sind. Sie können also einsteigen, wo immer Sie wollen. Davon profitieren Sie in doppelter Hinsicht: Erstens lesen Sie von Anfang an mit Neugier, Spaß und Lust – die besten Motivatoren überhaupt. Zweitens haben Sie die wertvolle Möglichkeit, viele kurze Alltagspausen sinnvoll zu nutzen. Noch ein Tipp: Tragen Sie alle mit ☺ gekennzeichneten Tipps in Anhang A5 unter »Das 1x1 erfolgreicher Selbst-PR« zusammen, am besten mit den dazugehörigen Seitenzahlen. Dies ermöglicht Ihnen später den schnellen

Zugriff darauf, wenn Sie das Wichtigste in aller Kürze auffrischen wollen. Auch können Sie sich mit diesem Buch so in wenigen Minuten fit machen für bevorstehende Herausforderungen. Den maximalen persönlichen Erfolg und den größten Profit für Ihr Leben erzielen Sie, wenn Sie jedes einzelne Wort, jeden Gedanken, jedes Kapitel so intensiv wahrnehmen und verinnerlichen, dass Sie sofort Lust darauf verspüren, das Gelesene in der Praxis zu testen. Probieren Sie einfach alles aus. Denn Lesen ist ein guter Anfang, doch erst die Anwendung in der Praxis bringt das erwünschte messbare Ergebnis. Nichts ist so wertlos wie der gute Gedanke, den wir nicht in die Tat umsetzen. Nutzen Sie also unbedingt so oft wie möglich die Macht und das unglaublich tolle Gefühl spontaner persönlicher Erfolgserlebnisse. Nichts motiviert Sie mehr zum Weiterlesen. Und so wird dieses Buch für Sie nicht irgendwann, nicht irgendwie, sondern gleich von Anfang an ein riesengroßer persönlicher Gewinn: Minute für Minute, Seite für Seite, die Sie ... jetzt bestimmt gleich lesen werden.

**Und das erwartet Sie im Einzelnen:**
Der erste Abschnitt behandelt *das Ziel*, also sich selbst besser zu verkaufen – erfolgreich mit Selbst-PR zu sein. Ich mache Ihnen so richtig Geschmack auf den Weg und die einzelnen Schritte dorthin.

In Schritt 1 geht es um *das persönliche Fundament*, um Ihre Werte, Ziele, Stärken und auch Defizite. Sie lernen das »Glücksquadrat« kennen und erfahren, wie Sie es für sich nutzen. Auf diesen Säulen können wir später sehr gut aufbauen.

In Schritt 2 entdecken und entlarven wir *die wichtigsten Erfolgsverhinderer*. Zunächst geht es um die gefährliche Wahrnehmungsfalle, in die wir immer wieder tappen. Dann um Hindernisse und Stolpersteine, die wir uns oft selbst in den Weg legen. Damit dies ab sofort der Vergangenheit angehört, machen wir uns die Erfolgs- und Überzeugungsverhinderer Schritt für Schritt bewusst.

Schritt 3 ist der *persönlichen Überzeugung* gewidmet. Was ist das überhaupt, Zauberei oder von jedermann leicht erlernbar? Wie hängen unsere Erfolgserlebnisse damit zusammen? Und liegt hier etwa der Ursprung unserer Misserfolge? Äußerst spannende Fragen, die wir gemeinsam klären werden.

In Schritt 4 steht die *»Power-Sprache«*, die Macht des gesprochenen Wortes, im Mittelpunkt. Wie kommen Sie mit weniger Worten schneller ans Ziel? Warum ist das Wie dabei so entscheidend? Was sind Unwörter und Killerphrasen?

Schritt 5 führt uns zur *Überzeugungskraft in der Praxis*, direkt zum Geheimnis erfolgreicher Gespräche. Lesen Sie hier, mit welch einfachen Mitteln Sie andere Menschen in Ihren Bann ziehen können. Attracting – einfach unwiderstehlich wirken – absolut meisterhaft zelebriert. Warum spielt Ihre Wahrnehmung dabei eine solch entscheidende Rolle? Was ist der Erfolgskreislauf? Die Beantwortung dieser Fragen und 36 Erfolgstipps machen Sie fit für mehr persönliche Überzeugungskraft in der Praxis.

Schritt 6 beleuchtet ein wichtiges Kommunikationsmittel: Am *Telefon* entscheidet sich oft schon, wie schnell Sie vorankommen, ob Sie Menschen überzeugen und zum Beispiel eine Terminvereinbarung erreichen können. Sie erfahren, wie Sie die wichtigsten Erfolgsfaktoren beachten.

Schritt 7 macht Sie fit, um *sicher und souverän in der Krise* zu bestehen. Gerade dann sind Sie persönlich gefordert. Verbale Provokationen, Streit, heftige Einwände – wie (re-)agieren Sie souverän und schlagfertig? Sie erhalten Praxistipps, die einfach gut wirken.

In Anhang A1 finden Sie *Erklärungen und Kommentare* zu den Fragen im Textteil und haben Sie die wertvolle Möglichkeit, Ihr neues Wissen zu testen.

Anhang A2 bietet Ihnen eine Fülle an praktischen *Workshops*. Sie können das im Buch Beschriebene sofort durch intensives Üben vertiefen. So werden Sie fit für den souveränen, erfolgreichen Umgang mit anderen Menschen.

In Anhang A3 verdeutlichen *Beispieldialoge* – Skripte erfolgreicher Gespräche – das zuvor Gelernte.

Anhang A4 liefert Ihnen *99 Ideen, um sofort besser anzukommen*, scheinbare Kleinigkeiten mit großer Wirkung.

Und in Anhang A5 findet schließlich die *persönliche Erfolgskontrolle* statt. Hier stehen die Auflösungen zu den Tests in A1, das *1x1 erfolgreicher Selbst-PR* – und die Checkliste *Fit in 5 Minuten* zur spontanen Erfolgskontrolle vor wichtigen Anlässen oder Gesprächen.

*Übrigens:* Wundern Sie sich nicht, wenn ich mich auf einige Basics, also besonders wichtige, wertvolle und Erfolg versprechende Säulen dieses Buches, immer wieder beziehe. Wenn Ihnen eine solche Wiederholung auffällt, betrachten Sie es als Zeichen Ihres hellen Verstands und Ihrer Wachsamkeit. Tatsächlich habe ich in den vielen Jahren meiner praktischen Arbeit gelernt, dass jeder von uns einen völlig unterschiedlichen Zugang zu den Dingen hat beziehungsweise zulässt. Der eine lernt am besten anhand konkreter Aussagen, der andere braucht eher Beschreibungen wie Geschichten etc. Wiederum andere lernen nur dann, wenn sie, zum Beispiel in Dialogform, ganz konkret nachvollziehen können, wie etwas in der Praxis ablaufen soll. Außerdem ist es bei den meisten Menschen so, dass sie etwas Neues dann am leichtesten angehen und dauerhaft umsetzen, wenn sie es zunächst mehrmals gelesen und getan haben. Wiederholung ist wichtig! Erst sie macht uns stark. Daher habe ich meine Kernaussagen in immer wieder andere Zusammenhänge gestellt. Mal als Aussage, mal als Geschichte oder als Alltagsdialog. Das große Ziel dieses Buches ist, dass ich Sie irgendwie und irgendwann erreiche und so zu neuem Denken beziehungsweise Handeln motiviere.

**Jetzt gehen wir auf die vielleicht spannendste Reise Ihres Lebens:**
**zum *Ursprung menschlicher Überzeugungskraft*.**
**Wir reisen ausgehend vom Ziel, das heißt Ihrer erfolgreichen Selbst-PR.**
**Der Weg dorthin führt uns über viele wertvolle Etappen.**

DAS ZIEL

# Sich selbst besser verkaufen!

## Wie gut ist Ihre aktuelle Performance?

Jetzt geht es um Ihre Selbsteinschätzung. Bitte beantworten Sie zunächst wieder die Fragen; einen Kommentar zu jeder einzelnen Frage finden Sie in Anhang A1 unter »Wie gut ist Ihre aktuelle Performance«.

| | Ja | ? | Nein |
|---|---|---|---|
| Fühlen Sie sich meistens sehr gut? | ☐ | ☐ | ☐ |
| Bringen Sie sich oft selbst zum Lachen? | ☐ | ☐ | ☐ |
| Können Sie sich gut motivieren/begeistern? | ☐ | ☐ | ☐ |
| Haben Sie konkrete Prioritäten und Ziele? | ☐ | ☐ | ☐ |
| Sind Sie mit Ihrem Leben aktuell sehr glücklich? | ☐ | ☐ | ☐ |
| Passt Ihr Beruf zu Ihren persönlichen Stärken? | ☐ | ☐ | ☐ |
| Sind Sie im Augenblick (im Beruf) erfolgreich? | ☐ | ☐ | ☐ |
| Werden Ihre Leistungen überall wahrgenommen? | ☐ | ☐ | ☐ |
| Kommen Sie mit Menschen gut zurecht? | ☐ | ☐ | ☐ |
| Können Sie andere Menschen für Ideen begeistern? | ☐ | ☐ | ☐ |
| Können Sie sich in aller Regel gut durchsetzen? | ☐ | ☐ | ☐ |
| Lassen Sie sich bei Kritik leicht verunsichern? | ☐ | ☐ | ☐ |
| Sind Sie bei Provokationen sehr schlagfertig? | ☐ | ☐ | ☐ |
| Halten Sie sich für positiv und ausdrucksstark? | ☐ | ☐ | ☐ |
| Fallen Ihnen spontan drei Erfolgserlebnisse ein? | ☐ | ☐ | ☐ |
| Haben Sie Ihren nächsten Erfolg bereits geplant? | ☐ | ☐ | ☐ |
| Gibt es etwas, das Sie sich jetzt nicht zutrauen? | ☐ | ☐ | ☐ |
| Könnten Sie jetzt sofort ein einminütiges, sehr überzeugendes Selbstporträt als Rede abliefern? | ☐ | ☐ | ☐ |

## Selbst-PR: das A und O für den Erfolg

Wie gut ist Ihr erster spontaner Performancetest ausgefallen? Die persönliche Überzeugungskraft ist für jeden von uns der Erfolgsfaktor Nr. 1. Heute mehr denn je, weil schnelllebige, auf Oberflächlichkeit getrimmte Zeiten selten Raum für tiefere Einblicke zulassen. Eine zweite Chance nach dem wichtigen ersten Eindruck gibt es kaum. Weder für Sie noch für mich! Und ist der erste Eindruck misslungen, dann spielt auch die größte Fachkompetenz keine Rolle mehr. Nur wenn Sie Menschen spontan begeistern, in Spannung versetzen und überzeugen können, erhalten Sie die Chance, Ihre guten Ideen, Ziele und Informationen anschließend ausführlich zu präsentieren. Jeder hört dann sehr genau zu.

Dabei ist es egal, um welchen Zweck es bei dem zwischenmenschlichen Aufeinandertreffen geht: ob um eine wichtige Prüfung, ein entscheidendes Bewerbungsgespräch, eine Gehaltsverhandlung oder einen prickelnden Flirt. Ganze Heerscharen verkannter Genies laufen durch die Welt. Menschen, die Inhalte beherrschen, Verkäufer, die ihre Produkte in- und auswendig kennen. Nur eines können sie nicht: andere überzeugen. Und letztlich zählt nur, Wirkung auf andere zu erzielen. Erst dann können wir andere Menschen spontan und nachhaltig begeistern, motivieren und überzeugen. Das erreichen, wovon viele ein Leben lang träumen: besser ankommen, erfolgreich sein, unwiderstehlich wirken!

Das Zauberwort heißt persönliche Überzeugungskraft. Ein kleines Wort mit riesengroßer Wirkung. Wirklich überzeugend zu sein macht Sie und Ihre Zielsetzungen einzigartig, unglaublich wirkungsvoll, beinahe unwiderstehlich. Wahre Überzeugung ist der Schlüssel zum persönlichen Erfolg. Die beste Nachricht zuerst: Sie besitzen die Fähigkeit dazu! Jeder kann so viel Überzeugung und Begeisterung ausstrahlen, wie er will. Dazu braucht es lediglich die richtige innere Einstellung, die ehrliche und wahre Lust auf viele interessante Gesprächspartner und erfolgreiche Gespräche. Es geht hier um bewusstes Verhalten, gezielte Aktionen und messbare

Reaktionen. Merkwürdig: Nur wenige Menschen spielen ihr tatsächliches Überzeugungspotenzial aus. Stimmen wir uns auf dieses wichtige persönliche Ziel ein:

► **6 entscheidende Thesen/Grundgedanken:**

1. ***Jeder Mensch ist immer auch ein Verkäufer!***
   **Egal ob es um Ihre Ideen, Leistungen und Ziele oder tatsächlich um Produkte geht: Sie müssen diese stets sich oder anderen verkaufen.**
2. ***(Körper-)Sprache ist unser Tor zur Außenwelt und das Erfolgsinstrument Nr. 1.***
   **Nutzen Sie sie ganz bewusst, setzen Sie bereits auf diesen Erfolgsfaktor? Dann haben Sie die beste Grundlage, um sich optimal in Szene zu setzen und andere zu überzeugen.**
3. ***Was Sie sagen ist wichtig, das Wie entscheidend!***
   **Klar, auch der Inhalt zählt. Eine alte Weisheit sagt aber: Der Ton macht die Musik. Über das Wie transportieren Sie entscheidende emotionale Botschaften.**
4. ***Genau hinhören statt nur zuhören!***
   **Gerade haben Sie es gelesen: Emotionen entscheiden. Werden Sie zum Meister der Wahrnehmung. Achten Sie stets auf das Wie. So gewinnen Sie Information und Emotion.**
5. ***Exzellente Entscheidungen, echte Überzeugungskraft setzen ebensolche Gefühle voraus!***
6. **Und: *Letztendlich zählt nur, wie (gut) Sie auf andere Menschen wirken, wie sehr Sie überzeugen können!***
   **Davon hängt Ihr persönlicher Erfolg im Leben ab.**

Auf andere Menschen eingehen, mit verschiedenen Charakteren umgehen und wirklich überzeugen zu können erleichtert das ganze Leben, entscheidet oft sogar über den privaten und den beruflichen Erfolg. Denken Sie nur an die letzte wichtige Situation in einem Bewerbungs-/Verkaufsgespräch, in einer Prüfung oder in Ihrer Partnerschaft. Viele Menschen überlassen ihre Wirkung dem Zufall, verhalten sich missverständlich, reden sich in entscheidenden Momenten um Kopf und Kragen. Statt sich, mit viel Spaß, sehr bewusst zu verhalten: souverän zu agieren, flexibel zu reagieren, um so Menschen zu überzeugen und für sich zu gewinnen.

In einem ersten Gespräch zwischen zwei Menschen entscheidet bis zu 55 Prozent die Körpersprache über den Erfolg. Gefolgt von der Sprache und der Art und Weise, wie Sie sprechen (bis zu 38 Prozent). Gerade einmal 7 Prozent entfallen auf den Inhalt, das »Was«. Also: teure Körperspracheseminare besuchen und auf Inhalt beziehungsweise Fachkompetenz künftig verzichten? Nein, das wäre töricht!

Was können Sie ganz konkret tun, um bei anderen noch besser anzukommen? Wie stärken Sie Ihre Überzeugungskraft, wie steigern Sie Ihre Wirkung, um 100 Prozent persönliche Performance zu erreichen?

Die wichtigste Regel überhaupt: Erlaubt ist, was wirkt! Denn letztendlich zählt nur, was bei Ihrem Gegenüber ankommt und, vor allem, *wie gut* Sie ankommen. Der beste Witz ist rein gar nichts wert, wenn niemand darüber lacht. Entscheidend für Ihren Erfolg ist also, dass Sie Ihre Wirkung auf andere Menschen genau kennen und immer wieder darauf achten. Dass Sie sich Ihrer selbst sehr bewusst, allerdings niemals zu sicher sind.

Neben allen kreativen Möglichkeiten, die dann gut sind, wenn sie Wirkung zeigen, haben sich *drei* Faktoren als besonders wirksam und für jeden leicht praktizierbar herausgestellt. Ein Erfolgsfaktor ist die *innere Einstellung* (☺ Erfolgstipp Nr. 1): die Einstimmung auf und die Erwartung an das Gespräch beziehungsweise den Gesprächspartner. Denn Lust, Freude und Begeisterung im Vorfeld spiegeln sich automatisch in natürlicher, ausdrucksstarker Mimik wider, in einem Lächeln – worauf Menschen am stärksten reagieren – und in einer besonderen Art und Weise des Sprechens. Durch Betonungen, Pausen, Lautstärkewechsel etc., Lebendigkeit eben, die Menschen fasziniert, weil sie sie emotional erreicht. Jeder weiß: Der Ton macht die Musik. Bessere und erfolgreichere Resultate sind quasi programmiert. Der zweite, oft missachtete Erfolgsfaktor ist die genaue *Zielsetzung* (☺ Erfolgstipp Nr. 2): zu wissen, was in einem Gespräch überhaupt konkret erreicht oder bewirkt werden soll. Je bewusster Ihnen dies im Vorfeld ist, desto klarer sind Ihre Gedanken während des Gesprächs. Und klare Gedanken sorgen für klare Worte: Eine zielgerichtete, positive, von lästigen Unwörtern wie »eigentlich«, »äh(m)« etc. befreite Sprache ist die Folge. Ihr Kopf ist frei, und Sie konzentrieren sich voll auf den dritten Erfolgsfaktor, den wichtigsten im Gespräch überhaupt: die *Wahrnehmung* (☺ Erfolgstipp Nr. 3)! Den Gesprächspartner zu beobachten, um sich Feedback zu holen, seine Aktionen und Reaktionen genau wahrzunehmen und – jetzt kommt das Entscheidende – darauf unbedingt einzugehen. Denn nur so fangen Sie die besonders wichtigen Botschaften »zwischen den Zeilen« ein, wertvolle Signale und Stimmungen, das so genannte Gesprächsklima. Mit diesen Informationen sind Sie bestens gerüstet für positive, stimmige und erfolgreiche Gespräche. Allein Ihr flexibles Verhalten entscheidet, ob Sie erreichen, was sich alle Menschen von tiefstem Herzen wünschen: mit anderen Menschen gut zurechtzukommen, besser anzukommen, einfach unwiderstehlich zu wirken!

## Der Erfolg liegt allein in Ihrer Hand

Einfach unwiderstehlich wirken – sich selbst besser verkaufen: Sie besitzen alle Möglichkeiten dazu, es liegt in Ihrer Hand. Nicht allein die Umstände entscheiden über Ihren Erfolg oder Misserfolg, sondern vielmehr, wie Sie selbst auf die Umstände einwirken oder mit den vorhandenen Bedingungen umgehen. Denn Sie allein entscheiden, ob Sie sich zum passiven Erdulder oder zum aktiven Gestalter des Geschehens machen. Selbst wenn die Rahmenbedingungen, die Situation oder Aufgabe von anderen vorgegeben sind, haben Sie die Wahl, wie Sie damit umgehen: Beklagen Sie Ihr Leid oder entwickeln Sie den sportiven Ehrgeiz, das Beste daraus zu machen? Was macht Ihnen mehr Spaß: zu jammern oder lieber anzupacken, etwas zu schaffen und zu gestalten? Glauben Sie mir – ich bin immer wieder fasziniert von den unglaublich tollen Ideen, Leistungen, Entwicklungen und Fortschritten, zu denen Menschen fähig sind. Wodurch? Durch kleine, feine und bewusste Veränderungen ihrer inneren Einstellung, ihres Denkens und Handelns.

Gehören Sie zu den vielen Menschen, die viel zu wenig Selbstbewusstsein haben, sich zu wenig zutrauen und sich von der Meinung, der Kritik oder dem Neid ihrer Zeitgenossen einschüchtern oder sogar von ihrem Ziel abbringen lassen? Das muss nicht sein, egal auf welcher Stufe Ihrer persönlichen Entwicklung und Ihres Erfolgs Sie heute stehen.

Nichts ist so motivierend, begeisternd und überzeugend wie der Erfolg. Nichts brauchen wir Menschen so sehr, nichts tut uns so gut wie der mächtige Rückenwind durch möglichst viele persönliche Erfolgserlebnisse. Das erste zieht das nächste an, Ihr Mut und Ihr Selbstvertrauen wachsen, Sie entscheiden, wagen und gewinnen mehr. Wissen Sie, was das Schönste daran ist? Sie können den Weg dahin jetzt sofort einschlagen. Nichts und niemand hält Sie davon ab!

## Durch Entschlossenheit ans Ziel

Eines will ich hier unbedingt sofort klarstellen: Es gibt Situationen, da können Sie tun, was Sie wollen. Sie werden Ihr Ziel nicht sofort erreichen. Im Gegenteil, wenn Sie es mit Gewalt versuchen, dann sind Sie oft sogar erst recht zum Scheitern verurteilt! Manche Menschen lassen sich schon aus Prinzip nicht spontan überzeugen. Und dann spielt es keine Rolle, wie gut Sie sich selbst verkauft und Ihre tollen Vorschläge und Ideen präsentiert haben. Entscheidend ist in einem solchen Augenblick, ob Sie zu den Menschen gehören, die sich sofort entmutigen und abwimmeln lassen, oder, und das hoffe ich doch, zu denjenigen, die langfristig, strategisch und flexibel planen, denken und handeln. Wie viele Menschen haben eine gute Idee und wollen sie umsetzen? Beim geringsten Widerstand jedoch geben sie auf. Und genau hier trennt sich die Spreu vom Weizen. Wenn Sie wirklich weiterkommen, Ihre persönlichen Ideen und Ziele verwirklichen wollen, dann müssen Sie bereit sein, manchmal einfach mehr zu tun oder, oft viel wichtiger, einen neuen, anderen Weg zu gehen.

Was will ich Ihnen damit sagen? Hartnäckigkeit, Ausdauer und Ideenreichtum führen ans Ziel! Und, wie Sie feststellen werden: Es ist längst nicht immer so entscheidend, wer und was Sie sind, haben oder bieten, sondern es kommt oft viel mehr darauf an, was Sie daraus machen: Wie Sie sich durch erfolgreiche Selbst-PR ideal verkaufen. Also: Lassen Sie sich – besonders von Ihren großen Zielen – durch nichts und niemanden abbringen. Die Welt ist voll von Zögerern und Pessimisten. Was unsere Gesellschaft, was wir alle brauchen, sind Menschen, die tolle Einfälle, neue Ideen und ganz außergewöhnliche Ziele haben. Mal sehen, was mir als Nächstes einfällt. Wie ist es mit Ihnen?

## Wenn alles verloren scheint

Was ist, wenn Sie einfach nicht weiterkommen, mit Ihrem Latein am Ende sind? Sie können aufgeben, so macht es die breite Masse. Oder Sie setzen alles auf eine Karte und nutzen eine faszinierende Möglichkeit, ein Gespräch oder eine Situation zu retten, die verloren scheint. Antworten Sie Ihrem Gesprächspartner, der Ihnen eben sagte: »Das geht nicht« oder »Das können wir nicht machen«, doch einfach mit: »Ja, natürlich. Sagen Sie bitte, wie wäre es denn gewesen, wenn es geklappt hätte?« oder »Ich verstehe und ich stelle mir gerade vor, es wäre gegangen. Was hätte ich denn dann als Nächstes tun müssen?« Manchmal erfahren Sie erst auf solche oder ähnliche Fragen den wahren (Hinter-)Grund der Ablehnung. Oft verbirgt sich hinter einer knappen Aussage wie »Das geht nicht« oder »Das können wir nicht machen«, die Ihnen keine echte Information liefert, ein triftiger Grund oder auch eine Kleinigkeit! Sie sollten den wahren Grund der Ablehnung kennen, wenn Ihnen dieser Kunde, die Beziehung oder der mögliche Auftrag wirklich wichtig ist.

Machen Sie es Ihrem Gesprächspartner leicht, verhelfen Sie ihm zu einem neuen, anderen Denken. Er muss raus aus seiner ablehnenden Haltung. Und das geht in diesem Fall am Besten, wenn Sie in ihm die Vorstellung wecken, wie es wäre, wenn er mit Ihnen dieses Geschäft machen könnte. Stellen Sie daher Fragen, die zunächst einmal die erste Ablehnung akzeptierend aufgreifen. Erst dann ist Ihr Gegenüber wieder frei und bereit für echte Antworten, gibt Ihnen genau die Hintergrundinformationen, die Sie in diesem Moment so dringend brauchen. Eines verspreche ich Ihnen: Sie werden sich, wie ich selbst auch, immer wieder wundern, was tatsächlich hinter einer Absage oder Ablehnung steckt. Und in vielen Fällen haben Sie dann sogar noch eine gute Möglichkeit, gegenzusteuern oder neue, überzeugendere Argumente nachzuliefern.

Dazu ein persönliches Schlüsselerlebnis. Im Herbst 2002 hatte ich es mir zum Ziel gesetzt, mich mit meinem Seminarbestseller »Verkaufsrhetorik – Sich selbst besser verkaufen« als Referent bei einer renommierten Weiterbildungsakademie zu platzieren. Nachdem mein Team und ich so richtig Appetit machende Unterlagen erstellt hatten, schickten wir sie, wie immer zusammen mit einem besonderen Anschreiben, ab. Einige Tage später erhielt mein Büro einen Anruf von einem der Topmanager dieser Akademie. Er ließ uns wissen, dass er unsere Unterlagen, insbesondere das Seminar, wirklich außergewöhnlich finde und sehr interessiert sei. Gleichzeitig jedoch teilte er uns mit, dass eine Aufnahme in das Akademieprogramm frühestens 2004 möglich sei.

Als ich das erfuhr, verspürte ich Freude und Enttäuschung zugleich. So schön die Perspektive auch war, Referent dieser Akademie zu werden: 2004 war mir einfach zu spät, ich wollte mein Ziel schneller, ich wollte es sofort erreichen. Also ließ ich mich mit dem Topmanager dieser Akademie verbinden. Er wiederholte, wie außergewöhnlich er unser Seminar finde und dass er prinzipiell an einer Zusammenarbeit sehr interessiert sei. Allerdings gäbe es dazu jetzt keine Möglichkeit mehr, eben frühestens ab 2004. Ich bedankte mich für das Interesse und die Komplimente. Dann hob ich nochmals die Vorteile und den Nutzen hervor, die für die Akademie aus einer Zusammenarbeit entstehen würden. Und schließlich stellte ich die alles entscheidende Frage: »Wenn ich rechtzeitig dran wäre und wir jetzt für 2003 planen würden, was wäre dann der nächste Schritt?« Darauf erwiderte mein Gegenüber wie aus der Pistole geschossen, dass wir dann zunächst einmal eine Seite im Akademiekatalog für mein Seminar reservieren würden. Jetzt passierte es, er kam mit dem eigentlichen Grund für seine Absage heraus! Der aktuelle Katalog sei geplant, Seite um Seite vergeben und auch die Drucklegung stünde unmittelbar an. Da ließe sich nichts mehr ändern.

Ich traute meinen Ohren nicht. Ein Mangel an freien Katalogseiten sollte mich also von meinem großen Ziel abhalten. Das konnte und wollte ich einfach nicht einsehen. Auch war mir der Gesprächspartner am anderen Ende der Leitung mittlerweile unglaublich sympathisch, für mich persönlich eine ganz besondere Motivation für eine Zusammenarbeit. So legte ich mich abermals richtig ins Zeug, versprühte ein Maximum an persönlicher Überzeugungskraft und ließ mein Gegenüber auf humorvolle Art und Weise wissen, dass er sich dieses brandheiße Thema doch nicht so lange entgehen lassen dürfe. Ich befreite mich immer mehr aus der eigentlichen Problematik der Situation, war in Gedanken nur noch in meinem Seminar: Ich sah die Teilnehmer, die Übungen, die großen und schnellen Fortschritte des Einzelnen, die tolle Stimmung etc. Und offensichtlich brachte ich dies wohl in so überzeugenden und begeisternden Worten zum Ausdruck, dass mein Gegenüber plötzlich sagte: »Bitte geben Sie mir kurz Zeit. Ich will etwas ausprobieren und melde mich in spätestens zwei Stunden wieder bei Ihnen.« Die Zeit war noch nicht verstrichen, als er wieder anrief und mir, fast euphorisch, mitteilte: »Herr Vogel, Sie werden es nicht glauben. Sie sind dabei, es ist mir gelungen, für Sie eine Seite im Katalog freizuschlagen. Ich habe das noch nie gemacht. Ich kenne ja weder Sie noch Ihre Seminare persönlich. Aber Sie haben alles mit einer solchen Begeisterung rübergebracht, da konnte ich nicht anders.« Überlegen Sie bitte einmal: nach dem enttäuschenden Anfang dieses erfolgreiche Ergebnis. Durch eine einzige Frage!

SCHRITT 1

# Das persönliche Fundament festigen

## Status quo: 16 Fragen an Ihre Persönlichkeit

Zunächst geht es um Ihre ganz persönliche Selbsteinschätzung: Wie sehen Sie sich? Bitte beantworten Sie die folgenden Fragen, *bevor* Sie weiterlesen! Die Ergebnisse besprechen wir in Anhang A1 auf den Seiten 182 bis 187. Den dazu passenden Workshop finden Sie in Anhang A2 unter »Status quo: Der große persönliche Selbsttest«. Viel Spaß dabei!

| | **Ja** | **?** | **Nein** |
|---|---|---|---|
| **Betrachten Sie sich selbst als glücklichen Menschen?** | ☐ | ☐ | ☐ |
| **Wissen Sie, was genau Ihnen an Ihrem Leben gefällt?** | ☐ | ☐ | ☐ |
| **Gibt es Dinge, die Sie gern ändern würden?** | ☐ | ☐ | ☐ |
| **Gibt es Menschen, mit denen Sie im Unreinen sind?** | ☐ | ☐ | ☐ |
| **Gibt es Entscheidungen, die Sie heute bereuen?** | ☐ | ☐ | ☐ |
| **Kennen Sie Ihre persönlichen Werte und Ziele?** | ☐ | ☐ | ☐ |
| **Kennen Sie Ihre drei größten persönlichen Stärken?** | ☐ | ☐ | ☐ |
| **Nutzen Sie diese in Ihrem (beruflichen) Alltag?** | ☐ | ☐ | ☐ |
| **Kennen Sie Ihre größten persönlichen Schwächen?** | ☐ | ☐ | ☐ |
| **Gibt es Momente, wo diese Sie stören/behindern?** | ☐ | ☐ | ☐ |
| **Wissen Sie, welche Menschen Ihnen wichtig sind?** | ☐ | ☐ | ☐ |
| **Zeigen Sie es diesen Menschen auch häufig genug?** | ☐ | ☐ | ☐ |
| **Wissen Sie, welchen Menschen Sie wichtig sind?** | ☐ | ☐ | ☐ |
| **Loben Sie andere gern? Haben Sie es heute getan?** | ☐ | ☐ | ☐ |
| **Sind Sie auf sich selbst, Ihre Leistungen stolz?** | ☐ | ☐ | ☐ |
| **Haben Sie für das, was Ihnen gut tut, genug Zeit?** | ☐ | ☐ | ☐ |

## Das persönliche Fundament – 3 entscheidende Fragen

Auf dem Weg zu einer wirklich erfolgreichen Selbst-PR durch mehr Überzeugungskraft gehen wir von Ihrer Vergangenheit bis in die Gegenwart. Denn wir brauchen einen Status quo, auf dem Sie alles Weitere aufbauen können. Drei Fragen spielen dabei eine besondere Rolle:

1. Wer bin ich?
2. Was kann ich?
3. Was will ich?

Können Sie sich vorstellen, wie schwer es den allermeisten Menschen fällt, diese drei Fragen spontan, eindeutig und überzeugend zu beantworten? Eigentlich unglaublich, denn die Antworten auf diese Fragen, das sind Sie, das ist Ihre Persönlichkeit, Ihr »Ich«. Wie kommt das? Warum machen wir uns über das Wichtigste offensichtlich so wenig Gedanken? Ich weiß es auch nicht genau. Ich weiß nur eines: Erst wenn Sie diese Fragen geklärt und beantwortet haben, kommen Sie da hin, wo Sie hinmöchten. Denn wie wollen Sie ans »Feintuning« Ihres Erfolgs gehen, wenn die Eckdaten nicht festgelegt sind? Warum wohl lässt jeder Leistungssportler regelmäßig, spätestens zu Saisonbeginn, einen so genannten Laktattest über sich ergehen? Er könnte doch auch einfach wieder mit seinem Training anfangen. Nein, er will erst einmal ganz genau wissen, wie es um seine Fitness steht. Erst dann können neue Trainingsziele festgelegt werden. Genauso ist es mit dem persönlichen Erfolg. Wie wollen Sie an sich arbeiten, Ihre Ausstrahlung, Ihre Wirkung und Ihre Überzeugungskraft, also Ihre Performance, verbessern, wenn Sie gar nicht wissen, wo Sie stehen?

### Wer bin ich? (☺ Erfolgstipp Nr. 4)

Wie bitte? Was soll denn diese Frage? So reagieren viele Menschen ganz spontan, wenn wir an diesen Punkt kommen. Ich gebe zu, diese Frage klingt wirklich erst einmal komisch. Ich meine damit ja auch nicht, wie Sie heißen oder wie alt Sie sind. Es geht vielmehr darum, was aus Ihnen geworden ist, was Sie selbst von sich halten und ob Sie der Mensch sind, der Sie gern sein wollen. Haben Sie den Partner, die Freunde und den Beruf, die wirklich zu Ihnen passen? Was ist aus den Träumen Ihrer Kindheit und Jugend geworden? Wie würden Sie selbst sich beschreiben? Wenn ich meinen Seminarteilnehmern diese Frage stelle, dann ernte ich meistens erst einmal zweifelnde Blicke, Unverständnis und oft sogar Sprachlosigkeit. Ja, wer sind wir eigentlich?

Überlegen Sie jetzt bitte einmal: Wie gut kennen Sie Ihre persönlichen Wurzeln, welche wichtigen Entwicklungen und größeren Etappen gab es in Ihrem Leben und: Wie haben diese Sie möglicherweise verändert?

Als ich diese Frage einem sehr erfolgreichen Topmanager in einem Executive Coaching stellte, traf ich in eine offene Wunde. Dieser Mann, Vorstandsvorsitzender eines innovativen Unternehmens am Neuen Markt, wirkte nach außen sehr selbstsicher, in seinen Umgangsformen auf höchstem Niveau gewandt. Nur eines war er nicht: glücklich! Als ich mit ihm die verschiedenen Stationen seines Lebens durchging, von der Schulzeit über das Studium bis zu den einzelnen beruflichen Etappen, wurde schnell klar, ab wann und wie er sich verändert hatte. Aus einem sehr neugierigen, lustigen und spielerischen jungen Menschen war ein emotionsloser, kalter und berechnender Manager geworden. Scheinbar, als müsste es so sein, als seien dies die Insignien des Erfolgs und der Macht. Wer hatte ihm das bloß beigebracht? Umso stärker waren die Emotionen, als wir darüber sprachen, denn so hatte er nie sein, geschweige denn wirken wollen. Heute ist er wieder glücklich, hat viel Spaß am Leben und genießt seinen persönlichen Erfolg. Jetzt wissen Sie, was ich mit dieser Frage gemeint habe.

Wie ist es mit Ihnen? Reflektieren auch Sie einmal Ihr bisheriges Leben. Wer sind Sie, was machen Sie und: Was und wer ist aus Ihnen geworden?

Wissen Sie, wie schön und unglaublich wertvoll es für Sie ist, wenn Sie genau wissen, was Sie können und was nicht? Gemeint sind Ihre persönlichen Stärken und natürlich auch Ihre Defizite.

Kommen wir zunächst zu Ihren Stärken, das, was Sie auszeichnet, was Sie ganz besonders gut oder besser als andere können. Überlegen Sie: Was fällt Ihnen besonders leicht, womit fallen Sie auf, wofür werden Sie von anderen Menschen gelobt? Sehr interessant ist übrigens, dass wir unsere Stärken oft auf einem scheinbaren Nebenschauplatz nutzen, entwickeln und zeigen. Ich meine unsere heiß geliebten Hobbys. Dort haben wir Spaß, weil wir etwas gut können, es uns leicht fällt. Und gerade weil es uns Spaß macht und leicht fällt, entwickeln wir unsere Fähigkeiten in diesem Hobby freiwillig ständig weiter. Wie kommt das? Nun, unsere Hobbys suchen wir uns in der Regel selbst aus, ohne äußeren Druck oder gar Beeinflussung anderer. Dazu kommt, dass wir sie manchmal auch ändern. Neue kommen dazu, andere schlafen langsam ein, fallen irgendwann ganz weg. Meistens hängt dies mit irgendeiner Veränderung beziehungsweise (Weiter-)Entwicklung in unserem Leben zusammen. Wichtig ist allein, dass Sie Ihre Stärken (er-)kennen, fördern und auch nutzen.

Ihre Defizite erkennen Sie in der Regel sehr schnell. Daran, dass Ihnen bestimmte Tätigkeiten oder Aufgaben sehr schwer von der Hand gehen, Sie viel Zeit kosten und nie so richtig Spaß machen. Andere Menschen in Ihrer Umgebung erzielen dabei stets die besseren Ergebnisse. Und dies in kürzerer Zeit. Macht nichts. Versuchen Sie erst gar nicht, auf diesen Gebieten eine Spitzenposition zu erreichen. Es wird Ihnen nämlich nicht gelingen – oder nur mit einem unglaublich hohen Aufwand an Zeit, Energie und Geld. Meistens endet der Versuch, »mit Gewalt« aus einer Schwäche eine Stärke zu machen, damit, doch wieder enttäuscht im Mittelfeld zu landen. Und das Mittelfeld, der Durchschnitt, ist heute rein gar nichts mehr wert! Verstehen Sie mich richtig: Ich meine damit nicht, dass Sie Ihre Schwächen vergessen oder ihnen keine Beachtung schenken sollen. Nein, ich meine vielmehr, dass Sie zu Ihren Schwächen stehen sollten. Machen Sie daraus klitzekleine, erträgliche und kontrollierbare Defizite, die Ihrem Erfolg auf anderen Gebieten nicht im Weg stehen.

Eine Frage beschäftigt mich immer wieder aufs Neue: Warum nur wollen so viele Menschen überall ein bisschen können, statt auf wenigen Gebieten oder – meiner Meinung nach am besten – in einem einzigen Punkt wirklich Spitze zu sein? Meine einzige plausible Erklärung dafür ist unser bereits in der Schule anerzogener Drang zur Fehlersuche und -korrektur. Denken Sie doch einmal an Ihre Kindheit zurück: Wie war es, als Sie in der Schule Ihr erstes Diktat zurückbekamen? Was stand da wohl? Etwa: »Super, gratuliere, du hast 110 von 117 Wörtern richtig geschrieben«? Nein, da war zu lesen: »7 Fehler«! Und so lief es fast überall. Wir wurden und werden häufiger für unterdurchschnittliche Leistungen getadelt als für gute Leistungen gelobt. Fehler fallen auf, Leistungen gehen oft unter oder werden als selbstverständlich vorausgesetzt. Und daher fangen wir irgendwann an, nach den Schwächen und Fehlern zu suchen und an ihnen »rumzudoktern«. Bei uns selbst – und besonders gern bei anderen.

Vergebliche Liebesmühe, nebenbei gesagt sogar völlig unnötig, weil Sie Ihre Zeit, Ihre Energie und Ihre Nerven viel besser und mit deutlich höherem Ertrag einsetzen können. Konzentrieren Sie sich auf Ihre Stärken, dort sind Sie bereits viel besser als der Durchschnitt. Quasi auf dem Weg zum Gipfel des Mount Everest, während die anderen noch im Basislager ausharren. Sie haben einen großen Vorsprung, und den gilt es zu halten oder sogar auszubauen. Das wird Ihnen auf Ihren Stärkengebieten sehr leicht gelingen. Wir werden hierauf noch ausführlicher zu sprechen kommen: dann, wenn es darum geht, wie Sie sich selbst besser verkaufen, aus Ihrer Person eine einzigartige Marke machen.

Also: Stärken Sie Ihre Stärken, beachten Sie Ihre Fähigkeiten und mildern Sie Ihre Defizite! Und richten Sie Ihr gesamtes Leben noch mehr nach Ihren Stärken aus. Sie selbst, Ihr privates und Ihr berufliches Umfeld werden Ihnen dafür dankbar sein.

Dies ist die vielleicht wichtigste und anspruchsvollste Frage überhaupt. Stehen Sie im Augenblick beruflich und privat dort, wo Sie sein wollen? Bei keiner anderen Frage fällt es den Teilnehmern meiner Seminare und Coachings so schwer, sich festzulegen, wirklich präzise und eindeutig zu antworten. Ich nenne Ihnen hier einige typische Antworten: »Ich will erfolgreich sein«, »Ich will mehr verdienen« oder »Ich will glücklich und zufrieden sein«. Schön und gut, doch all dies sind keine befriedigenden Antworten. Warum? Weil sie weder ein wirklich konkretes Ziel noch den Weg beschreiben, auf dem die Gefragten dorthin gelangen können. Ein schwammiges Was kombiniert mit einem fehlenden Wie. Bleiben wir bei den oben genannten Beispielen, damit ganz deutlich wird, was ich meine. Was genau soll zum Beispiel die erste Aussage? Was heißt denn »erfolgreich sein«? Es fehlt der Bezug, der konkrete Zusammenhang, letztendlich die persönliche Definition von Erfolg. Für den einen ist Erfolg die harmonische Partnerschaft, für den anderen eine ganz bestimmte Position im Management. Und solange der Mut zur konkreten Festlegung fehlt, so lange bleibt auch unklar, wie der Weg dorthin zu gehen und was genau dafür zu tun ist.

Ebenso verhält es sich mit »mehr verdienen«. Erst die Festlegung auf einen gewünschten Einkommenszuwachs, sei es prozentual oder als Geldbetrag, macht das Ziel eindeutig und den Weg dorthin klar. Denn dann wird deutlich, ob dieser Mehrverdienst durch bloße Mehrarbeit in derselben Position erzielt werden kann oder ob dafür eine neue Position (eventuell in einem anderen Unternehmen) angestrebt werden muss. Sie sehen: völlig unterschiedliche Wege! Ich bin sicher: Sie wissen spätestens jetzt, was ich mit »Was will ich?« meinte. Wie lautet Ihre Antwort?

## Die eigenen Gefühle steuern – So erleben Sie alles viel positiver

Es kann nicht oft genug gesagt werden: Egal was Sie in Ihrem Leben erreichen und wovon auch immer Sie andere Menschen überzeugen wollen: Der entscheidende Erfolgsfaktor dabei sind Sie selbst. Wer um Himmels willen hat uns nur so sehr darauf programmiert, die Lösung stets in noch mehr fachlicher Weiterbildung, in neuem Wissen und die Probleme meistens bei anderen zu suchen? Alles, was Sie tun und bewirken, hat seinen Ursprung in Ihrer Persönlichkeit. Daher konzentrieren wir uns in diesem Buch zunächst auf das »persönliche Fundament« als wichtige Säule Ihres Erfolgs. Wenn Sie nach außen großen Einfluss nehmen wollen, dann sollten Sie dies zuerst einmal in Bezug auf sich selbst tun können. Wohl nichts ist so wertvoll wie die Fähigkeit eines Menschen, mit seinen eigenen Gefühlen umgehen und sie bewusst steuern zu können. Wie oft ärgern wir uns über Kleinigkeiten, lassen uns sogar ärgern (ein großer Unterschied!)? Jetzt kommt das Tragische: Anschließend ärgern wir uns fast noch mehr darüber, dass wir uns überhaupt über so etwas Unwichtiges oder Nebensächliches geärgert haben. Warum? Nun, weil wir das Gefühl haben, nicht freiwillig, sondern unter Zwang gehandelt zu haben. Weil wir im Nachhinein merken, dass wir kaum eine Möglichkeit hatten, Kontrolle über unsere Gefühle und unser Verhalten auszuüben. Viele denken, das sei nun einmal so – ein beinahe schicksalhaftes Denken. Doch weit gefehlt. Manchmal kommt noch dazu, dass uns unser Verhalten, unsere Worte peinlich sind. Auch der umgekehrte Fall ist möglich: Wir erleben wunderschöne Momente und denken uns später, dass wir uns darüber mehr hätten freuen oder ausdrücklicher bei den beteiligten Personen hätten bedanken sollen. Wie kann all das passieren?

Viele von uns leben gefühlsmäßig in einem Lotteriezustand: Alles passiert mehr oder weniger zufällig. Freude findet nicht aktiv, sondern höchstens reaktiv statt. Sollen doch die anderen die Witze machen. Auch negative Gefühle werden unkontrolliert erlebt und ertragen. Doch das muss nicht sein!

Wie ist es bei Ihnen? Lassen Sie den heutigen Tag, die letzten Ereignisse und Entscheidungen Revue passieren. Fragen Sie sich: Wer hat Ihre letzten Entscheidungen getroffen? Sie selbst oder war es die Idee beziehungsweise der Wille anderer? Worüber haben Sie sich zuletzt geärgert? War es das wirklich wert, und haben Sie sich oder haben andere Sie geärgert? War es Ihr freier Wille? Wann und worüber haben Sie das letzte Mal gelacht oder sich gefreut? Haben Sie diesen Glücksmoment aktiv herbeigeführt, oder haben Sie auf das Handeln anderer reagiert? Sie können diese Fragen natürlich in Gedanken beantworten. Am meisten profitieren Sie allerdings, wenn Sie sich jetzt ein paar Minuten Zeit nehmen und die Fragen in Anhang A2 unter »Mehr Bewusstsein für das eigene Erleben« ganz in Ruhe schriftlich beantworten.

Wie sieht Ihre ehrliche Bilanz aus? So wichtig die Hilfe und Unterstützung anderer sein kann, so entscheidend ist ein Höchstmaß an Selbstbeeinflussung für unser Leben. Wir brauchen möglichst viel innere Autonomie, damit wir nicht zu sehr auf die Meinung anderer angewiesen sind, uns durch fremde Kritik, Boshaftigkeit und Angriffe nicht immer gleich aus der Bahn werfen lassen. Das nenne ich echte Freiheit: das wertvolle Gefühl, die innere Überzeugung, sein Leben, sein Glück und seine Entscheidungen weitestgehend selbst in der Hand zu haben. Wir müssen uns nicht ärgern lassen, wenn wir es nicht wollen. Wir können auch ohne äußeren Anlass glücklich sein und aus eigenem Antrieb lachen. Wenn wir verstehen, welche Automatismen in uns ablaufen, haben wir viel mehr Möglichkeiten, darauf Einfluss zu nehmen. Was passiert eigentlich in uns, während wir durch den Tag gehen? Es schwirren uns ständig viele Gedanken durch den Kopf. Einerseits als Reaktion auf das, was wir um uns herum permanent wahrnehmen. Andererseits denken wir über das nach, was wir zuvor erlebt haben oder was uns noch bevorsteht. Diese Gedanken sind unser ständiger Begleiter, bewusst oder unbewusst, gewollt oder ungewollt. Und nun kommt das Entscheidende: Es bleibt nicht dabei, denn Ihre Gedanken sorgen für und bestimmen Ihre Gefühle. Das heißt ganz klar, wenn Sie etwas Angenehmes, Positives denken, dann fühlen Sie sich entsprechend. Leider jedoch funktioniert dieser Mechanismus auch umgekehrt: Negative Gedanken bewirken negative Gefühle! Und unsere Gefühle, ob positiv oder negativ, bestimmen den nächsten Schritt im Kreislauf, nämlich wie Sie eine Situation erleben. Denn es ist selten die Situation an sich, die gut oder schlecht, angenehm oder problematisch ist, sondern vielmehr Ihr ureigenes Empfinden und Erleben – und genau das steuert schließlich, wie Sie sich verhalten. Mit Verhalten meine ich all das, was von Ihnen nach außen wirkt: Ihre Mimik, Ihre Sprache, Ihre Körpersprache etc. Wir sind von Ihren innersten Gedanken zu Ihrem äußeren Verhalten gelangt. Wir haben Ihr Denken – Fühlen – Erleben – Verhalten in einen direkten Zusammenhang gestellt und einen Kreislauf der Abhängigkeit entdeckt. Diesen permanenten Zusammenhang beschreibt das Glücksquadrat.

## Das Glücksquadrat

Egal, an welcher Stelle Sie in diesen Kreislauf einsteigen, der nächste Schritt hängt immer vom vorherigen ab.

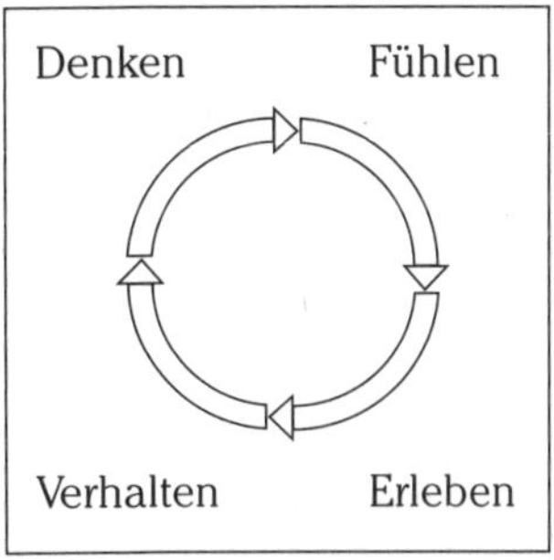


Ein Gedanke – ob positiv oder negativ – bringt ein entsprechendes Gefühl mit sich. Denken Sie an etwas Schönes, dann fühlen Sie sich doch gut, oder? Und dieses Gefühl bestimmt, wie Sie Ihr Umfeld erleben. Deshalb geht Ihnen zum Beispiel an manchen Tagen alles viel einfacher von der Hand, gelingt scheinbar fast von allein. Und durch Ihr dann auch positives, offenes Verhalten sorgen Sie unbewusst dafür, dass es genau so weitergeht.

Das Entscheidende dabei ist, dass dieser Kreislauf so oder so abläuft, ob Sie es wollen oder nicht. Sie haben allerdings größten Einfluss darauf, ob Sie daraus Ihr Glücks- oder Ihr Unglücksquadrat machen.

Ich nehme an, Sie haben sich sofort für das Glücksquadrat entschieden? Gut! Die Frage ist: Wie nutzen beziehungsweise aktivieren Sie es für sich? Ganz einfach: Zunächst ist es wichtig, dass Sie immer wieder in Ihr Glücksquadrat »einsteigen«. Indem Sie es an der für Sie leichtesten Stelle betreten. Regelmäßig, auf jeden Fall mehrmals täglich. Was meine ich damit? Tun Sie das, was für Sie am einfachsten ist, was Ihnen sehr leicht fällt. Sind es zum Beispiel eher die schönen oder angenehmen Gedanken, denen Sie gern nachhängen? Dann nutzen Sie sie ab sofort regelmäßig und sehr bewusst, um die nächsten positiven Schritte und damit Ihr Glücksquadrat zu aktivieren. Sind Sie dagegen der Typ Mensch, der am liebsten und leichtesten in wundervollen Stimmungen und Gefühlen schwelgt, dann ist genau dies Ihr bester ständiger Weg ins Glücksquadrat. Lassen Sie sich gern von interessanten Situationen und Menschen inspirieren? Dann sorgen Sie dafür, dass sich Ihnen genügend Gelegenheiten dazu bieten. Und wenn Sie eher ein Mensch sind, der gern durch Aktivitäten glänzt, dann führt Ihr Weg ins Glücksquadrat über Ihr positives Verhalten. Sie bringen sich und andere gern zum Lachen, nutzen die Macht der Sprache, um Ihr Denken – Fühlen – Erleben zu steuern.

Ganz egal, welcher Typ Mensch Sie sind: Wichtig, ja entscheidend ist, dass Sie Ihr Glücksquadrat regelmäßig ganz aktiv nutzen und so auch den innewohnenden Kreislauf in Bewegung bringen beziehungsweise halten. Das Glücksquadrat wird lebendig, wenn Sie es bewusst in Ihr Leben einbauen. Dann wird es Ihnen viele schöne Momente, noch größere Erfolge und damit eine insgesamt noch bessere Lebensqualität bescheren – selbst oder gerade in besonders schweren Stunden, wenn Sie auf sich selbst, Ihre ganze Kraft und möglichst viele positive Energien angewiesen sind.

Wie können Sie Ihr Glücksquadrat im Alltag aktivieren? Nehmen wir an, Sie wollen über Ihr Denken in diesen herrlichen Kreislauf einsteigen. Was liegt da näher, als sich an einen besonders schönen Augenblick zu erinnern? Nun haben Sie zwei Möglichkeiten: Entweder Sie denken an etwas, auf das Sie sich freuen, etwas Schönes, das noch vor Ihnen liegt. Oder Sie nutzen die Kräfte zurückliegender besonderer Momente, Erfahrungen und Erfolge. Wählen wir als Beispiel eine vergangene Situation: Überlegen Sie sich, welche für Sie ganz besonders schön, erfolgreich und angenehm war. Sind Sie so weit, haben Sie eine gefunden? Gut, dann frischen Sie nun Ihre Erinnerungen auf. Wie war das damals für Sie? Worum ging es, was genau ist passiert? Gehen Sie bitte zurück in diese Erfahrung: Sehen Sie, was Sie damals gesehen haben ..., hören Sie, was Sie gehört haben ..., und fühlen Sie, was Sie gefühlt haben. Gab es Gerüche, haben Sie irgendetwas geschmeckt? Nehmen Sie sich bitte Zeit, entspannen und erinnern Sie sich ganz genau. Was war damals noch? Wie erleben Sie diesen Moment – als Bild, Film oder Gespräch? Sind Sie wie damals mitten in diesem Moment oder betrachten Sie sich selbst von außen? Wie wohl fühlen Sie sich jetzt, heute, während Sie ganz intensiv an damals denken?

Ist es nicht herrlich, diese kostbaren Erinnerungen kostenlos, selbständig und so einfach reaktivieren zu können? Ungeahnte Schätze, die wir meist ungenutzt in uns tragen. Wir müssen nur damit arbeiten, uns ab und zu daran erinnern, und schon stehen uns unerschöpfliche Energiequellen zur Verfügung. Stellen Sie sich vor, Sie würden immer wieder einmal die positiven Kräfte und Energien solcher besonderen Erinnerungen für sich nutzen. Wie gut würde sich das wohl auf Ihr Leben, Ihren Erfolg auswirken? Wie sehr würde Ihrer Meinung nach zum Beispiel jedes neue Gespräch davon profitieren können? Sehr positiv, das können Sie mir glauben! Genauso gut funktioniert dieses Aktivieren bei einer zukünftigen Situation. Indem Sie sich ganz intensiv und von Herzen darauf freuen, mit einer sehr positiven Einstellung herangehen und die allerbesten Ergebnisse für möglich halten. Wenn Sie sich so in Gedanken zum Beispiel auf eine herausfordernde Aufgabe oder ein anspruchsvolles Gespräch vorbereiten, dann ist allein das schon der halbe Erfolg. Denn Sie denken, fühlen, erleben das Beste und – Sie verhalten sich entsprechend. Weil Sie wissen: Ihr Verhalten bestimmt den Erfolg!

## Sprache als Selbstmotivation

Wir können auch die Macht unserer Sprache nutzen, um unseren Glückskreislauf in Gang zu setzen. Lesen Sie den folgenden Satz und sprechen Sie ihn anschließend mehrfach laut und deutlich aus. »Ich fühle mich stark« – »Ich fühle mich stark«. Wie fühlen Sie sich jetzt? Unsere Sprache zeigt und hat großen Einfluss darauf, wie gut wir uns gerade fühlen. Es macht einen großen Unterschied, welche Worte wir wählen. Vergleichen Sie zum Beispiel die Wirkung der folgenden Formulierungen auf sich. Zunächst bitte ich Sie, die Sätze zu lesen. Danach sprechen Sie jeden laut und deutlich:
Ich *muss* diese Aufgabe erledigen.
Ich *sollte* diese Aufgabe erledigen.
Ich *könnte* diese Aufgabe erledigen.
Ich *versuche*, diese Aufgabe zu erledigen.

Und nun:
Ich *möchte* diese Aufgabe erledigen.
Ich *will* diese Aufgabe erledigen.
Ich *werde* diese Aufgabe erledigen.

Und jetzt:
Ich *habe große Lust* darauf, diese Aufgabe zu erledigen.
Ich *habe Spaß* daran, diese Aufgabe zu erledigen.
Ich *freue mich* darauf, diese Aufgabe zu erledigen.

Wie ergeht es Ihnen, wie erleben Sie es, wenn Sie diese unterschiedlichen Sätze lesen und anschließend laut aussprechen? Wiederholen Sie das gerade bei den letzten drei Formulierungen mehrmals. Wichtig für die Wirkung und die Selbstmotivation ist das Aussprechen, sie nur zu lesen reicht nicht. Wie groß ist für Sie der Unterschied zwischen »Ich muss …« und »Ich habe große Lust …« beziehungsweise »Ich freue mich darauf …«?

Vielleicht hat Ihnen schon diese kleine Übung verdeutlicht, wie wichtig der bewusste Umgang mit unserer Sprache ist. Je schneller Sie sich darauf einstellen, darauf freuen und konzentrieren, desto eher werden Sie die vielen Früchte ernten können. Denn das ist das Schöne daran: Mit einer positiven, motivierenden Sprache bereichern Sie nicht nur Ihr Leben, steigern nicht nur Ihr Wohlbefinden, sondern auch das anderer Menschen. Wollen Sie weitere Beispiele? Dann lesen Sie, wie Sie Ihre Aufgaben unwiderstehlich machen:

Ich *bin gespannt*, wie gut ich diese Aufgabe erledigen werde.
Ich *bin neugierig darauf*, wie gut ich diese Aufgabe erfülle.
Ich betrachte es als *Herausforderung*, diese Aufgabe zu erledigen.
Ich *setze mir zum Ziel*, diese Aufgabe gut auszuführen.
Ich habe *große Lust* darauf, diese Aufgabe zu erledigen.
Ich habe *Spaß* daran, diese Aufgabe zu erfüllen.
Ich *freue mich* darauf, diese Aufgabe zu erledigen.
Ich *kann es kaum erwarten*, diese Aufgabe anzupacken.
Ich bin *voller Erwartungen* an die Erfüllung dieser Aufgabe.
Ich bin *stark motiviert*, diese Aufgabe erfolgreich zu beenden.
Ich bin *sehr stolz*, wenn ich diese Aufgabe erfülle.
Ich bin *begeistert*, wenn ich diese Aufgabe erfolgreich ausführe.
Ich betrachte es als *große Chance*, diese Aufgabe zu erledigen.
Ich sehe es als *gute Gelegenheit*, diese Aufgabe zu erfüllen.
Ich betrachte es als *wichtigen Schritt*, diese Aufgabe zu erfüllen.

## Die Bausteine unseres Erlebens

Nachdem Sie das Glücksquadrat und die motivierende Sprache als Mittel positiver Selbstbeeinflussung kennen gelernt haben, gehen wir einen Schritt weiter. Es geht um wertvolle Bausteine, die es Ihnen ermöglichen, Ihre Gefühle zu steuern und, besonders wichtig, die Intensität Ihrer Empfindungen zu beeinflussen. Denn unser inneres Erleben bestimmt unser Verhalten.

Wenn wir uns schon so intensiv mit uns selbst auseinander setzen, dann ist es besonders wichtig, unsere Gedanken und Empfindungen besser zu verstehen. Wie erleben wir die Welt, welchen Einfluss haben wir darauf? Noch genauer gesagt geht es darum, warum wir uns gerade an negative Ereignisse der Vergangenheit so leicht, so intensiv und leider auch viel zu oft erinnern. Wie kommt es, dass es sich mit unseren vielen positiven Erlebnissen meist nicht so verhält? Haben wir Einfluss darauf, oder sind wir dem hilflos ausgeliefert? Dies sind äußerst wichtige, ja sogar entscheidende Fragen, denn unsere Lebensqualität und unser Erfolg hängen davon ab. Ein Mensch, der auf seine Gedanken und Gefühle keinen Einfluss hat, hat ebenso wenig Einfluss auf sein Verhalten – seine Überzeugungskraft! Alles wird zufällig und willkürlich. Zunächst einmal ist es leicht erklärbar, dass wir uns eher an negative Momente erinnern. Unser Gehirn ist antiquiert, das heißt fast noch auf dem Stand eines Neandertalers. Und für diesen war es entscheidend, ja lebenswichtig, sich gefährliche Erfahrungen sofort und dauerhaft einzuprägen. Eine zweite Chance hatte er in freier Wildbahn kaum. Genau so ticken wir heute noch: Etwas Negatives oder Unangenehmes, wenn auch nur einmal erlebt, wird häufig unbewusst zur Basis unseres künftigen Denkens und Verhaltens. Dazu kommt, dass wir in der Regel eher darauf konditioniert sind, Misserfolge zu vermeiden, als Erfolge zu produzieren.

Jetzt ist klar, warum es sich mit positiven und negativen Erinnerungen so unterschiedlich verhält. Schön und gut, doch was machen wir daraus? Alles beim Alten belassen? Nein, das wäre töricht. Ich habe einen anderen Vorschlag: Wie attraktiv und motivierend wäre es für Sie, wenn Sie zukünftig

- Ihre positiven Erinnerungen intensivieren und
- die negativen Erfahrungen abschwächen könnten?

Dazu fragen wir uns zunächst, was diese Erinnerungen denn überhaupt ausmacht. Wie erleben Sie eine positive, wie eine negative vergangene Situation? Worin liegen bei Ihnen die Unterschiede? Sie haben richtig gelesen: bei Ihnen! Denn dies ist bei Menschen meist völlig unterschiedlich. Entscheidend ist, dass Sie die Komponenten Ihrer Empfindungen entdecken, damit spielen und sie für sich nutzen: indem Sie lernen, sie in die gewünschte Richtung zu verändern. Schauen wir uns diese Komponenten einmal näher an. Unser tägliches Erleben erfolgt über unsere fünf Sinne: Sehen, Hören, Fühlen, Riechen und Schmecken. Mit ihnen erinnern wir auch vergangene Erfahrungen: in Bildern, in Stimmen und Geräuschen, in Gefühlen, in Gerüchen und Geschmäckern. Jetzt gehen wir auf eine spannende Reise: Wir ergründen die Struktur Ihrer inneren Erlebnisse – Art und Intensität Ihrer positiven und Ihrer negativen Empfindungen. Das Einzige, was Sie dazu brauchen, ist ein wenig Zeit und sehr viel Neugier darauf, welche Komponenten bei Ihnen im Einzelnen welche Wirkung auslösen. Die daraus gewonnenen Erkenntnisse haben für Sie generelle Bedeutung, da sie auf gleichartige Erlebnisse meist direkt übertragbar sind, weil ein Mensch stets eindeutige Erlebnisstrukturen für positive oder negative Erinnerungen hat. Wissen Sie, was das Spannendste daran ist? Wenn Sie diese persönlichen Strukturen einmal aufgeschlüsselt und ergründet haben, dann können Sie sie ganz gezielt dazu nutzen, die Qualität sowohl vergangener als auch zukünftiger Momente zu erhöhen. Das klingt doch fantastisch, oder?

Welche Sinne nutzen Sie beim Erinnern bevorzugt? Wie sehen bei Ihnen die jeweiligen Komponenten im Einzelnen aus? Sehen Sie alles aus Ihren Augen heraus oder sehen Sie sich eher von außen zu? Dies zu ergründen ist das Ziel des Workshops »Die Bausteine unseres Erlebens« in Anhang A2, den ich Sie unbedingt durchzuführen bitte. Wir beschränken uns auf die Sinnessysteme Sehen, Hören und Fühlen, die für die meisten von uns entscheidend sind. Die gewonnenen Eindrücke und Erkenntnisse sind absolut wichtig für Sie und alles Weitere, das wir anschließend noch vorhaben! Also: Legen Sie gleich los, freuen Sie sich auf viele Entdeckungen.

Wie war der Workshop für Sie: spannend und aufschlussreich? Nachdem Sie die Komponenten Ihrer Gefühle nun entdeckt und gelernt haben, damit umzugehen, müssen Sie künftig einfach nur Folgendes tun: Nehmen Sie Ihre negativen, störenden alten Erinnerungen und verändern Sie die einzelnen Komponenten so, dass Ihre Gedanken angenehmer und erträglicher werden.

**MEIN TIPP:** Von negativen, unerwünschten Erinnerungen können Sie sich sehr leicht distanzieren, also Abstand und Freiheit gewinnen, indem Sie sich zum Beispiel von außen zusehen, statt sich erneut mitten in die Situation zu versetzen und alles noch einmal unmittelbar zu erleben. Das schwächt Ihre negativen Gefühle sofort ab, und wir wollen ja nicht umsonst so oft von etwas »Abstand gewinnen«. Eine zweite Möglichkeit kann sein, die Bilder dieser Erinnerungen zum Beispiel kleiner, heller oder entfernter »einzustellen«.

Positive vergangene Momente werden für Sie künftig besonders wertvoll und motivierend, wenn Sie damit zweierlei tun: Sie schaffen sich noch heute ganz einfache Erinnerungsmechanismen; diese werden dafür sorgen, dass Sie oft genug an etwas Positives denken. Dann nehmen Sie sich immer wieder einmal eine dieser wundervollen Erinnerungen und experimentieren damit in Gedanken herum: Was können Sie tun, welche der Komponenten verändern, um Ihre Gefühle noch intensiver, attraktiver – eben einfach unwiderstehlich – zu machen? Die beste Erfolgskontrolle sind Ihre sich verstärkenden Empfindungen. Machen Sie aus vergangenen schönen Momenten wunderschöne und aus angenehmen Situationen unwiderstehliche, indem Sie zum Beispiel – statt diese Erinnerung von außen zu betrachten – sich direkt hineinbegeben, alles erleben als Beteiligter. Machen Sie die Bilder, die Sie dabei in Gedanken sehen, größer, farbiger, holen Sie sie näher heran. Probieren Sie, wie welche Veränderung speziell bei Ihnen wirkt.

Was das Ganze soll? Sie gewinnen durch diese Übungen und Ihr neues Können viel mehr direkten Einfluss auf Ihre Gedanken, Ihre Empfindungen und somit auf Ihr Verhalten.

Sie verfügen nun über die Möglichkeit, sich selbst äußerst positiv zu motivieren und zu beeinflussen. Sie können durch dieses mentale Training jederzeit aus schwierigen Aufgaben reizvolle Herausforderungen, aus unangenehmen Gesprächspartnern interessante Gegenüber und aus guten Bekanntschaften innige Freundschaften machen. Stellen Sie sich vor, was das für Sie, für Ihre Zukunft und Ihren persönlichen Erfolg bedeutet. Sie haben Ihr Erleben im Griff!

*Übrigens:* Hier finden wir oft die Ursache mangelnden Selbstvertrauens und langweiliger, oberflächlicher Partnerschaften. Viele Menschen kranken an einem negativen Selbstbild. Und manche Beziehung wäre sofort mit neuer Liebe und mehr Leben erfüllt, wenn beide Partner in Gedanken ein unwiderstehlich attraktives Bild vom anderen mit sich herumtragen und dieses ab und zu aktivieren würden. Denn auch Liebe und Leidenschaft ist ein Prozess, der am Leben erhalten und immer wieder neu entfacht werden will. Sie würden es kaum glauben, wie viele Menschen spontan nicht in der Lage sind, sich ein Bild des Partners ins Gedächtnis zu rufen. Wie, frage ich Sie, soll da auf Dauer eine liebevolle Beziehung möglich sein? Entwickeln Sie noch heute von Ihrem Partner oder einem anderen lieben Menschen ein ganz besonders wunderschönes Bild. Dasselbe gilt für Gefühle. Entscheiden Sie selbst, welche Sinne für Sie am besten wirken. Also:

1. Aktivieren Sie Ihr Glücksquadrat (☺ Erfolgstipp Nr. 7).
2. Verwenden Sie eine motivierende Sprache (☺ Erfolgstipp Nr. 8).
3. Nutzen Sie die Bausteine der Gefühle (☺ Erfolgstipp Nr. 9).

So entgehen Sie emotionaler Ohnmacht, gewinnen positiven Einfluss auf Ihre Gefühle: in vergangenen, aktuellen und künftigen Momenten. Und dies hat große Folgen: Sie haben deutlich mehr Ausstrahlung, Souveränität und Überzeugungskraft – und Erfolg!

## So entgehen Sie der Zeitfalle

Abschließend noch ein Tipp ganz anderer Art: Überall ist es zu hören und die meisten von uns klagen darüber – es mangelt an Zeit. Merkwürdig, oder? Denn die vielen technischen Errungenschaften wie Fax, PC, Handy oder Internet sollten uns doch eigentlich viel Zeit sparen. Warum spreche ich Sie hier darauf an? Nun, weil es für den Erfolg Ihrer Selbst-PR mit entscheidend sein wird, dass Sie viel Zeit für das Wesentliche haben. Was können Sie also tun? Ich will Ihnen gern erzählen, was mir sehr geholfen hat, meine

Zeit in den Griff zu bekommen. In früheren Tagen ging ich so vor, dass ich mich an die Erledigung einer Aufgabe machte, wenn diese unmittelbar anstand. Allzu oft passierte es mir dann, dass ich nichts »aufs Papier brachte«, wie blockiert dasaß und dann unglaublich viel Zeit brauchte, ehe ich am Ziel war. Denn wohl kaum etwas ist so demotivierend, wie vor einem leeren Blatt Papier zu sitzen. Irgendwann einmal gewöhnte ich es mir zum Glück an, meine Ideen und Gedanken stets sofort aufzuschreiben. Nun kann es sogar passieren, dass ich eine Aufgabe kurz unterbreche, um andere Gedanken festzuhalten, die mir gerade durch den Kopf gehen. So habe ich es übrigens gerade jetzt wieder gemacht. Während ich die vorherige Seite dieses Buches niederschrieb, hatte ich plötzlich eine tolle Idee für einen wichtigen Brief. Es dauerte keine Minute und die Idee war festgehalten. Mein Kopf war wieder frei für das Buch. Also: Deponieren Sie überall Notizblöcke und Stifte, wo Sie zukünftig Ihre Ideen aufschreiben werden. Halten Sie Ihre Einfälle ab jetzt immer sofort fest. Sie werden sehen, dass Sie so unglaublich viel Zeit sparen. Denn es macht einen riesengroßen Unterschied, ob Sie auf Knopfdruck eine neue Idee erst von Grund auf entwickeln müssen oder lediglich bereits notierte Gedanken auszuformulieren brauchen.

Halten wir noch einmal fest: Durch sofortiges Aufschreiben Ihrer spontanen Ideen gewinnen Sie mindestens zwei Vorteile:

1. Sie sparen Zeit.
2. Ihr Kopf ist frei.

SCHRITT 2

# Die typischen Erfolgsverhinderer vermeiden

## Die Wahrnehmungsfalle

Immer wieder passiert es, dass wir in wichtigen Situationen unseres Lebens ein gefährliches Informationsdefizit haben und daher in die Wahrnehmungsfalle tappen. Ohne es zu ahnen, kostet sie uns sehr viel Zeit und Geld, verdirbt uns so manch gute Freundschaft oder nimmt uns neue Chancen auf (geschäftlichen) Erfolg. Denn, einmal in diese Falle geraten, treffen wir wichtige Entscheidungen und Zielsetzungen auf einer völlig falschen Basis, weil die Annahmen und Kriterien einfach nicht stimmen! Ganze Unternehmen sind aufgrund solcher gefährlicher Fehleinschätzungen in Schieflage geraten. Wie viele Partnerschaften wurden und werden durch Missverständnisse zerstört, durch unbegründete, verantwortungslose und persönlich beleidigende Behauptungen, Annahmen oder Vorurteile, deren Ursprung fast immer im Mangel an bewusster Wahrnehmung liegt.

In einem Zeitalter des Kostendrucks, des internationalen Wettbewerbs und der zunehmend schnellen Vergleichbarkeit zählt mehr denn je der persönliche Kontakt zum Kunden und zum Mitarbeiter. Feuer und Flamme sein für die eigenen Leistungen beziehungsweise Produkte, die Kunden und Mitarbeiter schätzen und lieben – nicht als Mittel zum Zweck und als bloßes Lippenbekenntnis zu Kunden- und Mitarbeiterorientierung –, sondern es wirklich mit echter persönlicher Begeisterung vorleben, das ist hier gemeint.

Was glauben Sie ist dafür das alles Entscheidende? Richtig, ein Höchstmaß an persönlicher Wahrnehmung und ehrlich gemeinter Aufmerksamkeit für sich selbst, die jeweilige Situation, die Menschen. Wie wollen Sie auf Ihre Kunden, Ihre Mitarbeiter oder Ihre

Kollegen wirklich eingehen, mit deren persönlichen Stärken, Schwächen und Wünschen umgehen, wenn Sie sich nicht ständig durch genaue Wahrnehmung alle dafür notwendigen Informationen sichern? Das wäre ungefähr so, als würden Sie im Formel-1-Cockpit nur auf die Messwerte des Fahrzeugs und nicht auch auf die Strecke an sich achten. Dasselbe Feedback, dieselbe Erfolgsschleife, die ein Formel-1-Pilot durch ständiges Agieren und Reagieren mit einem Höchstmaß an Wahrnehmung und Aufmerksamkeit nutzt, ist es, die wir für den zwischenmenschlichen Erfolg brauchen!

Ob Angestellter, Führungskraft oder selbständiger Unternehmer – auf jeder Hierarchiestufe liegt ein unglaublich großes Potenzial brach, weil es an Aufmerksamkeit und Informationen mangelt und sich die Menschen nicht (oder falsch) verstehen. Überlegen Sie, wie groß der menschliche und wirtschaftliche Schaden durch eine solche negative Kette werden kann: Mitarbeiter versteht Mitarbeiter nicht – Chef versteht Mitarbeiter nicht – Führungskraft versteht Führungskraft nicht – Verkäufer versteht Kunde nicht etc. Im ersten Fall führt es zu einem messbaren Verlust an Teamleistung, einem schädlichen Konkurrenzkampf, einem Mangel an gegenseitiger Unterstützung und dem Verlust wertvoller Synergieeffekte. Wenn sich Chef und Mitarbeiter nicht verstehen, hat dies oft zur Folge, dass besondere Fähigkeiten und Verbesserungsvorschläge des Mitarbeiters nicht gefördert beziehungsweise genutzt werden und er vielleicht sogar in einer ungeeigneten Position eingesetzt wird. Der Mitarbeiter wiederum hat kein Vertrauen, wichtige Gedanken dem Vorgesetzten zu offenbaren, häufig sogar keine Motivation, weil er sich nicht gefördert und damit seiner beruflichen Perspektiven beraubt fühlt. Es droht die innere Kündigung, dem Unternehmen der Verlust eines wertvollen Mitarbeiters und die kostenintensive Suche nach einem gleichwertigen Ersatz. Im dritten Fall können ganze Unternehmen in persönlichen Auseinandersetzungen zerrieben werden. Wichtige strategische Unternehmensziele beziehungsweise -ausrichtungen fallen persönlichen Missstimmungen zum Opfer. Und wenn sich das Nicht-Verstehen auf der Ebene Verkäufer – Kunde abspielt, sind sinkende Umsätze, der Verlust wertvoller Stammkunden und die zwingend notwendige, sündhaft teure Neukundengewinnung über aggressivste Preis- und Werbeoffensiven die Folge. Unbezifferbare Verlustquellen, die leider meist lange im Verborgenen bleiben. Dasselbe gilt für unser Privatleben. Wie oft entstehen ohne echten Anlass Streit und Missverständnisse. Alles nur deshalb, weil wir uns zu wenig auf das Gegenüber einlassen, zu wenig Aufmerksamkeit und Zeit in besseres Verständnis investieren.

Bevor wir darauf zu sprechen kommen, woher diese gefährliche Wahrnehmungsfalle kommt und wie wir sie einfach und erfolgreich umgehen können, haben Sie die Gelegenheit, einen aufschlussreichen Test zu machen. Es geht dabei um Ihre Wahrnehmung: Wie aufmerksam gehen Sie durch die Welt? Bitte beantworten Sie die folgenden Fragen *möglichst schnell*. Lesen Sie erst danach weiter! Wissen Sie ...

| | **Ja** | **Zum Teil** | **Nein** |
|---|---|---|---|
| **... noch ganz genau, wie Ihr gestriger Tag war?** | ☐ | ☐ | ☐ |
| **... die Namen der einzelnen Gesprächspartner?** | ☐ | ☐ | ☐ |
| **... mit wem Sie worüber gesprochen haben?** | ☐ | ☐ | ☐ |
| **... wie Ihre Gesprächspartner gekleidet waren?** | ☐ | ☐ | ☐ |
| **... in welcher Stimmung Ihre Gesprächspartner waren?** | ☐ | ☐ | ☐ |
| **... noch Einzelheiten von den Orten des Geschehens?** | ☐ | ☐ | ☐ |
| **... was im jeweiligen Gespräch entscheidend war?** | ☐ | ☐ | ☐ |
| **... welche Gedanken Ihnen durch den Kopf gingen?** | ☐ | ☐ | ☐ |
| **... wie und wann Sie nach Hause kamen?** | ☐ | ☐ | ☐ |
| **... woran Sie beim Einschlafen gedacht haben?** | ☐ | ☐ | ☐ |

Wie erging es Ihnen bei der Beantwortung dieser Fragen? Wie oft setzten Sie Ihr Kreuz bei »Ja«, wie häufig bei »Zum Teil« und bei »Nein«? Im Grunde genommen sollte es uns leicht fallen, schnell und eindeutig darauf zu antworten. Und doch haben bestimmt auch Sie gerade die Erfahrung gemacht, dass Sie einige Momente Ihres gestrigen Tages vergessen haben, Ihnen manche Details nicht mehr präsent sind, oder? (Falls nicht, dann gratuliere ich Ihnen: Sie sind schon jetzt ein Meister der Wahrnehmung!) Den meisten Menschen geht es so. Das stelle ich auch immer wieder in meinen Seminaren und Coachings fest. Stellen Sie sich vor, Sie befänden sich in einem Verkaufstraining mit gerade einmal acht Teilnehmern. Das heißt, Sie hätten sich lediglich sieben Namen zu merken. Fiele Ihnen das sehr leicht? Was ich zu meinem eigenen Erstaunen immer wieder erlebe, ist, dass über die Hälfte der Teilnehmer die Namen der anderen oft noch nicht einmal am zweiten Tag präsent haben! Dabei ist doch der Name die wertvolle Grundlage erfolgreicher persönlicher Ansprache. Jeglicher verkäuferischer Feinschliff wird sinnlos, wenn dieses einfache Element fehlt. Warum aber nehmen wir viele wichtige Details nicht wahr? Und: Wie erhöhen wir Wahrnehmung und Aufmerksamkeit?

Kommen wir zur ersten Frage. Wir Menschen neigen dazu, es uns einfach machen zu wollen. Das müssen wir sogar, sonst würde uns die unglaubliche Fülle an Informationen, die wir über unsere fünf Sinne aufnehmen, ständig überfordern, und das menschliche Gehirn ist auch schlicht nicht in der Lage, den gesamten Input zu verarbeiten. Also filtern wir die erlebten Eindrücke und machen die berühmten Schubladen auf, in die wir andere Menschen (oft zu schnell) hineinstecken und kaum je wieder herauslassen. Das geschieht unbewusst und in der Regel ohne Absicht. Eine zweite Chance nach diesem ersten Eindruck gibt es selten. Das erklärt die große Bedeutung des ersten Eindrucks. Die Gefahr dabei liegt zum einen im Tempo unserer Einschätzung und Gewichtung, das heißt, wir deuten und entscheiden viel zu schnell, wer uns sympathisch, was für uns wichtig und was weniger bedeutend ist, und zum anderen in unserer Wahrnehmungsbegrenzung, in unserer üblicherweise typischen Konzentration auf einen kleinen Teil des Gesamtgeschehens. Eine Ursache sowohl für Tempo als auch Wahrnehmungsbegrenzung liegt in der erwähnten Fülle an Information, die wir auf ein erträgliches, zu bewältigendes Maß reduzieren müssen. Der andere Grund ist, dass wir meist viel zu sehr mit uns selbst beschäftigt sind, mit dem, was wir vorhaben, in einer Situation sagen und erreichen wollen. Wir steuern geradezu und direkt in einen »Tunnel«, links und rechts davon nehmen wir nichts mehr wahr, weder Freund noch Feind. Selbst dem entscheidenden Hinweis sind wir nicht mehr zugänglich. Ganz klar: So sind Missverständnisse, ungezieltes Verhalten und letztendlich Misserfolg programmiert.

Wie schaffen wir Abhilfe? Wie können wir sehr aufmerksam sein, ohne uns mit zu vielen Informationen zu überlasten? Indem wir die folgenden drei Schritte beachten und anwenden:

1. Mehr Bewusstsein für Wahrnehmung entwickeln,
2. Wahrnehmungspriorität im Vorfeld setzen,
3. Wahrnehmungspriorität in der Situation vergeben.

Stellen Sie sich vor, dass Sie ständig 100 Prozent an Wahrnehmungsvermögen zu verteilen haben. Es ist wie mit Ihrer Energie und Ihren Zielen. Wenn Sie an zu vielen Fronten gleichzeitig kämpfen, kommt unter dem Strich meist nichts dabei heraus. Genauso ist es mit Ihrer Aufmerksamkeit. Sie haben 100 Prozent zur Verfügung. Entscheidend ist, welche Prioritäten Sie sich wann setzen.

Wichtig ist zunächst, Wahrnehmung sehr viel bewusster zu erleben. Öffnen Sie Ihre Augen, Ihre Ohren und Ihr Herz. Genießen Sie sich selbst, Ihren Puls, Ihre Stimme und Ihre Stimmungen. Gehen Sie mit vollem Bewusstsein durchs Leben, beachten Sie jeden Moment, beobachten Sie andere Menschen, achten Sie auf scheinbare Kleinigkeiten, schauen Sie Menschen in die Augen, hören Sie genau hin, verschaffen Sie sich möglichst viele Eindrücke. Sie werden feststellen, wie schnell sich Ihr Wahrnehmungsvermögen dann verfeinert und erweitert.

Dann vergeben Sie Ihrer Aufmerksamkeit Prioritäten. Immer daran denken: Sie haben davon genau 100 Prozent! Damit Sie diese optimal nutzen und davon profitieren, empfehle ich Ihnen zunächst eine sehr statisch wirkende Aufteilung:

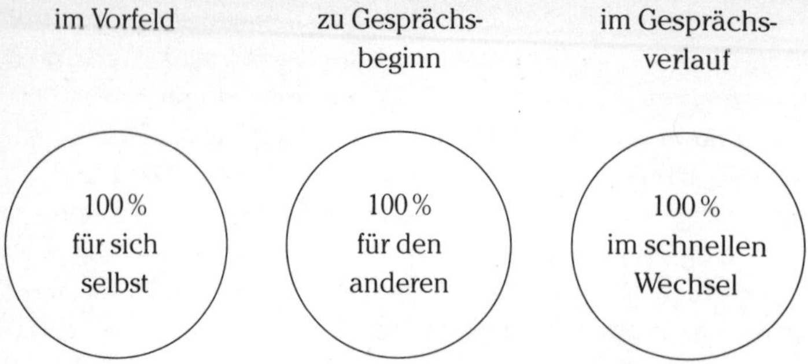


Schenken Sie sich selbst die vollen 100 Prozent Aufmerksamkeit, bevor das Gespräch, die Verhandlung etc. beginnt. Das ist *Ihre* Zeit, alle fünf Sinne gehören ausschließlich Ihnen. Kümmern Sie sich um sich selbst, Ihre Gedanken und Ziele. Dann erst kommen die anderen Menschen ins Spiel. Gerade zu Beginn eines Gesprächs ist es wichtig, Ihre Wahrnehmung ausschließlich auf die Situation, Ihren Gesprächspartner, seine Worte und Stimmungen zu lenken. Im weiteren Verlauf empfehle ich Ihnen, Ihre volle Aufmerksamkeit ständig hin und her wechseln zu lassen: zwischen Ihnen und Ihrem Gesprächspartner, wobei die 100 Prozent sehr viel häufiger auf Ihr Gegenüber als auf Sie selbst gerichtet sein sollten. Dies ist leicht möglich, wenn Sie gut vorbereitet sind, genau wissen, was Sie wollen und wichtige Fragen oder Aussagen idealerweise sogar schriftlich fixiert vor sich liegen haben. Als Ergebnis der Zeit, in der die volle Aufmerksamkeit ganz allein Ihnen galt. Umgekehrt ist einer der Hauptgründe, warum manche Menschen im Gespräch sehr stark mit sich selbst beschäftigt sind und sich kaum auf das Gegenüber konzentrieren können, dass sie sehr schlecht vorbereitet sind, sowohl in Bezug auf den Inhalt als auch auf die Zielsetzung des Gesprächs. Beides wäre im Vorfeld zu klären gewesen. Diese Menschen konzentrieren dann ihre ganze Energie darauf, bloß keine Frage oder Aussage zu vergessen.

Wenn ich von meinem Gegenüber im Gespräch den Eindruck mangelhafter Außenwahrnehmung habe, dann hinterfrage ich dies manchmal spontan im Gespräch: »Einen Moment. Sagen Sie mir bitte, warum Sie gerade so sehr mit sich beschäftigt sind. Sie nehmen mich ja überhaupt nicht mehr wahr! Ich könnte ebenso gut aufstehen und gehen. Sie würden es wohl kaum merken, oder?« Tatsächlich erhalte ich dann meist Antworten wie diese: »Ja, wissen Sie, ich versuche mir die ganze Zeit eine wichtige Frage zu merken, die ich Ihnen unbedingt noch stellen muss.« Welch eine Zeit- und Energievergeudung! Dabei wäre es doch so einfach, sich diese Frage kurz aufzuschreiben, statt sich die ganze Zeit damit zu belasten, und sich dann wieder ganz dem Gesprächspartner zu widmen und auf ihn einzugehen.

Überrascht Sie meine Empfehlung, während des Gesprächs ständig Ihre volle Aufmerksamkeit hin und her wechseln zu lassen, anstatt sie aufzuteilen? Das wundert mich nicht, denn leider ist viel zu oft zu lesen, dass man sich auf beides, also sich selbst und sein Gegenüber, gleichzeitig konzentrieren, seine Aufmerksamkeit quasi halbieren soll. Theoretisch natürlich eine tolle Sache, in der Praxis allerdings recht schwer machbar, am ehesten noch von sehr erfahrenen Kommunikationsprofis. Ich halte es für kritisch, weil Sie die ganze Zeit Gefahr laufen, sich unbewusst und ungewollt irgendwann nur noch mit einer Seite zu beschäftigen: entweder nur noch zuzuhören, Ihre Aufmerksamkeit also ausschließlich dem Gesprächspartner zu schenken, oder nur noch zu reden. In beiden Fällen ist nichts gewonnen! Was wir brauchen, ist eine gesunde Mischung aus Aktion und Reaktion: abwechselnd den anderen zu 100 Prozent wahrnehmen, beobachten und sein Feedback holen und, ebenfalls mit 100 Prozent Konzentration, in knackigen und prägnanten Worten selbst aktiv sein. Denn ob wir es wahrhaben wollen oder nicht: Unser Gehirn ist kein multitaskingfähiger Prozessor, der mehrere Vorgänge parallel bearbeiten kann. Wir können immer nur eines mit ganzer Kraft tun. Versuchen Sie doch einfach mal, einen wichtigen Zusammenhang zu erklären und gleichzeitig Ihren Gesprächspartner ganz genau zu beobachten. Eines muss leiden, es sei denn, Sie sind Profi und intensiv trainiert. Sie können das gut an anderen Menschen beobachten, zum Beispiel bei Vorträgen.

Je anspruchsvoller oder länger die Aussage, desto häufiger schließen sie immer wieder einmal kurz die Augen beziehungsweise lassen sie nach oben oder unten gleiten. Alles aus einem einzigen Grund: um sich zu sammeln, die Gedanken zu ordnen und die visuelle Wahrnehmung über die Augen zu reduzieren. Ein Mensch, der Ihnen etwas erklären und Sie dabei gleichzeitig ansehen kann, hat sehr klare Gedanken im Kopf, die es ihm leicht machen, seine Aussagen zu formulieren.

## 13 typische Hindernisse und Stolpersteine auf dem Weg zum Erfolg

Jetzt geht es um die ganz persönlichen Erfolgsverhinderer: um Stolpersteine, die uns nicht von anderen Personen oder von Situationen in den Weg gelegt werden, sondern in uns selbst begründet sind. Sie halten uns davon ab, das vorhandene Potenzial zu 100 Prozent zu nutzen, uns so zu zeigen, wie wir sind, und den Erfolg zu ernten, der uns für unsere Leistungen zusteht. Wenn wir nicht zu den Menschen gehören wollen, die ständig Ausreden haben und den anderen oder den widrigen Umständen die Schuld geben, müssen wir selbst die Verantwortung für unseren Erfolg oder Misserfolg übernehmen. Warum vermarkten wir uns oft schlecht, verkaufen uns unter Wert, sind bei Kritik, Streit und verbalen Attacken so angreifbar, statt souverän zu reagieren?

► **13 typische Hindernisse/Stolpersteine**

1. **Schuldgefühle**
2. **Angst**
3. **Negative innere Einstellung**
4. **Mangelndes Selbstbewusstsein**
5. **Mangelnde Entscheidungskraft**
6. **Fehlende oder unklare Prioritäten**
7. **Fehlende oder unklare Ziele**

8. **Negative Gedanken**
9. **Mangelnde Nutzung von Ressourcen**
10. **Mangelnde Begeisterung**
11. **Neid**
12. **Ablehnung und Enttäuschung**
13. **Unpräzise, negative und wirkungsarme Sprache**

## Schuldgefühle

Oft tragen wir, bewusst oder unbewusst, quälende, leistungshemmende Schuldgefühle mit uns herum. Weil wir das, was wir tun sollten, tun müssten oder was uns gut täte, nicht tun. Oder weil wir umkehrt permanent das tun, was wir nicht tun sollten oder was nicht gut für uns ist. Wir fühlen uns dann unwohl, sind unzufrieden mit uns und anderen und signalisieren dies nach außen. Wir haben den Kopf nicht mehr frei für wichtige Dinge, weil wir viel zu viel mit uns selbst beschäftigt sind und innere Monologe wie »Ich sollte unbedingt …« unser Leben bestimmen. Dadurch verlieren wir die Wahrnehmung nach außen, bekommen vieles nicht mehr mit und bringen nicht mehr 100 Prozent persönlicher Leistung.

**MEIN TIPP:** Tun Sie das, was Sie am meisten hassen oder was Ihnen richtig gut tut, jeden Tag zuerst!! In beiden Fällen sind Sie danach bestens für den Tag gerüstet: Entweder haben Sie die größte Hürde bereits gemeistert und der Rest des Tages wird für Sie leicht. Oder Sie haben sich durch Spaß und Freude für die noch anstehenden Aufgaben gut motiviert. Wichtig ist, dass Sie das, was Sie gern tun, mit vollem Bewusstsein genießen – selbst wenn Sie im Grunde genommen genau wissen, dass es Ihnen nicht gut tut.

## Angst

Ängste bestimmen das Leben vieler Menschen. Sehr häufig klären wir nicht, wovor genau wir Angst haben, wann und wie sie auftritt. Ich begegne bei meiner Arbeit oft Menschen, die Redeangst haben.

Wenn ich sie dann frage, seit wann sie dieses Gefühl haben, wie es sich äußert und ab wie vielen Zuhörern es auftritt, dann ernte ich zumeist Schweigen. Sie wissen es nicht! Wie, frage ich Sie, soll sich dann irgendetwas ändern? Das Schlimme an Ängsten ist, dass sie unser Leben und Handeln stark einschränken. Trotzdem werden viele Ängste akzeptiert, geduldet oder manchmal auch unterdrückt und totgeschwiegen. Dabei ist Angst eine normale menschliche Reaktion. Und: Angst wird von uns gemacht! Wir haben also Einfluss darauf.

**MEIN TIPP:** Wovor auch immer Sie Angst haben: Stellen Sie sich diesem Gefühl, fragen Sie sich, wovor genau Sie sich ängstigen, wann, wie und in welchem Zusammenhang die Angst auftritt. Und machen Sie sich immer klar, dass Sie selbst diese Angst in sich auslösen, also auch steuern können. Lesen Sie dann noch einmal das Kapitel »Die eigenen Gefühle steuern« in Schritt 1.

## Negative innere Einstellung (Erwartungshaltung)

Woran glauben Sie? Was erwarten Sie vom morgigen Tag? Was halten Sie von sich selbst und von anderen? Was, glauben Sie, sollen wohl diese drei Fragen? Es geht um Ihre innere Einstellung, oft auch als Erwartungshaltung bezeichnet. Letzteren Begriff halte ich für ungeeignet und wenig motivierend, da er mit Erwartung, also auch mit (ab-)warten zu tun hat. »Einstellung« finde ich erheblich geeigneter für das, worum es geht: nämlich um Ihre innere Zielsetzung, sozusagen Ihre ureigenste Programmierung, Ihr persönliches Weltbild. Positiv oder negativ? Wie sehen Sie sich selbst, die Welt und die Menschen um sich herum?

Was Sie erwarten, wird mit ziemlicher Wahrscheinlichkeit eintreten – die so genannte sich selbst erfüllende Prophezeiung tritt in Kraft. Alberner Hokuspokus oder ernst zu nehmende Tatsache? Letzteres, und das ist schnell erklärt. Weil Sie, je nachdem ob Sie eine positive oder eine negative Einstellung haben, eben genau entweder das Positive oder das Negative wahrnehmen, beachten und somit verstärken. Nehmen wir an, Sie besuchen einen neuen Kunden. Sie haben von anderen gehört, dass er harte Preisverhandlungen führt, und nun warten Sie förmlich darauf (und hier passt dann der Begriff Erwartungshaltung), dass der Kunde mit dem Feilschen anfängt. Sie achten auf nichts sonst; die vielen wertvollen anderen Signale, die er Ihnen sendet, nehmen Sie überhaupt nicht wahr.

**MEIN TIPP:** Machen Sie es sich zum motivierenden Sport, an neuen Situationen, Menschen und Herausforderungen das Positive zu suchen. Sie werden es finden! Und eines verspreche ich Ihnen: Egal, worum es geht, es macht viel mehr Spaß.

## Mangelndes Selbstbewusstsein

Selbstbewusstsein wird oft mit starkem, erfolgreichem Auftreten verbunden. Da ist auch etwas Wahres dran. Ein gutes Selbstbewusstsein entspringt der Kenntnis der eigenen Stärken und Defizite, der persönlichen Werte und Ziele. Selbstbewusste Menschen wissen ganz genau, was sie wollen: von sich selbst, von anderen und generell vom Leben. Nur so kann es funktionieren. Denn wie wollen Sie erfolgreich sein, Ihre Fähigkeiten optimal einsetzen, mit Ihren Schwächen umgehen, Ihren Zielen entsprechend leben, wenn Sie diese nicht sehr genau kennen. Das eine bedingt das andere.

**MEIN TIPP:** Nehmen Sie sich hin und wieder etwas Zeit für sich selbst: Schreiben Sie auf, wie Sie Ihre Stärken und Defizite einschätzen, wer Ihnen wichtig ist, worauf Sie stolz sind, und definieren Sie Ihre persönlichen Ziele. Das schafft Klarheit, macht sogar Spaß. Und: Handeln Sie danach!

## Mangelnde Entscheidungskraft

Können Sie sich oft nicht entscheiden, fühlen sich unentschlossen und zögern? Der Kopf sagt das eine, der Bauch das andere? Das wäre nicht weiter schlimm, wenn wir nicht manchmal eine Entscheidung schnell herbeiführen müssten, ohne eine Nacht darüber schlafen zu können.

**MEIN TIPP:** Ich empfehle Ihnen eine grundlegende Überlegung, die Ihnen für Ihre künftigen Entscheidungen sehr hilfreich sein kann. Denken Sie nach und fragen Sie sich: Wie habe ich bisher meine größten beziehungsweise erfolgreichsten Entscheidungen gefällt? Spontan oder überlegt, rational im Kopf oder eher instinktiv aus dem Bauch heraus? Allein oder mit anderen? Machen Sie den Gegentest: Wie haben Sie die eher unglücklichen Entscheidungen getroffen, also diejenigen, die Sie im Nachhinein gern ändern würden? Nun kennen Sie Ihr individuelles erfolgreiches Entscheidungsmuster.

## Fehlende oder unklare Prioritäten

Ihre Prioritäten sind quasi die Top 10 Ihres Wollens, die wichtigsten Etappen Ihres Lebens. Prioritäten zu setzen ist deshalb so wichtig, weil sie eine Gewichtung und eine Reihenfolge in unser Handeln bringen. Ohne diese verzetteln wir uns, reiben uns auf. Erst mit ganz klaren Prioritäten entscheiden Sie, was für Sie im Leben besonders wichtig ist. Ist es der Beruf oder die Partnerschaft? Beides mit derselben Priorität zu belegen heißt, sich nicht entscheiden zu können, was das Allerwichtigste ist. Denn auch hier gilt: Alles auf einmal oder gleichwertig tun zu wollen heißt, nichts wirklich richtig zu tun.

**MEIN TIPP:** Ordnen Sie Ihre Prioritäten und Sie ordnen Ihr ganzes Leben. Nehmen Sie sich einmal die Zeit und den Mut zu entscheiden, was in Ihrem Leben für Sie besonders wichtig ist.

## Fehlende oder unklare Ziele

Dies ist ein ganz besonders wichtiger Punkt und der Engpassfaktor überhaupt! Überall wird über Ziele gesprochen: Warum sind sie für uns so wichtig? Nun, Ziele sind der Motor Ihres Lebens! Sie geben Ihrem Handeln eine Richtung, einen tieferen Sinn, sind Ihr aktiver

Anspruch an die persönliche Zukunft. Ziele ordnen Ihre Prioritäten, drücken sehr deutlich aus, was Ihnen wichtig ist. Und: Indem Sie sich für ein Ziel entschieden, entscheiden Sie sich fast automatisch gegen ein anderes. Warum aber haben so viele Menschen ein Problem damit, klare Ziele zu definieren und dazu zu stehen? Der Grund ist, dass klare Ziele klare Standpunkte und ebensolche Gedanken voraussetzen. Wenn wir hingegen immer nur träumen, nehmen wir uns zu viel auf einmal vor, wollen oder können uns nicht für eine Sache entscheiden. Dann ist es wie zuvor mit der Wahrnehmung und der Aufmerksamkeit: Sie haben 100 Prozent Energie zu verteilen. Tun Sie dies an zu vielen Fronten gleichzeitig, dann verpufft Ihre Motivation. Das Ergebnis: Nichts passiert, alles bleibt beim Alten und Sie träumen weiter.

**MEIN TIPP:** Konzentrieren Sie sich auf wenige Ziele, idealerweise auf nur ein Ziel. Haben Sie mehrere gleichzeitig, dann unterteilen Sie diese unbedingt in kurz-, mittel- und langfristige Zielsetzungen. Achten Sie darauf, dass Ihr Ziel eindeutig ist in Bezug auf Inhalt, Ort, Personen und Zeitpunkt. Unterteilen Sie gerade größere Ziele in Etappen, also Teilziele, und überlegen Sie sich, wie und wie oft Sie den Erfolg messen wollen. Ein ganz wichtiger Punkt, damit Sie den Weg, die Strategie notfalls rechtzeitig ändern können. Hier noch einige wichtige Voraussetzungen, um Ziele zu erreichen. Echte, konkrete Ziele

- sind eigenmotiviert,
- sind positiv,
- sind nicht vergleichend,
- stehen in klarem Zusammenhang,
- sind konkret erfassbar,
- sind in Teilschritten messbar,
- sind attraktiv und motivierend,
- nutzen Ihre Fähigkeiten,
- passen zu Ihrem Leben,
- sind richtig organisiert.

### Negative Gedanken

Es liegt an uns beziehungsweise an unseren Gedanken und unserem Empfinden, ob wir eine Situation, andere Menschen als gut oder schlecht wahrnehmen. Die entscheidenden Fragen sind:

- Woran und was denken Sie?
- Denken Sie überwiegend positiv oder eher negativ?
- Welchen Einfluss haben Sie auf Ihre Gedanken?

Wir haben darüber gesprochen: Sie allein bestimmen, woran Sie denken, womit Sie sich beschäftigen und worauf Sie Ihre Energie konzentrieren. Ob Sie häufig an Negativerlebnisse aus der Vergangenheit denken oder, und das empfehle ich Ihnen, lieber an Positives und an tolle Chancen in der Gegenwart und der Zukunft.

**MEIN TIPP:** Nutzen Sie den erfolgreichen Kreislauf, den uns das Glücksquadrat liefert: Erkennen Sie den wichtigen Zusammenhang zwischen Denken, Erleben und Verhalten. Mehr dazu finden Sie in Schritt 1 unter »Das Glücksquadrat«.

### Mangelnde Nutzung von Ressourcen

Die meisten Menschen lassen sich ständig von alten negativen Erfahrungen tyrannisieren, statt die positiven Kräfte der Vergangenheit zu nutzen; die unglaublich stimulierende Wirkung glücklicher, erfolgreicher Erlebnisse! Fragen Sie sich jetzt bitte einmal: Wann und wie häufig denken Sie selbst ganz bewusst an Erfolgsmomente? Wie präsent sind sie Ihnen? Viele erfolgreiche und zufriedene Menschen machen sich dieses Schwelgen in Erinnerungen, oft sogar unbewusst, zur regelmäßigen Übung. Und es wirkt!

**MEIN TIPP:** Machen Sie eine Reise in Ihre Vergangenheit und überlegen Sie: Was waren die schönsten, glücklichsten oder erfolgreichsten Momente Ihres bisherigen Lebens? Schreiben Sie sie auf. Entscheiden Sie nun, welcher dieser Momente für Sie der beste war. Das ist wichtig, um die große Stimulation und Kraftentfaltung Ihrer Gedanken erleben zu können. Sobald Sie eine Entscheidung getroffen haben, rufen Sie sich diesen Augenblick noch einmal ganz intensiv ins Gedächtnis, um ihn in jeder Einzelheit nochmals zu erleben: den Ort, die Menschen, die Stimmen, die Stimmungen und Ihre Gedanken. Was sehen, hören und empfinden Sie? Machen Sie diese Reise am Anfang in kurzer Zeit mehrmals hintereinander und danach dreimal täglich. Das ist der ideale Einstieg in den Tag, der optimale Energieschub um die Mittagszeit und der beste Abschluss am Abend. Sie werden feststellen, dass es Ihnen von Mal zu Mal leichter fällt und dass es immer schneller geht, die positiven Kräfte dieses herrlichen Moments zu reaktivieren. Was wir alle brauchen, sind möglichst viele dauerhafte positive Gefühle. Ohne äußeren Grund!!

## Mangelnde Begeisterung

Begeisterung – für sich selbst, für Freunde und (Ehe-)Partner, für (berufliche) Ziele, überhaupt das ganze Leben – sorgt für mehr Lebensfreu(n)de, weckt zusätzliche Energiereserven, spornt Sie zu Höchstleistungen an! Echte Begeisterung ist eine wohl unerschöpfliche Energiequelle der Menschheit. Haben Sie einmal beobachtet, wozu ein wirklich begeisterter Mensch fähig ist? Weder Zeit noch irgendwelche Hindernisse spielen dann eine Rolle.

Aber: Begeisterung will, wie jede andere Fähigkeit auch, geübt werden! Viele Menschen haben es einfach nicht gelernt oder verlernt, sich zu begeistern. Und wir suchen das beglückende Erlebnis wohl zu oft im Großen anstatt im tagtäglichen Erleben.

**MEIN TIPP:** Überlegen Sie ganz in Ruhe Ihre Antworten auf folgende Fragen und schreiben Sie sie auf:

- Was begeistert Sie?
- Was hat Sie zuletzt begeistert?
- Wann und wen haben Sie zuletzt begeistert?

## Neid

Missgunst ist eine der ältesten und am weitesten verbreiteten Untugenden der Menschheit. Sie resultiert aus einem unkonstruktiven

Vergleich völlig unterschiedlicher Lebenssituationen, -ziele und -werdegänge und hat immer auch mit einem Mangel an Selbstwertgefühl beziehungsweise fehlender Anerkennung der eigenen Leistungen zu tun. Doch Neidgefühle bringen niemanden weiter, sondern schaden allen Beteiligten, dem Neidhammel selbst, da er sich durch falsche Vergleiche eher demotiviert als fördert, und dem Beneideten, da ihm schlicht und einfach Unrecht widerfährt. Wenn ein anderer, bei scheinbar völliger Vergleichbarkeit des Einsatzes oder der Leistung, mehr erreicht hat als Sie, dann ist das fast immer die Folge zusätzlicher Faktoren, die Sie nicht wahrgenommen und berücksichtigt haben.

**MEIN TIPP:** Statt einfach nur neidisch zu sein, empfehle ich Ihnen, sich mit dem Beneideten näher zu beschäftigen, ihn vielleicht sogar als Vorbild zu betrachten, von ihm zu lernen und dadurch persönlich zu profitieren.

## Ablehnung und Enttäuschung

Wohl kaum etwas anderes wirkt auf Menschen so negativ, Kräfte raubend und demoralisierend wie eine persönliche Ablehnung oder eine Enttäuschung. Unsere Werte, unser Weltbild werden angegriffen, manchmal sogar zeitweise zerstört.

Wir neigen dazu, eine Ablehnung sehr persönlich zu nehmen, daher trifft die vermeintliche Anfeindung am Verstand vorbei, direkt mitten ins Herz. In den meisten Fällen werden aber doch nicht wir als Mensch, sondern lediglich unsere Anschauungen und Meinungen abgelehnt. Andere Menschen haben nun einmal andere Weltbilder, Ziele und Prioritäten. Kein Grund, das persönlich zu nehmen! Es gibt nur eines, was in einer solchen Situation zu tun ist: Hinterfragen Sie die Ablehnung. Seien Sie neugierig: Wie denkt der andere, was will er, warum reagiert er so? Das bringt Sie weiter.

Ähnliches gilt bei einer Enttäuschung. Enttäuschung heißt nichts anderes, als sich in jemandem getäuscht zu haben. Und das liegt ausschließlich in Ihrer Verantwortung, denn die Rolle, die dieser Mensch nicht zu Ihrer Zufriedenheit erfüllt, haben Sie ihm vorher zugedacht. Finden Sie es nicht auch anmaßend zu glauben, dass der andere absichtlich etwas getan hat, um Sie zu enttäuschen?

**MEIN TIPP:** Sie kommen mit einer Enttäuschung oder einer Ablehnung besser klar, wenn Sie folgende Punkte beachten:

- Nehmen Sie die Worte beziehungsweise das Verhalten des anderen nicht sofort persönlich.
- Trennen Sie Inhalt und Emotion: Worum geht es wirklich?
- Hinterfragen Sie: Was denkt, warum handelt der andere so?
- Nutzen Sie Ihre Emotionen, wenn überhaupt, nur dazu, um dem anderen ein schlechtes Gewissen zu machen!

Übrigens: Wenn Sie selbst etwas ablehnen oder Ihre Enttäuschung zeigen wollen, bitte ich Sie, es für die andere Seite annehmbar und erträglich gestalten, indem Sie Person und Inhalt trennen: Statt »Sie enttäuschen mich« sagen Sie »Ich fühle mich enttäuscht«! Ein himmelweiter Unterschied in der Wirkung. Bei Letzterem drücken Sie lediglich ein Gefühl aus, verbinden eine innere Empfindung mit *Ihrer* Person. Die erste Formulierung hingegen ist eine grobe, fahrlässige Behauptung. Erstens wissen Sie nicht, ob der andere diese Wirkung beabsichtigte, und zweitens drücken Sie ihn in eine Ecke, aus der er ohne Aggression oder Demotivation kaum mehr allein herauskommt. Der Ursprung und die allerbeste Nahrung für viele völlig unnötige, belastende Streits.

Bei Lob verhält es sich genau andersherum: Statt »Ich bin begeistert« sagen Sie lieber »Sie begeistern mich«! So verbinden Sie Ihr positives, emotionales Empfinden ganz eindeutig mit der Person des anderen und zeigen Ihre Wertschätzung.

### Unpräzise, negative und wirkungsarme Sprache

Sprache ist unser Tor zur Außenwelt! Die wahrhaft einzigartige Möglichkeit, uns auszudrücken und mitzuteilen: unsere Gefühle, Gedanken, Ziele, Wünsche und Absichten. Die meisten Menschen sind sich nicht einmal annähernd der Möglichkeiten und Erfolgspotenziale ihrer Sprache bewusst. Achten Sie einmal darauf, wie fahrlässig mit diesem wichtigen Werkzeug oft umgegangen wird. Wie reden Sie? Nutzen Sie die ganze Palette an Möglichkeiten, die Ihnen Ihre Sprache, jedes Wort, bietet?

**MEIN TIPP:** Schenken Sie der Sprache mehr Beachtung. Sowohl Ihrer eigenen als auch der anderer Menschen. Achten Sie künftig genau darauf, wie Menschen miteinander sprechen. Welche Worte wirken auf Sie positiv, begeistern Sie sogar? Gibt es Menschen, denen Sie gern zuhören? Wenn ja, warum?

Was erfolgreiche, wirkungsvolle Sprache auszeichnet, damit beschäftigen wir uns in Schritt 4 ganz ausführlich und praktisch.

SCHRITT 3

# Starke innere Überzeugungen aufbauen

Wir sind uns wohl jetzt schon in einem einig: Wenn wir uns selbst besser verkaufen und unsere persönliche Performance weiterentwickeln wollen, dann brauchen wir dafür ein geballtes Maß an Wirkung: Überzeugung und Überzeugungskraft. Worin liegt der Unterschied? Das eine bedingt das andere; im ersten Begriff liegt der Ursprung, im zweiten die Wirkung, das erfolgreiche Ergebnis nach außen. Persönlich von etwas überzeugt zu sein hat mit Ihrem Herzen, Ihren grundlegenden Werten, Ihrem Charakter und natürlich Ihrem persönlichen Weltbild zu tun. Manchmal entspringt es auch einfach dem reinen Sachverstand. Wenn Sie von irgendetwas wirklich überzeugt sind, dann zeigen Sie dadurch sehr deutlich, was Ihnen im Leben wichtig ist, wofür Sie sich einsetzen und woran Sie glauben. Das ist schön und gut. Nun gibt es viele Menschen, die wohl fest an irgendetwas glauben und noch lange nichts dafür tun. Sie setzen ihre Überzeugung nicht in die Praxis um. Schade, denn nichts passiert!

Nehmen wir ganz alltägliche Beispiele: Wie viele Menschen sind überzeugt, dass unsere Natur für alle lebenswichtig ist, Politik viel effektiver, konkreter und ehrlicher sein müsste und mehr Menschen in Lohn und Brot stehen könnten. Doch was tun sie ganz persönlich dafür? Erst wenn wir andere Menschen für unser Anliegen gewinnen und sie zum Handeln bewegen, schaffen wir für uns und andere einen Nutzen, einen Gewinn und echten Mehrwert. Das ist dann das Ergebnis persönlicher Überzeugungs*kraft*. Sie ist von innen, also von Ihnen nach außen gerichtet, entfesselt unsere Gedanken, lässt unsere Überzeugung zur greifbaren Realität werden. Echte Überzeugungskraft setzt gewaltige Energien frei, bestimmt durch die Größe des Ziels oder die Stärke des Glaubens und die Intensität, mit der Sie es beziehungsweise ihn gegenüber anderen zur Geltung bringen.

Hier werden wir uns mit den Grundlagen persönlicher Überzeugung beschäftigen und in Schritt 5 dann mit Überzeugungskraft.

Zunächst drei entscheidende Fragen:

1. Was bedeutet für Sie innere Überzeugung?
Haben Sie sich überhaupt schon einmal diese Frage gestellt? Was unterscheidet Überzeugung von ganz allgemeinen Meinungen und Ansichten?

**MEIN TIPP:** Denken Sie dabei besonders an das, woran Sie schon lange Zeit glauben. Bitte geben Sie jetzt Ihre ganz persönliche Definition ab:

*Überzeugung bedeutet für mich:*

______________________________________________

______________________________________________

______________________________________________

Fiel es Ihnen leicht, oder hatten Sie eher Schwierigkeiten, sich festzulegen? So oder so, Hauptsache ist, dass Sie sich dazu Ihre eigenen Gedanken gemacht haben, denn die volle Wirkung dieses Buches entfaltet sich nur dann, wenn Sie das Lesen immer wieder mit eigenständigem Denken, Entscheiden und Handeln kombinieren.

2. Welches sind Ihre größten persönlichen Überzeugungen?
Legen Sie sich fest. Wichtig ist, dass es sich wirklich um Ihre Überzeugungen handelt und nicht nur um allgemeine, kurzfristige Meinungen. Denn sie entscheiden Ihr ganzes Leben.

**MEIN TIPP:** Schreiben Sie zunächst einmal auf ein separates Blatt, welche Gedanken Ihnen dazu spontan durch den Kopf gehen. Anschließend sortieren Sie diese Punkte nach Wichtigkeit oder Intensität und entscheiden sich dann für die drei Aspekte, an die Sie besonders stark oder schon sehr lange glauben.

*Meine drei größten Überzeugungen sind:*

1. ____________________

2. ____________________

3. ____________________

Jetzt noch eine wichtige Zusatzfrage: Haben wir die Möglichkeit zu überprüfen, wie es um unsere Überzeugung bestellt ist, das heißt, wie wichtig sie uns wirklich ist? Ja, denn echte innere Überzeugung ist frei von schnellem Meinungswechsel und sich veränderndem Zeitgeist, ist eigen- statt fremdgesteuert, und Sie setzen sich intensiv dafür ein. Alles andere sind oberflächliche, fromme Wünsche, mit denen es sich verhält wie mit Aktienkursen an der Börse: Kurswechsel sind an der Tagesordnung.

Die Glaubhaftigkeit und die Intensität Ihrer Überzeugung spiegelt sich immer auch direkt im Einsatz wider, den Sie dafür einzubringen beziehungsweise zu leisten bereit sind. Fragen Sie sich, ob Sie genauso eindeutig zu Ihren Überzeugungen stehen, sich mit derselben Energie beziehungsweise Konsequenz dafür einsetzen und sie weiter im vollsten »Brustton der Überzeugung« vertreten würden, wenn Ihnen die Basis, jede bisherige Voraussetzung, entzogen würde. Ein Beispiel: Nehmen wir an, Sie wollen sich selbständig machen. Sie schätzen Ihre Fachkompetenz als hoch ein und wissen sehr genau, was Sie anbieten wollen. Sie sehen eine glorreiche, erfolgreiche Zukunft direkt vor sich. Und nun fragen Sie sich bitte: Wie, seit wann und wie konstant stehen Sie für diese Überzeugung? Was wären Sie bereit, dafür zu leisten – welchen Mehreinsatz an Zeit, Energie und Nerven? Welche Entsagungen können Sie sich vorstellen – könnten Sie sich damit anfreunden, für eine längere Zeit auf sichere Einnahmequellen, schöne Urlaube, Restaurantbesuche etc. teilweise oder sogar ganz zu verzichten? Würden Sie auch dann den Sprung in die Selbständigkeit wagen, wenn Sie in diesem Augenblick einen tollen Job oder eine große Gehaltserhöhung angeboten bekämen? Und zum Schluss: Würden Sie für

Ihren großen Traum so weit gehen, all Ihre Ersparnisse einzusetzen oder sogar Ihre vorhandenen Besitztümer zu beleihen?

Zugegeben, ein wirklich erschreckendes Szenario. Und doch werden Sie alle Fragen eindeutig mit Ja beantworten, wenn die Selbständigkeit Ihre echte Überzeugung ist – mit allen Konsequenzen. Für viele ist sie ein wunderbarer Traum von einem Leben im Überfluss, mit hohem Einkommen, freier Zeiteinteilung und völliger Unabhängigkeit. Die negativen Aspekte, den notwendigen Verzicht und die sehr hohen persönlichen Anforderungen, sehen sie nicht – und sobald ihnen diese andere Seite klar wird, fallen sie um und geben auf.

3. Wie erleben Sie Ihre innere Überzeugung?

Die dritte Frage ist die vielleicht ungewöhnlichste und zugleich spannendste: Woher wissen, wie bemerken und woran erkennen Sie überhaupt, dass Sie von einer Sache überzeugt sind? Wie äußert es sich bei Ihnen, wenn Sie etwas unbedingt wollen? Auch wenn Sie sich jetzt vielleicht fragen, was das denn soll: Beantworten Sie in Ruhe die folgenden Fragen.

Wenn Sie von etwas überzeugt sind: Wie erleben Sie diesen Moment?

**MEIN TIPP:** Überlegen Sie sich, was Sie in dem Moment der Überzeugung beziehungsweise in Gedanken daran empfinden. Was geht in Ihnen vor? Freuen Sie sich, empfinden Sie ein Gefühl der Freiheit, Stärke und Zuversicht? Sehen oder hören Sie etwas, das mit der Überzeugung einhergeht? Hat es nur mit Ihnen oder auch mit anderen Menschen und mit Orten zu tun? Welche dieser Eindrücke und Empfindungen sind die stärksten?

______________________________

______________________________

______________________________

Bitte vergleichen Sie nun Ihre drei größten Überzeugungen: Welche Gemeinsamkeiten entdecken Sie?

**MEIN TIPP:** Wenn es sich bei Ihren drei Ansichten wirklich um tiefe und starke Überzeugungen handelt, dann werden Sie auch einige Parallelen entdecken. Welche sind es? Welche inneren Prozesse setzt bei Ihnen eine Überzeugung voraus? Diese Prozesse sind höchst individuell und unter anderem abhängig davon, welcher Sinnestyp Sie sind. Gemeint ist, ob Sie die Welt bevorzugt empfinden, sehen oder hören. Dementsprechend erleben Sie alles, auch die Momente der Überzeugung, in Ihrem bevorzugten Sinneskanal. Sind Sie zum Beispiel eher der gefühlsorientierte Mensch, dann verbinden Sie mit allen drei Fällen starke Empfindungen. Sind Sie stark visuell ausgerichtet, sehen Sie große, prächtige und überzeugende Bilder. Und als Mensch, dessen bevorzugtes Sinnessystem das Hören ist, nehmen Sie vielleicht Klänge, Geräusche oder Stimmen wahr. Was geht bei Ihnen mit Ihrer starken Überzeugung einher?

---

---

---

Nehmen Sie jetzt Ihre stärkste persönliche Überzeugung: Was unterscheidet sie im Einzelnen von den anderen?

**MEIN TIPP:** Hier geht es um manchmal deutliche, meist allerdings kleine, feine Unterschiede. So kann es zum Beispiel sein, dass Ihr Blut noch mehr in Wallung gerät, wenn Sie an Ihre größte Überzeugung denken. Oder Sie sehen riesige, farbenprächtige Bilder, die beim Gedanken an Ihre anderen Überzeugungen kleiner ausfallen. Vielleicht sind Sie mitten in der Situation, während Sie sich sonst eher von außen erleben. Oder Sie gehen unruhig auf und ab, während Sie sonst ruhig sitzen bleiben.

---

---

---

Finden Sie die Unterschiede bitte ganz genau heraus! Denn dann haben Sie die Möglichkeit, die Macht und die Kraft Ihrer stärksten Überzeugung auf andere zu übertragen. Sie können mit diesen feinen Mustern sogar neue Überzeugungen aufbauen und stärken. Ahnen Sie, welch ungeheure Möglichkeiten und Chancen da vor Ihnen liegen?

Machen wir doch gleich einen ersten Test: Was passiert in und mit Ihnen, wenn Sie die besonderen Empfindungen Ihrer absolut stärksten Überzeugung auf eine andere anwenden? Machen Sie die Bilder genauso groß und farbenprächtig, die Klänge beziehungsweise Stimmen ebenso anziehend und attraktiv, Ihre inneren Gefühle vergleichbar intensiv. Wenn Sie dies lange, oft und intensiv genug tun, dann werden Sie aus dieser bislang eher unbedeutenden Ansicht schon bald eine Ihrer starken Überzeugungen machen.

Warum reden wir hier wohl so ausführlich über Ihre Überzeugungen? Damit Sie diese noch besser kennen, steuern und nutzen lernen. Um unser großes Ziel zu erreichen: ein Optimum an persönlicher Überzeugungskraft! Wenn Sie diese, stets nach außen und auf andere gerichtete Kraft wirklich maximal entfesseln wollen, dann müssen Sie selbst absolut und zutiefst von Ihren Ideen, Leistungen und Zielen überzeugt sein (☺Erfolgstipp Nr. 10)! Sie wissen jetzt, dass Sie darauf großen Einfluss haben. Probieren Sie es aus.

## So wird aus Zielen persönliche Überzeugung

Echte Überzeugung entsteht immer schon vor und nicht erst in einer Situation. Wenn Sie die folgenden Tipps beachten, dann ist Ihnen schon in Ihrem nächsten Gespräch spürbar mehr Erfolg garantiert.

Im Anhang A2 finden Sie dazu den Workshop »So wird aus Zielen persönliche Überzeugung«.

► **15 Tipps: So überzeugen Sie (sich selbst) schon im Vorfeld:**

1. Überlegen Sie ganz genau: Worum geht es Ihnen im Kern?
2. Legen Sie sich fest: Was beziehungsweise welches Ziel wollen Sie erreichen?
3. Welchen Nutzen oder Vorteil bieten Sie Ihrem Gegenüber?
4. Präzisieren Sie: Können Sie Ihr Ziel in drei Worten darstellen?
5. Vergleichen Sie: Was ist neu, anders oder besonders?
6. Konzentrieren Sie sich: auf drei Highlights, die überzeugen!
7. Fragen Sie sich: Würden Sie selbst Ihren Vorschlag/Ihre Idee kaufen?
8. Denken Sie vor: Warum sollte Ihr Gegenüber anbeißen?
9. Fixieren Sie: Wie wollen Sie in das Gespräch einsteigen?
10. Strategie festlegen: Wie werden Sie im Gespräch vorgehen?
11. Erfahrungen abschätzen: Wie könnte Ihr Gegenüber reagieren?
12. Vorteile suchen: Welche Vorlieben spricht Ihr Vorschlag an?
13. Fit für Schwierigkeiten: Befürchten Sie diese, sind Sie vorbereitet?
14. Für Notfälle: Wie ist Ihr »Plan B«, wenn nichts klappt? Was tun Sie, wenn Ihr Gegenüber nein sagt?
15. Zusammenfassen: – Wie könnte das Gespräch starten/verlaufen?
    – Wie könnte das Gesprächsende aussehen?
    – Was konkret tun Sie beziehungsweise passiert danach?

## Der beste Überzeugungstest: die SMS-Übung

Die SMS-Übung hat sich in meinen Seminaren als besonders effektiv und erfolgreich erwiesen. Selbst wenn Sie von irgendetwas fest überzeugt und begeistert sind, sollten Sie es einer Überprüfung unterziehen, bevor Sie damit nach außen treten. Und wenn Ihnen der Kern Ihrer Überzeugung beziehungsweise das dazugehörige Ziel wirklich klar ist, dann sollte es Ihnen auch möglich sein, das Ganze in wenigen prägnanten Worten zu formulieren. Lange habe ich mir überlegt, wie ich meine Seminarteilnehmer dazu bringen könnte, sich auf das Wesentliche zu beschränken. Eines Abends wurde es mir ganz plötzlich klar. Ich wollte nach dem ersten Tag eines Seminars, das ich auswärts abhielt, eine SMS an meine Frau schicken und ihr das Wichtigste des Tages mitteilen. Sehr schnell stieß ich an die Begrenzungen dieser Nachrichtenform und merkte, dass ich mich extrem kurz fassen musste. Und da hatte ich die zündende Idee: Was bietet sich als Übung für meine Seminarteilnehmer besser an, als dass sie ihre Botschaften mit dem begrenzten Zeichensatz einer SMS formulieren müssen? Als ich die Teilnehmer am nächsten Seminartag bat, ihr Handy einzuschalten – wofür ich zunächst erstaunte Blicke erntete –, und ihnen die Aufgabe stellte, ihre wichtigste Botschaft in eine SMS zu packen, merkte ich, dass ich mit dieser Übung einen Volltreffer gelandet hatte: Alle taten sich zunächst sehr schwer.

**MEIN TIPP:** Nutzen Sie Ihr Handy, gerade auch in Wartezeiten auf dem Bahnhof, am Flughafen oder vor Kundenbesuchen, um die Klarheit Ihrer Ziele beziehungsweise Überzeugungen zu überprüfen. Dies eignet sich auch hervorragend, um kurze Briefe vorzubereiten!

SCHRITT 4

# Power-Sprache als Erfolgsinstrument nutzen

## Eine klare, positive Einstellung zur Sprache

Power-Sprache ist viel mehr als nur eine Technik: Es ist die positive Einstellung zum kostbaren Kommunikationsmittel Sprache – es ist eine echte innere Überzeugung, aus der mit großer Lust, bewusstem Umgang und wenigen starken Worten pure Überzeugungskraft entsteht. Power-Sprache wirkt, macht Spaß und begeistert sowohl Sie selbst als auch Ihre Gesprächspartner. Wenn Sie diese Erfolgssprache anwenden, dann fallen Sie damit sehr schnell positiv auf. Denn Sie heben sich plötzlich wohltuend von der breiten Masse ab, von den vielen Menschen, die mit dem herrlichen, einzigartigen Mittel Sprache wahl- und ziellos, fast schon grob fahrlässig umgehen.

Mit nichts anderem transportieren wir so viel Wirkung, Erfolg und Motivation. Sprache ist unser Ausdrucksmittel Nr. 1, wir teilen damit unsere Gedanken, Gefühle, unsere Ängste und Wünsche mit. Dabei zeigt unsere Wortwahl und die Art und Weise, *wie* wir reden, sehr deutlich, wie wir uns gerade fühlen. Ob wir zum Beispiel (ziel-) sicher oder eher unsicher sind und ob wir etwas wirklich wollen oder es nur tun, weil wir es tun müssen. Es gibt keine Trennung zwischen Ihrer Person und Ihren Worten. Und denken Sie immer daran: Jedes einzelne Wort, das Sie sprechen, hat großen Einfluss nicht nur auf andere, sondern immer auch auf Sie selbst! Ja, Sie reden, wie Sie denken beziehungsweise fühlen, und beeinflussen sich dabei permanent. Daher ist es fast vorprogrammiert, dass Menschen, die positiv denken und so reden, sich selbst immer weiter stimulieren, motivieren und allein dadurch den nächsten Erfolg viel wahrscheinlicher machen – das Glücksquadrat, in bester Form praktiziert. Mit Aussagen wie »Gut, diese Aufgabe wird mich herausfordern. Ich setze jetzt mein ganzes Können, meine gesamte

Kreativität und Energie daran, es zu schaffen.« Leider funktioniert das Ganze auch anders herum: Einmal unsicher oder negativ eingestellt, hat man dazu die passenden Worte parat, und schon wird alles noch schlimmer. So kann man sich tatsächlich von einer schlechten Stimmung in die Katastrophe reden. Das Glücks- wird zum Unglücksquadrat. Dann klingt die Aussage in derselben Situation ungefähr so: »Das schaffe ich doch niemals! Wenn ich mir nur überlege, was alles passieren könnte.«

Es liegt aber zum Glück in Ihrer Hand, ob Sie Ihre Worte für oder gegen sich selbst, für Ihren Erfolg oder Ihren Misserfolg einsetzen. Überlegen Sie einmal: Hier finden Sie das Mittel zum Erfolg vor der eigenen Haustür, zum Nulltarif. Was Sie wahrscheinlich noch brauchen, ist ein Schuss mehr an Bewusstsein für den Umgang beziehungsweise die Wirkung Ihrer Sprache, eben der professionelle Feinschliff. Eines verspreche ich Ihnen: Sie werden überrascht sein, wie leicht Sie ihn erreichen. Power-Sprache unterscheidet sich von Ihrem gewohnten Verhalten nur durch Kleinigkeiten, allerdings mit deutlicher und nachhaltiger Wirkung.

Power-Sprache ruht auf drei zentralen, mächtigen Säulen: Die erste Säule ist die (Be-)Achtung des Gegenübers, das bewusste Wahrnehmen seiner Stimmung, seiner Aktionen und Reaktionen. Sein Feedback ist Gold wert. Die zweite Säule ist die bewusste Wortwahl, sind kraftvolle, positive und konkrete Formulierungen. Die dritte Säule ist die Art und Weise, wie Sie sprechen. Denn damit transportieren Sie die alles entscheidenden Emotionen.

Der Zauber liegt in den feinen Unterschieden, den wirkungsvollen Zutaten und der besonderen Würze, die auch ein gutes Gericht erst zu einem kostbaren Genuss werden lassen.

## Erfolgreich kommunizieren: 8 wichtige Spielregeln

Bevor wir uns auf die spannende Reise begeben, um die Elemente erfolgreicher Power-Sprache näher kennen zu lernen, sehen wir uns die Grundlagen, die wichtigsten Spielregeln der bewussten, wirkungsvollen zwischenmenschlichen Kommunikation an. Sind Ihnen diese erst einmal bewusst, ist der Rest ganz einfach.

► **Erfolgreiche Kommunikation: Die Grundlagen (☺ Erfolgstipp Nr. 11)**

1. **Kommunikation ist immer *wechselseitige* zwischenmenschliche Beeinflussung.**
2. **Kommunikation findet immer *auf zwei Ebenen* statt: auf der Sach- und der Beziehungsebene (Information und Emotion). Die emotionale Botschaft spielt zumeist die Hauptrolle.**
3. **Sprache ist *nur ein Teil* der Kommunikation, Körpersprache (Gestik, Mimik) der andere.**
4. **Kommunikation findet *immer* statt, auch wenn gerade nichts gesagt wird.**
5. **Es zählt nicht, was gesagt wird, sondern nur, *was* beziehungsweise *wie* es beim anderen *ankommt*.**
6. **Kommunikation ist geprägt von *fehlenden Informationen, von Vergleichen und Verallgemeinerungen*; sie sind die Ursache vieler Missverständnisse.**
7. **Jeder hat das *Recht auf eine eigene Meinung beziehungsweise ein eigenes Weltbild.* Erfolgreiche Kommunikation ist erst möglich, wenn dies anerkannt wird.**
8. **Unsere Worte haben für jeden Menschen eine *andere Bedeutung.***

## Power-Sprache: 15 Elemente, die Wirkung zeigen

»Also, ähm, ich habe da mal was vorbereitet. Ich bin mir nicht sicher über die Reihenfolge, aber wir sollten uns eigentlich mal mit diesen Punkten beschäftigen. Ähm, man könnte zum Beispiel …«

Kennen Sie Sätze wie diese? Wenn Sie Ihre Überzeugungskraft zur vollen Entfaltung bringen und andere Menschen für sich gewinnen wollen, dann brauchen Sie ein wirkungsvolles Instrument: Power-Sprache! Power-Sprache ist eine Nutzen- und Ergebnissprache. Ihre Worte entspringen sehr klaren Gedanken, die, souverän und zielgerichtet vorgetragen, mitten ins Ziel treffen.

Zweitens kennt Power-Sprache nur Gewinner. Ihre Worte kommen voll zur Geltung, Ihre Ziele werden Realität, ohne dass Sie sich grob durchsetzen müssen. Sie werden mit Menschen erfolgreich, weil Sie Nutzen bieten und ein gutes Gefühl vermitteln.

Power-Sprache

- ist ziel-, ergebnis- und zeitorientiert;
- ist positiv, eindeutig und konkret;
- hat klare Strukturen und ist leicht verständlich;
- vermeidet Floskeln, Unwörter und Killerphrasen;
- wirkt motivierend und anerkennend;
- weckt und nutzt positive Assoziationen;
- sorgt für eine positive Atmosphäre;
- produziert schnellere Ergebnisse.

▶ **Power-Sprache als Erfolgsinstrument (☺ Erfolgstipp Nr. 12)**

1. **Klare Gedanken für klare Worte**
2. **Empfängerorientierung und Feedback**
3. **Positive Erwartungen wecken**
4. **Gehirngerecht reden – ankündigende Überschriften**
5. **Nutzensprache verwenden**
6. **Fragen als Informationsquelle nutzen**
7. **Den entscheidenden Sinneskanal ansprechen**
8. **Schlüsselworte erkennen und wiederholen**
9. **Loben und anerkennen**
10. **Positiv, eindeutig und klar formulieren**
11. **Negatives zu Gewünschtem umdeuten**
12. **Versteckte Botschaften und Aufforderungen senden**
13. **Unwörter und Floskeln vermeiden**
14. **Magic Words – So wird Interessantes erst wichtig**
15. **Der Ton macht die Musik: Das Wie als Erfolgsfaktor**

## Klare Gedanken für klare Worte

Klare Gedanken haben Sie dann, wenn Sie sehr genau wissen, was Sie in Ihrem nächsten Gespräch bewirken oder erreichen wollen. Dies, zusammen mit einer positiven Einstellung, viel Lust beziehungsweise Neugier auf den Gesprächspartner, sorgt fast automatisch für klare Worte. Also: Klare Gedanken sorgen für klare Worte, nicht umgekehrt! Das bedeutet, dass Sie zuerst überlegen, das heißt vor- oder nachdenken, und dann erst reden sollten. Viele Menschen verhalten sich genau andersherum. So hört sich deren Sprache dann auch an: umständlich, konfus und schwer verständlich. Sie reden, bevor sie denken, oder tun beides gleichzeitig. Das erkennen Sie daran, dass diese Personen oft ins Stocken kommen, nach unten oder oben schauen und sehr lange brauchen, um auf den Punkt zu kommen. Das Unwörtchen »äh(m)« ist eine oft benutzte, hässliche Garnitur. Gewöhnen Sie sich die viel erfolgreichere Abfolge an. Und aktivieren Sie hin und wieder Ihr Glücksquadrat!

## Empfängerorientierung und Feedback

Power-Sprache ist eine reine Nutzen- und Ergebnissprache. Ein wichtiges Power-Sprache-Gebot lautet daher: Wirkungsvolles Reden ist gut, das genaue Beobachten der Aktionen und Reaktionen des Gesprächspartners allerdings viel entscheidender. Denn wie anders wollen Sie sonst erkennen, wie Sie auf diesen Gesprächspartner optimal eingehen, wie wollen Sie messen, was Ihre Worte bewirken und wie Sie sich angemessen verhalten? Achten Sie gerade zu Beginn auf Stimmungen. Beobachten Sie bei jeder Ihrer Aussagen und Fragen genau, wie Ihr Gegenüber darauf reagiert. So erkennen Sie auch viele Missverständnisse bereits im Frühstadium. Umgekehrt ist es natürlich ebenso wichtig, dass Sie deutliche Reaktionen zeigen, damit sich Ihr Gegenüber verstanden fühlt. Dies können Sie mit Sprache oder mit Körpersprache tun, das heißt mit Worten oder Gesten beziehungsweise Mimik. Also: wertvolles Feedback holen durch genaue Wahrnehmung.

Eine wunderbare Möglichkeit ist auch, Menschen immer wieder einmal mit ihrem Namen anzusprechen. Bei der Begrüßung und der Verabschiedung tun wir dies ja fast automatisch, aber ist Ihnen schon einmal aufgefallen, wie selten sich viele Menschen während einer Unterhaltung mit Namen ansprechen? Das wirkt schnell oberflächlich und unpersönlich. Denn die persönliche Ansprache ist gerade dann entscheidend, wenn Sie eine wichtige Frage oder Aussage im Sinn haben oder auf eine solche antworten wollen. Damit fördern Sie die Stimmung, das Gespräch wird freundlicher und, vor allem, verbindlicher. Achtung: Übertreiben Sie es bitte nicht!

Sprechen Sie außerdem zusätzlich oft in der Sie- und Wir-Form statt in der egozentrischen Ich-Variante. Dadurch zeigen Sie deutlich, dass es Ihnen auch um den Nutzen für andere und nicht nur um Ihr Ziel geht. Die Sie-/Wir-Form schafft Gemeinsamkeiten, verbindet und fördert ganz nebenbei, dass Sie wertvolle Nutzensprache verwenden. So entstehen schneller Ergebnisse.

## Positive Erwartungen wecken

Der Anfang eines Gesprächs bestimmt den weiteren Verlauf. Bereits Ihre ersten Worte und Taten entscheiden darüber, ob und wie aufmerksam oder gar gespannt Ihnen andere zuhören. Worauf reagieren Menschen am stärksten? Nun, die täglichen Schlagzeilen in den Medien zeigen es uns: Neuigkeiten, Profit, Nutzen, Erfolgsversprechen etc. Stellen Sie daher gleich zu Beginn des Gesprächs klar und deutlich heraus, dass Sie etwas Besonderes zu bieten haben.

## Gehirngerecht reden – ankündigende Überschriften

Was entscheidet wohl, welchen Artikel einer Zeitung Sie zuerst lesen? Starke Headlines! Die beste Botschaft ist nichts wert, wenn Sie im Redefluss untergeht oder zu spät kommt: Niemand hört mehr zu, die Aufmerksamkeit ist weg. Ankündigende Überschriften sind der einfachste Weg, um Spannung beziehungsweise Aufmerksamkeit aufzubauen und Inhalte gehirngerecht, das heißt leicht nachvollziehbar darzustellen. Zu Beginn des Gesprächs dienen sie dazu, eine positive Erwartungshaltung zu wecken. Im weiteren Verlauf sorgen Sie durch regelmäßige Ankündigungen neuer Inhalte dafür, dass andere Ihnen leicht folgen und sich auf das Kommende schnell einstellen können. Das menschliche Gehirn tut sich einfach leichter, wenn es weiß, was kommt. Warum wohl, meinen Sie, kündigen erfolgreiche Redner den Inhalt zu Beginn Ihres Vortrags an? Auch im Fernsehen finden Sie diese ankündigenden Überschriften, zum Beispiel im Vorspann vieler Magazine und Nachrichtensendungen. Ganz nebenbei ist es ein Zeichen hervorragender Selbstdisziplin, denn ankündigen können Sie nur das, was Sie selbst schon wissen beziehungsweise verstanden haben. Also: zunächst immer erst die Headline, dann die Details.

*Überschrift 1* kündigt das Thema, den Aufhänger an, zum Beispiel: »Heute informiere ich Sie über …«

*Überschrift 2* kündigt die einzelnen Punkte an, zum Beispiel: »Die drei wichtigsten Punkte sind …«

## Nutzensprache verwenden

Verkäufer: »Also, Herr Mayer, ich komme gerade von der diesjährigen Hannover Messe, dort haben wir unser brandneues Produkt ausgestellt. Die Bedienkonsole wurde auf sechs Tasten reduziert, das Gerät kann in ein 19-Zoll-Gehäuse installiert werden und die Datenübertragungsrate wurde deutlich erhöht. Was sagen Sie dazu?«

Ein typischer, leider verkäufer- statt kundenorientierter Monolog. Machen Sie Schluss mit Formulierungen wie »Wir bieten …«, »Wir haben …« oder »Wir können …« Durch Nutzensprache stellen Sie klar heraus, was andere von Ihrem Angebot haben. Sie übersetzen das, was Sie wollen, bieten oder haben, in den Vorteil beziehungsweise Nutzen für Ihr Gegenüber. Ein grundlegender Unterschied, denn einerseits erleichtern Sie Ihrem Gesprächspartner das

Verstehen und andererseits verleihen Sie Ihrem Angebot so in kürzerer Zeit viel mehr an Wirkung.

In Nutzensprache sieht der oben genannte Gesprächseinstieg so aus:

Verkäufer: »Also, Herr Mayer, Sie sehen hier unser brandneues Produkt von der diesjährigen Hannover Messe. Sie profitieren künftig von einer noch leichteren Bedienung über nur sechs Tasten. Außerdem können Sie das Gerät in jedes handelsübliche 19-Zoll-Gehäuse installieren und Sie sparen viel Zeit durch die deutlich schnellere Datenübertragung. Was sagen Sie dazu?«

Bemerken Sie den großen Unterschied zwischen diesen beiden Varianten? In der ersten redet der Verkäufer über sich und sein Produkt, in der zweiten Variante ausschließlich über die vielen Vorteile, die der Kunde von diesem Produkt zu erwarten hat.

Nutzensprache beginnt mit »Sie« statt mit »Ich« beziehungsweise »Wir«. Also: »Sie sparen/profitieren/gewinnen/nutzen/erhalten/erfahren ...«

## Fragen als Informationsquelle nutzen

Wenn Sie erfahren wollen, was anderen wichtig ist, wenn Sie sichergehen wollen, richtig verstanden worden zu sein, wenn Sie mehr Informationen benötigen oder eine abschließende Entscheidung herbeiführen wollen – dann gibt es nur ein wirklich effektives Mittel: Fragen stellen. Je mehr Sie fragen, desto eher wissen Sie, was als Nächstes zu tun ist oder wie Sie zu reagieren haben. Allzu oft reden Menschen einfach drauflos und viel zu viel. Sie bringen sich dadurch manchmal in eine gefährliche Sackgasse, aus der sie nur schwer wieder herauskommen. Dies lässt sich vermeiden, wenn Sie selbst erst die entscheidenden Informationen sammeln, bevor Sie andere informieren oder sogar irgendetwas behaupten. Sie wissen schon: Wie oft stellen wir leichtfertig eine Behauptung auf, anstatt den Gesprächspartner einfach zu fragen, was er denkt, dazu meint oder wie es tatsächlich war.

Dazu kommt, dass der Fragende immer die Gesprächsführung innehat, er lenkt durch seine Fragen, was der andere denkt. Auch entscheiden Sie mit Ihren gezielten Fragen die Richtung, den Verlauf und natürlich auch das Tempo eines Gesprächs. Gute Verkäufer zum Beispiel erkennen Sie daran, dass sie selbst wenig reden und den Kunden nach gezielten Fragen auf den Punkt genau beraten, das heißt nur die für den Kunden entscheidenden Kaufmotive ansprechen.

Wichtig dabei ist die richtige Frageform, passend zum gewünschten Ziel: Je nachdem, was Sie bewirken wollen, können Sie sich so genannter offener Fragen (W-Fragen: wie, was, wann etc.) oder geschlossener Fragen bedienen. Während die W-Fragen dann Sinn machen, wenn Sie möglichst viele Informationen benötigen, liegt die Stärke der geschlossenen Fragen darin, dass Sie meist mit Ja oder Nein beantwortet werden, also eine Entscheidung herbeiführen. Die Antwort auf die offene Frage »Wie wollen wir die Tagung organisieren?« beinhaltet sicher mehr Informationen als diejenige auf »Wollen wir die Tagung organisieren?«. Oft werden geschlossene Fragen an völlig falscher Stelle verwendet. So bringt zum Beispiel den Kellner ein »Hat es Ihnen geschmeckt?« nicht wirklich weiter. Viel wertvoller wäre die Frage »Wie hat es Ihnen geschmeckt?«.

Geschlossene Fragen haben eines gemeinsam: Sie bitten um Zustimmung, dienen der rechtzeitigen Bestätigung beziehungsweise Absicherung von Teilergebnissen:

- »Sehen Sie das auch so?«
- »Sind wir bis jetzt einer Meinung?«
- »Können wir dies so festhalten?«
- »Wollen wir den nächsten Schritt gehen?«
- »Wollen wir das so umsetzen?«
- »Habe ich mich bis jetzt verständlich ausgedrückt?«
- »Sind Ihnen die vielen Vorteile bis jetzt klar?«
- »Sind Sie damit einverstanden?«

Stellen Sie sich vor, Sie beraten einen Kunden, wollen einen Verkaufsabschluss erreichen. Wie oft passiert es, dass Zweifel und Einwände erst am Ende des Gesprächs aufkommen, dann, wenn Sie Ihre Beratung durchgeführt und den Abschluss im Auge haben? Mit dem Ergebnis, dass Sie von vorn beginnen müssen, der Abschluss vielleicht sogar zerredet wird. Was ist passiert, wer trägt die Schuld? Der Kunde? Nein, immer der Verkäufer! Denn Zweifel sollten zu diesem späten Zeitpunkt gar nicht mehr aufkommen. Sie vermeiden dies, wenn Sie im Gespräch immer wieder einmal, spätestens nach jedem inhaltlichen Schritt, durch einfache Bestätigungsfragen prüfen, ob der Kunde Sie verstanden hat, sich ein mehrmaliges, psychologisch wichtiges und verkaufsförderndes Ja von ihm holen. Auf diese Weise erkennen Sie auch Missverständnisse sehr frühzeitig, können darauf sofort, das heißt noch vor dem nächsten Schritt eingehen. So bleibt nichts im Unklaren, die Gedanken des Kunden sind positiv, und am Ende des Gesprächs liegt die volle Konzentration nur auf dem für beide Seiten profitablen Abschluss.

Für offene Fragen gibt es die unterschiedlichsten Anwendungsfälle. Drei stelle ich Ihnen hier vor:

### Offene Fragen als Umsatzförderer

Kennen Sie die berühmte Nachtischfrage? Im Unterschied zum üblichen »Wünschen Sie ein Dessert?« – also geschlossen gefragt – lautet die umsatzsteigernde, offene Variante: »Was wünschen Sie als Dessert?« Eine winzig kleine Umstellung mit messbarer Wirkung! Oder vielleicht: »Wie wünschen Sie Ihr Dessert: kalt oder warm?«

Natürlich ist auf diese Fragen ebenfalls eine negative Antwort möglich, allerdings sind sie für das Heer der Unentschlossenen oft das entscheidende Zünglein an der Waage. Und das im Einzelhandel leider gängige »Kann ich Ihnen (weiter-)helfen?« wird von Kunden eher abgeschlagen als ein »Wie kann ich Ihnen weiterhelfen?«.

### Offene Fragen als wohlwollender Motivator

Eine Sonderanwendung offener Frageführung ist die wohlwollende Vorannahme. Fragen Sie Ihre Kunden zum Beispiel »Interessiert Sie unser Produkt?«, dann machen Sie eine ablehnende Haltung allzu leicht. Fragen Sie stattdessen »Was interessiert Sie an unserem Produkt besonders?« oder »Wie sehr interessiert Sie unser Produkt?«, dann treffen Sie eine positive Vorannahme, nämlich dass ihnen Ihr Produkt gefällt. Es geht nicht mehr um das Ob, sondern nur noch um das Wie. Sie lenken die Konzentration und die Aufmerksamkeit auf das Positive, selbst wenn es Kleinigkeiten zu bemängeln gäbe. Die typischen Fragen beginnen mit »Wie sehr …« oder »Wie gut …«.

### Offene Fragen zur Klärung von Missverständnissen, Informationslücken etc.

Jetzt präsentiere ich Ihnen eine weitere wichtige Anwendung offener Fragen: das gezielte Hinterfragen von Einwänden, Reklamationen und fehlenden Informationen. In allen drei Fällen brauchen Sie dringend mehr oder detaillierte Anhaltspunkte, um wirklich souverän und konstruktiv darauf eingehen zu können. Auf den typischen Einwand »Der Preis ist zu hoch« reagieren Sie zum Beispiel mit »Wie meinen Sie das?«, »Was genau meinen Sie mit zu hoch?« oder auch »Womit vergleichen Sie …?«.

Die Aussage »Andere können das besser« hinterfragen Sie etwa mit »Was meinen Sie mit besser?« oder »Wer sind die anderen?«. Die Feststellung »Das können wir so nicht machen« kontern Sie mit »Wie ginge es denn?«, »Welche Gründe halten Sie davon ab?« oder »Was meinen Sie mit ›so nicht‹?«. Damit Sie konstruktiv reagieren können, ist es wichtig, Einwände oder Ähnliches zu hinterfragen, um entscheidende Informationen zu erhalten. Auch können Sie mit offenen Fragen sehr schnell feststellen, ob der andere nur blufft. Manchmal verhelfen Sie Ihrem Gesprächspartner durch Ihr Nachfragen zu einer neuen, erweiterten Sichtweise der Dinge.

## Den entscheidenden Sinneskanal ansprechen

Menschen nutzen – wie schon erwähnt – bei ihren Gedanken, Überlegungen und Zielsetzungen bestimmte Sinneskanäle. So stellen sich manche eine Aufgabe erst einmal in Gedanken vor, das heißt, sie entwickeln ein Bild davon, was Sie tun oder erreichen wollen. Andere verbinden damit Worte, Stimmen und Geräusche oder eine Stimmung, ein Gefühl. Was hat dies mit Power-Sprache zu tun? Nun, jeder zeigt seine Sinneslastigkeit ganz deutlich in seiner Sprache. Diese zu erkennen und darauf einzugehen birgt ein großes Erfolgspotenzial in sich.

Visuelle Menschen verwenden ein »bildliches Vokabular« wie zum Beispiel »Das *sehe* ich ganz anders«, »Das ist doch *offensichtlich*«, »Das kann ich mir *vorstellen*« oder »Ich bin der *Ansicht*, dass ...«.

Der auditive Typ formuliert Sätze wie »Das *klingt* gut«, »Das *hört* sich gut an«, »Lassen Sie mal *hören*« oder »Ich muss mich darauf erst *einstimmen*«. Die letzte Gruppe schließlich verwendet gern gefühls- beziehungsweise körperbetonte Worte, etwa »Das *begreife* ich nicht«, »Das *fühlt* sich gut an«, »Ich *empfinde* das ganz anders« oder »Diesen Punkt möchte ich gern *aufgreifen*«. Wenn Sie solche sinnesspezifischen Formulierungen entdecken, rate ich Ihnen, Ihre Sprache darauf einzustellen, das heißt, Ihre Wortwahl ein wenig anzupassen. Dadurch schaffen Sie eine Ebene der äußerst intensiven Verständigung und Gemeinsamkeit. Sagt Ihr Gesprächspartner zum Beispiel »Was darf ich mir denn unter Ihrem Produkt *vorstellen*?«, dann antworten Sie mit: »Ich *zeige* es Ihnen einfach, dann *erkennen* Sie sofort die wichtigsten Vorteile« statt mit »Wenn Sie erst die vielen Vorteile *hören* ...«.

Wenn sich Menschen missverstehen oder einfach nicht miteinander warm werden, dann liegt der Ursprung oft darin, dass Sie in verschiedenen Sinneskanälen denken und deshalb eben aneinander vorbeireden. Zur Verdeutlichung noch ein Beispiel: Nehmen wir den Kauf eines neuen Autos. Wie unterscheiden sich die drei Sinnestypen wohl hier? Dem visuellen Mensch geht es in erster Linie um die Optik, die Form des Autos, und die Alufelgen müssen ihm gefallen. Der auditive Typ legt großen Wert auf den Sound des Motors und die Hifianlage. Er will hören, wie das Auto außen und innen klingt, und bevorzugt in der Regel mehr als vierzylindrige Motoren. Der gefühls- und körperbetonte Mensch will sich vor allem wohl fühlen. Dies betrifft die Ausstattung, den Sitz- und den Fahrkomfort. Da macht er keine Kompromisse; die Sitzheizung für kalte Wintertage ist ihm wichtiger als die tolle Optik großer 18-Zoll-Felgen.

Nicht immer geben sich die drei Sinnestypen auf den ersten Blick zu erkennen, und erst recht schwierig wird es, wenn Sie mit oder vor mehreren Menschen reden. In beiden Fällen haben Sie immer noch die Möglichkeit, mit Ihren Worten der Reihe nach alle drei Kanäle anzusprechen. Sie könnten zum Beispiel so vorgehen: »Ich will Ihnen heute gern unser Produkt zeigen. Wenn Sie die vielen Vorteile hören, werden Sie sicher begeistert sein. Natürlich haben Sie die Möglichkeit, es selbst auszuprobieren und festzustellen, wie wohl Sie sich damit fühlen.« Auf welche dieser Formulierungen reagiert der Gesprächspartner am deutlichsten, intensivsten oder erfreutesten? Sobald sich der bevorzugte Sinneskanal herauskristallisiert, stellen Sie Ihre Wortwahl darauf ein. Und der Erfolg ist mit Ihnen!

## Schlüsselworte erkennen und wiederholen

Dieser Power-Sprache-Faktor schließt direkt an den vorherigen an. Aussagen und Fragen Ihrer Gesprächspartner enthalten außer dem Sinneskanal noch weitere Informationen. Menschen haben zum Beispiel einen individuellen Wortschatz und Lieblingsbegriffe oder -formulierungen. Wenn Sie Teile davon wörtlich aufgreifen, dann begeben Sie sich auf direktem Weg in die Gedankenwelt, die Entscheidungsstrategien und die Gefühlswelt des anderen. Hier wieder ein praktisches Beispiel:

*Kunde:* »Also, das Wichtigste ist mir die Umweltverträglichkeit.«

*Sie:* »Ja, Umweltverträglichkeit ist ein sehr wichtiger Punkt. Genau deshalb haben wir darauf geachtet, dass …«

*Kunde:* »Schön und gut, aber wie machen Sie das im Einzelnen?«

*Sie:* »Wir machen das im Einzelnen so, dass wir die …«

Sie wiederholen ganz einfach zu Beginn Ihrer Antwort oder Aussage die entscheidenden Schlüsselwörter des Kunden. Diese Vorgehensweise hat zwei weitere Vorteile: Zum einen schenken Sie den Worten Ihres Kunden Beachtung und Wertschätzung, zum anderen gewinnen Sie wertvolle Zeit, um (Ihren nächsten Schachzug) zu überlegen. So haben beide Seiten etwas davon. Was wollen Sie mehr? Ich muss Sie allerdings auch warnen: Übertreiben Sie es nicht! Was für die beiden Beispielsätze bestens funktioniert, wird unerträglich, wenn Sie es über ein ganzes Gespräch praktizieren. Warum? Der andere merkt es irgendwann und fühlt sich nachgeäfft. Entwickeln Sie ein Gefühl dafür, was angemessen ist und was nicht. Es ist wie bei der namentlichen Anrede: Gut dosiert hat sie einen fantastischen Effekt; wenn man es aber übertreibt, dann wirkt es negativ, unterwürfig, auf jeden Fall schnell unangenehm. Wechseln Sie daher zwischen wörtlicher Wiederholung der Schlüsselwörter und einer eher umschreibenden Wiedergabe.

Unser obiger Dialog könnte dann so weiter verlaufen:
*Kunde:* »Können Sie mir das schriftlich garantieren?«
*Sie:* »Ja, wir stehen zu unserem Wort. Hier ist das Zertifikat.«

Sie sehen: Im dritten Teil des Wortwechsels wird das Schlüsselwort »garantieren« nicht mehr wörtlich aufgegriffen, sondern umschrieben.

## Loben und anerkennen

Verschwenderisch mit Lob und Anerkennung umzugehen ist ein Grundstein der Power-Sprache. Es ist erstaunlich: Nichts ist so leicht und einfach zu praktizieren und wird andererseits so vernachlässigt wie das Loben. Liegt es daran, dass viele glauben, sie würden sich etwas verschenken, wenn sie andere loben oder deren Leistung würdigen? Fangen Sie im Kleinen an, warten Sie nicht erst auf die großen Taten. Denn diese entstehen viel eher, wenn Sie auch scheinbaren Banalitäten Ihre Aufmerksamkeit schenken. Ein ehrlich gemeintes, spontan, persönlich und ausdrücklich ausgesprochenes Lob ist der beste und preiswerteste Motivator, da viele Menschen mit ganzer Kraft genau das wiederholen wollen, wofür sie gelobt wurden. Ich freue mich darauf, wenn wir eines Tages in einer Lobkultur und -gesellschaft leben und ich diesen Punkt endlich guten Gewissens als für jeden selbstverständlich ansehen kann.

## Positiv, eindeutig und klar formulieren

Wie oft antworten Menschen auf die Frage nach dem Wohlbefinden mit »Nicht schlecht«, auf eine Bitte mit »Kein Problem« oder bezeichnen eine Aufgabe als »nicht schwierig«. Ich könnte noch viele solcher Beispiele nennen, doch Sie wissen genau, was ich meine. Negierte Antworten machen unsere Aussagen länger, schwerer nachvollziehbar und lenken unsere (unbewusste) Aufmerksamkeit genau auf das, was wir nicht wollen. Kennen Sie das berühmte Beispiel dafür? Nein? Dann stellen Sie sich jetzt bitte nicht eine schwarze Katze vor! Was passiert? Sie tun natürlich genau das, was ich Sie zu unterlassen bat. Dasselbe passiert bei den oben genannten Aussagen: Es entsteht sowohl für Sie selbst als auch für andere negativer Einfluss. Power-Sprache macht aus diesen negativen, negierten Aussagen positive Formulierungen: aus »Nicht schlecht« wird *»Gut«*, aus »Kein Problem« entsteht dann *»Ja, gern«* und aus »Nicht schwierig« schließlich *»Einfach«*. Also: Packen Sie, was Sie fühlen, wollen oder meinen, in positive Formulierungen.

Eine äußerst erfolgreiche Sonderanwendung verneinter Aussagen empfehle ich Ihnen allerdings. Wir kommen unter »Versteckte Botschaften und Aufforderungen senden« darauf zu sprechen.

Ein weiterer wichtiger Punkt, um Klarheit und Eindeutigkeit zu erzielen, ist die Verwendung des Indikativs. Der Indikativ drückt einen realen Willen, tatsächliche Handlungen oder Sachverhalte aus, zum Beispiel: »Ich gehe jetzt essen« oder »Ich kaufe dieses Produkt«. Im Gegensatz dazu bildet der Konjunktiv die Möglichkeitsform: »Es könnte sein, dass ...«, »Wenn wir dies tun würden, hätten wir die Möglichkeit ...« oder »Hätte es nicht ..., dann ...«.

Immer wenn wir uns nicht festlegen wollen, unsicher sind oder vergangenen Gelegenheiten nachtrauern, fallen wir in den Konjunktiv. Sie können sich sicher gut vorstellen, dass dies nicht zu den Grundsätzen der Power-Sprache passt. Power-Sprache verwendet, so oft es nur geht, die Handlungs- und Wirklichkeitsform, also den Indikativ. Statt »Hätte ich damals nur …« lieber *»Beim nächsten Mal werde ich …«*, statt »Wir könnten einmal versuchen …« besser *»Wir probieren es jetzt aus«* und statt »Eigentlich hätte ich die Gelegenheit …« die offensive Form *»Ich packe diese Gelegenheit beim Schopf«*. Denken Sie an das Glücksquadrat: So, wie Sie reden, handeln Sie auch. Menschen, die häufig den Konjunktiv verwenden, neigen zum Abwarten, zur Mut-, Ziel- und Tatenlosigkeit. Zielbewusste, erfolgreiche und willensstarke Menschen sind bereit, sich festzulegen. Sie zeigen Entschlossenheit und das spiegelt sich in der Sprache wider.

Mit der Verwendung des Konjunktivs geht oft die unpersönliche Man-Form einher. Die unverbindlichste Aussage sieht in etwa so aus: »Man könnte mal …«

Was wollen Sie bitte nach einer solchen Formulierung von sich selbst und anderen erwarten? Wen meinen Sie mit »man«, wer soll etwas tun? Sie kennen diese Formulierung auch aus der Politikersprache, dort höchstwahrscheinlich mit voller Absicht verwendet. Also: Nennen Sie eine konkrete Person. Verbinden Sie dies möglichst noch mit einer zeitlichen und einer örtlichen Angabe: »Ich werde mich morgen ab zwölf Uhr um diese Aufgabe kümmern.«

## Negatives zu Gewünschtem umdeuten

Häufig lassen wir uns von negativen Aussagen und spontanen Einwänden einschüchtern oder gar entmutigen. Das muss nicht sein, wie Sie gleich sehen werden. Mit Power-Sprache finden Sie in vielen dieser Fälle eine konstruktive und lösungsorientierte Alternative. Wirft Ihnen zum Beispiel jemand vor, dass Sie ein altes Auto fahren, dann sprechen Sie von »bewährter Technik«. Ist ein Kunde der Meinung, Ihr Produkt sei zu teuer, dann machen Sie daraus »exklusiv«

beziehungsweise sagen Sie, »hohe Qualität hat ihren Preis«. Meint er, Ihr Produkt sei zu neu, dann reden Sie von »innovativ« oder »aktuell«. Argumentiert er, Ihre Firma sei völlig unbekannt, dann ist sie in Ihren Worten ein »Geheimtipp«, und sei sie zu klein, ist sie »hoch spezialisiert« oder »fokussiert«. Sie sehen: Fast alles für Sie scheinbar Negative lässt sich mit ein wenig Kreativität, Weitblick und sportiver Einstellung in Positives umformulieren. Sie ändern durch diese Umdeutungen bei sich selbst und bei anderen den Blickwinkel und finden aus vermeintlichen Sackgassen wieder heraus. Sie entdecken neue Chancen und viel versprechende Perspektiven.

Legen Sie sich für die typischen und wichtigsten Situationen Ihres Lebens solche Umdeutungen zurecht. Hören Sie von Ihrem Chef ständig, Sie seien zu langsam, dann machen Sie daraus »gründlich«, aus »nicht spontan« zum Beispiel »wohl überlegt«. Mehr dazu in Schritt 7 unter »Einwände als Chance nutzen«.

## Versteckte Botschaften und Aufforderungen senden

Weiter oben habe ich Ihnen empfohlen, auf verneinte Aussagen zu verzichten, wenn sich diese positiv und direkt formulieren lassen, wie zum Beispiel »gut« statt »nicht schlecht« oder »einfach« statt »nicht schwierig«. Dort habe ich Ihnen zum Schluss allerdings auch versprochen, dass es eine wirkungsvolle Sonderanwendung für Negationen gibt, die, gezielt und sehr bewusst eingesetzt, Ihren Einfluss auf andere Menschen erhöhen kann, nämlich die so genannten versteckten Botschaften. Manchmal sind es sogar versteckte Aufforderungen. Hierbei wird das Gewünschte als scheinbar nebensächlich in der Gesamtaussage versteckt. Die beabsichtigte Botschaft kommt allerdings an, wird, wenn meist auch unbewusst, vom Gegenüber verstanden und wirkt.

Sie haben dazu zwei Möglichkeiten: Entweder Sie nutzen die Wirkung von Verneinungen wie »nicht«, »kein«, um Ihre *Botschaft* dahinter zu verstecken, zum Beispiel »Denken Sie bitte noch nicht an die vielen Vorteile, die ...«, »Bitte entscheiden Sie sich nicht sofort dafür« oder »Solange Sie sich nicht ganz hervorragend fühlen ...«. Sie wissen ja, das »nicht« geht dem Empfänger dabei verloren und gerade das, was Sie scheinbar nicht wollten, setzt sich fest, also die »vielen Vorteile«, »entscheiden« und »hervorragend fühlen«.

Die zweite Möglichkeit ist, *das gewünschte Ziel* so nebensächlich wie nur möglich zu platzieren, das heißt, hinter positiv abschließenden Vorannahmen zu verstecken. Beispiele dafür sind: »Bevor wir zum erfolgreichen Abschluss kommen ...« oder »Gleich nachdem wir uns geeinigt haben ...«. Mit solchen Aussagen stellen Sie ein positives Ergebnis in Aussicht und nehmen dadurch gezielt direkten Einfluss auf die Gedanken Ihres Gesprächspartners. Sie schaffen eine gewisse Verbindlichkeit, geben ein gemeinsames Ziel vor, legen die Messlatte auf die gewünschte Höhe.

Glauben Sie mir: Viele Menschen sind froh, wenn andere für sie entscheiden, lassen sich gern an die Hand nehmen und führen. An dieser Stelle aber allerdings eine dringende Bitte: Ihr Verhalten muss einer für beide Seiten positiven Absicht entspringen. Es geht hier um Einflussnahme zum Nutzen und Erfolg aller Beteiligten. Menschen merken sehr wohl, wenn auch nicht immer sofort, wenn sie hinters Licht geführt werden. Und dann haben Sie diese Freunde, Kunden, Geschäftspartner für alle Zeiten verloren. Welch ein hoher Preis!

## Unwörter und Floskeln vermeiden

Zunächst geht es um die vielen kleinen Unwörter, die jeder kennt und niemand braucht. Sie bringen weder dem Redner noch dem Zuhörer irgendeinen Nutzen. Denn sie liefern keine Information, kosten uns alle Zeit und wirken in Unterhaltungen störend und bisweilen sogar sehr negativ.

Unwörter sind zum Beispiel: *äh, ähm, aber, man, eigentlich,* ... Schluss damit!

Sie kosten unglaublich viel Wirkung. Nehmen wir einen typischen Dialog aus der Politik:

A: »Wie wollen Sie das Problem der Arbeitslosigkeit lösen?«

B: »Ja, … *äh* … natürlich ist das ein großes Problem, *aber man* muss die Anstrengungen durch geeignete Maßnahmen weiter erhöhen und … *ähm* … die Herausforderung … *ähm* … annehmen. *Aber trotzdem* wird es nicht einfach, *man* muss sehen …«

Wie wirkt ein solches Statement auf Sie? Was sagen Sie dazu? Kaum zu glauben und doch ständig zu hören! Unwörter. Wie sieht es aus, wenn wir die einfach streichen? Vergleichen Sie selbst:

Zunächst das Original:

B: »Ja, … *äh* … natürlich ist das ein großes *Problem*, *aber man muss* die Anstrengungen durch geeignete Maßnahmen weiter erhöhen und … *ähm* … die Herausforderung … *ähm* … annehmen. *Aber trotzdem* wird es nicht einfach, *man muss* sehen …«

Jetzt die unwortfreie Variante:

B: »Ja, natürlich ist das ein großes *Problem und wir werden* die Anstrengungen durch geeignete Maßnahmen weiter erhöhen und die Herausforderung annehmen. Es wird nicht einfach, *wir werden* sehen …« Ganz nebenbei: Wo bleibt die konkrete Aussage? Die gestellte Frage wurde überhaupt nicht beantwortet. Eine wahre Ansammlung so genannter unspezifischer Substantive wie *Problem, Anstrengungen, Maßnahmen, Herausforderung* verwässert die Aussage. Was ist mit Anstrengungen gemeint und wie sollen sie aussehen? Was genau sind geeignete Maßnahmen und wie wird die Herausforderung angenommen? Wann immer Sie in voller Absicht mit vielen Worten wenig (oder nichts!) aussagen wollen, dann bedienen Sie sich ruhig ganz bewusst dieser unspezifischen Substantive. Mehr dazu lesen Sie in meinem Buch »So reden Sie sich an die Spitze«.

Wenn wir auf Unwörter verzichten, wird die Aussage kürzer. Wir sparen uns Zeit, schonen die Nerven unserer Zuhörer und kommen schneller auf den Punkt.

Vor allem »äh« und »ähm« werden unglaublich oft verwendet, sie sind mit Abstand die Nr. 1 der Top 10 der Unwörter! Solche Füllwörter werden entweder ganz ohne Grund verwendet – sind also eine dumme Angewohnheit – oder um in Gedanken (leider nach außen hörbar) ein Satzende zu markieren beziehungsweise eine Pause zu setzen oder um Zeit zu gewinnen.

Ist absolute Unwortvermeidung unser Ziel? Nein, denn das würde bedeuten, mit der Sprache auch uns Menschen perfektionieren und zu Robotern verkommen lassen zu wollen. Wir dürfen Sprache individuell, unserer Stimmung und unseren Zielen entsprechend gestalten. Ja, ich rate Ihnen sogar dazu und lege es Ihnen ans Herz. Werden Sie auch hier unverwechselbar und finden Sie das richtige Maß.

Um die Top 10 der Unwörter, die Sie immer wieder im Gespräch mit anderen Menschen hören (und selbst hoffentlich immer seltener benutzen), zusammenstellen zu können, habe ich vielen Menschen lange und sehr intensiv zugehört: an der Kasse im Supermarkt, beim Check-in am Flughafen, beim Essen im Restaurant und in vielen anderen Alltagssituationen. Zusätzlich habe ich umfangreiches Videomaterial ausgewertet: Radio-/TV-Talkshows, Nachrichtensendungen, Interviews. Und natürlich meine eigenen Rhetorik- und Verkaufsseminare.

► **Die Top-10-Unwörter**

1. **äh, ähm**
2. **aber, ja aber (trotzdem)**
3. **man (könnte, sollte …)**
4. **eigentlich**
5. **trotzdem**
6. **müssen (ich muss, sie müssen …)**
7. **würde sagen, meinen, denken**
8. **Kein Problem …**
9. **nicht (… schlecht, schwierig etc.)**
10. **jeder, alle, nie, keiner, immer**

## Liebe Gewohnheiten – unsinnige Floskeln

Jetzt geht es um Floskeln und Redewendungen, die Sie im Alltag oft hören, vielleicht selbst auch verwenden. Diese verbalen Gewohnheiten machen wenig Sinn, bewirken manchmal sogar ein negatives Ergebnis. Zum Beispiel:

- »Bitte verstehen Sie mich nicht falsch!«
- »Bitte vergessen Sie nicht ...!«
- »Bitte verlieren Sie ... nicht aus den Augen!«
- »Nicht dass das missverstanden wird ...«
- »Ich meine nichts anderes als ...«
- »Ich will Sie nicht langweilen!«

All diese Redewendungen haben eines gemeinsam: Sie sind in negierter Form ausgedrückt. Wir haben bereits darüber gesprochen, was dies bewirkt. Zum Beispiel die erste Formulierung. Was ankommt, ist »falsch«. Beabsichtigt war, »richtig« verstanden zu werden. Warum sagen wir es dann nicht genau so: »Bitte verstehen Sie mich richtig!«? Ähnlich verhält es sich mit der zweiten Aussage. Die Botschaft, die ankommt, lautet »vergessen«, und gewünscht war, daran zu denken, also: »Bitte denken Sie daran ...!« Sicher konnten Ihnen schon diese wenigen Beispiele aufzeigen, dass das, was wir aus reiner Gewohnheit sagen, nicht immer gut für uns ist. Daher bitte ich Sie: Nehmen Sie Ihre sprachlichen Gewohnheiten immer wieder einmal kritisch unter die Lupe und fragen Sie sich, ob das, was Sie sagen, auch wirklich das ist, was Sie bewirken wollen. Wenn nicht, dann ändern Sie es. Sie werden sehen: Es kommt gut an und wirkt sofort positiv!

## Starke Worte – 44 Power-Sprache-Formulierungen

► **Die folgenden *Power-Sprache-Formulierungen* bringen Ihnen mehr Wirkung. Sagen Sie**

| | | |
|---|---|---|
| **Ab sofort** | **statt** | **Hätte ich bloß ...** |
| **am ... /um ...** | **statt** | **circa/gegen** |
| **anspruchsvoll/herausfordernd** | **statt** | **unmöglich** |
| **Aufgabe/Chance** | **statt** | **Problem** |
| **Bitte bedenken Sie ...** | **statt** | **Sie müssen bedenken, dass ...** |
| **Bitte denken Sie daran ...** | **statt** | **Bitte vergessen Sie nicht ...** |
| **Bitte entschuldigen Sie ...** | **statt** | **Sie müssen entschuldigen ...** |

| | | |
|---|---|---|
| Bitte sagen Sie mir … | statt | Ich würde gern wissen … |
| dafür | statt | dagegen |
| gern/klar | statt | kein Problem |
| gut | statt | nicht schlecht |
| Haben Sie jetzt kurz Zeit? | statt | Ich will Sie nicht stören, aber … |
| Ich bin für … | statt | Ich bin gegen … |
| Ich bin der Ansicht, dass … | statt | Ich würde meinen/denken, dass … |
| Ich bin Ihnen dankbar, wenn Sie … | statt | Sie müssen/Ich erwarte … |
| Ich bitte Sie … | statt | Sie müssen … |
| Ich empfehle … | statt | Sie müssen … |
| Ich fühle mich enttäuscht. | statt | Sie enttäuschen mich. |
| Ich freue mich … | statt | Ich erwarte … |
| Ich kann/will/weiß jetzt nicht … | statt | Ich kann/will/weiß nicht … |
| Ich kläre, ob … | statt | Ich weiß nicht, ob … |
| Ich/Sie/wir | statt | man |
| Ich werde/will … | statt | Ich/man muss/könnte … |
| Ich wünsche mir … | statt | Ich verlange … |
| im Auge behalten | statt | nicht aus den Augen verlieren |
| oft/meistens/häufig | statt | immer |
| richtig | statt | nicht falsch |
| nicht richtig | statt | falsch |
| nicht zustimmen | statt | widersprechen |
| schon/bereits | statt | erst |
| selten/kaum | statt | nie |
| Sind Sie sicher? | statt | Das glaube ich Ihnen nicht./ Das kann nicht sein./Sie irren sich. |
| Sie/wir | statt | Ich, ich, ich |
| so nicht | statt | nein |
| und | statt | aber/ja, aber/trotzdem |
| Verstehe ich Sie richtig? | statt | Da irren Sie sich. |
| Verstehen Sie mich bitte richtig. | statt | Verstehen Sie mich bitte nicht falsch. |
| viele/die meisten | statt | jeder/alle |
| wann und wie | statt | ob |
| Wann können Sie mir helfen? | statt | Können Sie mir helfen? |
| Wie ist Ihr Name? | statt | Wie war Ihr Name? |

| | | |
|---|---|---|
| **Wie gut finden Sie ...?** | **statt** | **Gefällt Ihnen ...?** |
| **Wie gut geht es Ihnen?** | **statt** | **Wie geht's?** |
| **Wissen Sie ...?** | **statt** | **Jeder weiß doch ...** |

## Magic Words – So wird Interessantes erst wichtig

Kennen Sie die vielen kleinen Zauberwörter, die Ihre Sprache reich und zu etwas Besonderem machen? Magic Words sind Adjektive und Adverbien, die Würze unserer Sprache, ohne die sie wenig ansprechend und wirkungsvoll wäre. Warum nenne ich sie Magic Words? Nun, weil Sie damit die Tür zur emotionalen Welt des anderen aufstoßen, seine Gefühle, seine Fantasie und seine innersten Werte ansprechen – das, was die Menschen am stärksten motiviert. Durch Adjektive und Adverbien garnieren Sie Ihre Aussagen, machen aus sachlichen Inhalten attraktive, hochwirksame und unwiderstehliche Botschaften. Die Werbung arbeitet sehr intensiv mit dieser Wirkung. Mit Ihrem Shampoo kaufen Sie nicht die chemischen Wirkstoffe, sondern »fühlbar geschmeidigeres, glänzendes Haar«. Sie kaufen mit einem neuen Auto nicht 1350 kg, 4 Zylinder, ein Drehmoment von 180 NM bei einer Drehzahl von 4500 U/min, sondern »Lust, Freiheit, Anerkennung und ein Lebensgefühl«.

Und so macht es auch für Ihre Selbst-PR einen riesengroßen Unterschied, ob Sie Ihre Ideen, Leistungen und Ziele nur als Inhalte oder als ein attraktives Gefühl an andere verkaufen. Dazu ein Beispiel:

Variante 1: »Heute präsentiere ich Ihnen die Ergebnisse unserer Vertriebstagung. Zuerst die Umsatzzahlen. Danach die Stimmung im Außendienst. Zuletzt gehe ich auf neue Produkte ein.«

Variante 2: »Heute präsentiere ich Ihnen die drei *entscheidenden* Ergebnisse unserer Vertriebstagung. Zuerst die *tollen* Umsatzzahlen. Danach die *aktuell aufgeheizte* Stimmung im Außendienst. Und zuletzt die *viel versprechenden* neuen Produkte.«

Nun, was ist wohl ansprechender? Sicher würden auch Sie den Monolog 2 mit größerer Aufmerksamkeit und Neugier verfolgen, oder? Sie sehen: Magic Words machen eben den Unterschied.

## ► 144 Magic Words im Überblick

aktuell
altbewährt
angemessen
angenehm
anregend
ansprechend
anspruchsvoll
atmosphärisch
attraktiv
außergewöhnlich
authentisch
bahnbrechend
bedeutend
befreiend
begeisternd
behaglich
beherrschend
bekannt
berauschend
bereichernd
beruhigend
besonders
brillant
dauerhaft
durchschlagend
effektiv
eifrig
eindringlich
einfach
einfühlsam
einleuchtend
entscheidend
entspannend
entzückend
ereignisreich
erfolgreich
erfreulich
erlösend
erprobt
exklusiv
facettenreich
fantastisch
farbenfroh
fühlbar
führend
ganzheitlich
geheimnisvoll
gelungen
genießerisch
genussvoll
geschmackvoll
gewinnbringend
gezielt
glänzend
glanzvoll
glaubhaft
golden
günstig
heiter
hell
herausfordernd
herrlich
herzlich
hilfreich
hingebungsvoll
hitzig
humorvoll
ideal
idyllisch
individuell
innovativ
intensiv
interessant
klangvoll
klar
konkret
konstant
kostbar
kräftig
kunstvoll
kurzweilig
lang anhaltend
langfristig
lebendig
leicht
leuchtend
liebevoll
lustvoll
mächtig
magisch
meisterhaft
mitreißend
motivierend
neu
optimal
packend
positiv
prächtig
prachtvoll
prickelnd
professionell
profitabel

| | | |
|---|---|---|
| **rasch** | **sprudelnd** | **viel versprechend** |
| **rassig** | **stark** | **vorteilhaft** |
| **rauschend** | **stimmungsvoll** | **wertvoll** |
| **reinrassig** | **strahlend** | **wichtig** |
| **ruhig** | **toll** | **wirksam** |
| **schillernd** | **top** | **wirkungsvoll** |
| **schön** | **traumhaft** | **wohlklingend** |
| **selten** | **trügerisch** | **wohlschmeckend** |
| **sicher** | **überzeugend** | **wohltuend** |
| **souverän** | **umfassend** | **wunderbar** |
| **spannend** | **verantwortungsvoll** | **wundervoll** |
| **spektakulär** | **verständnisvoll** | **zauberhaft** |
| **speziell** | **versteckt** | **zielsicher** |
| **spielerisch** | **vertrauensvoll** | **zunehmend** |

## Der Ton macht die Musik: Das Wie als Erfolgsfaktor

Womit würzen Sie Ihre Sprache? Der richtige Ton erleichtert das Miteinander, entscheidet oft sogar über den privaten und beruflichen Erfolg. Und viele Menschen reden sich, ohne es zu wollen, um Kopf und Kragen.

Wenn Menschen miteinander reden, dann tun sie dies immer auf zwei Ebenen: auf der Sach- und auf der Beziehungsebene. Mit jeder Information, ob Zahlen, Daten oder Fakten, fließen auch Emotionen, ob offen sicht- und hörbar oder zwischen den Zeilen.

Fast immer entscheidet die Beziehungsebene, das Wie, über den Gesprächserfolg und dominiert die Sachebene, das Was. Auf der Beziehungsebene entstehen Vertrauen, Sympathie oder Antipathie. Hier entwickelt sich der persönliche Zugang zum Gegenüber, ohne den kein Überzeugen möglich ist.

Anders ausgedrückt: Solange Menschen nicht auf der emotionalen Ebene überzeugen, nicht beim Gegenüber ankommen, werden sie auch auf der Sachebene, mit Zahlen, Daten und Fakten kaum jemanden für sich gewinnen. Denn die so genannten Big Points werden fast immer emotional entschieden.

Statistiken belegen, dass über den Gesprächserfolg bis zu 55 Prozent die Körpersprache entscheidet, bis zu 38 Prozent die Art und Weise, wie Sie sprechen, und nur bis zu 7 Prozent der Inhalt.

Diese Zahlen gelten natürlich ganz besonders für Erstgespräche beziehungsweise die Startphase einer Unterhaltung, wenn sich die Gesprächspartner noch nicht (gut) kennen. Im späteren Verlauf kann sich die Gewichtung durchaus verschieben. »Wie« Sie sprechen, setzt sich aus zwei Faktoren zusammen: Erstens aus Ihrer Wortwahl, ob Sie zum Beispiel viele positive Begriffe, Magic Words etc. verwenden, und zweitens aus der Art und Weise, in der Sie Ihre Worte inszenieren. Denn ohne diese wirkungsvolle Darstellung gehen selbst die wichtigsten Botschaften und die tollsten Magic Words in der Vielzahl der Worte unter. Und das wäre doch wirklich schade, oder? Das wäre so, als würden Sie einen wunderschönen Blumenstrauß kaufen und ihn anschließend verpackt überreichen.

Die wichtigsten sprachlichen Ausdrucksmittel, um mehr Lebendigkeit beziehungsweise Abwechslung ins Spiel zu bringen und für erhöhte Aufmerksamkeit und persönliche Wirkung zu sorgen, stelle ich Ihnen nun vor.

▶ **Sieben Ausdrucksmittel, die mehr Wirkung bringen:**

1. **Aussprache – Deutlichkeit sorgt für Eindeutigkeit**
2. **Betonung – Wichtige Botschaften gekonnt hervorheben**
3. **Lautstärke – Das richtige Maß zur richtigen Zeit**
4. **Pausen – Das wertvolle Stilmittel, von dem alle etwas haben**
5. **Satzlänge – In der Kürze liegt die Kraft**
6. **Sprechtempo – Angemessenheit ist das höchste Gebot**
7. **Tonalität – Der richtige Ton unterstützt die Botschaft**

## Aussprache – Deutlichkeit sorgt für Eindeutigkeit

Neigen Sie dazu, manchmal ein wenig zu nuscheln oder Silben zu verschlucken? Eine der Hauptursachen für Missverständnisse. Oft kommt noch ein zu hohes Sprechtempo dazu. Gerade Schnellsprecher müssen auf eine besonders deutliche Aussprache achten, um gut verstanden zu werden.

**MEIN TIPP:** Sprechen Sie langsamer und achten Sie darauf, den Mund mehr zu öffnen. Machen Sie ab und zu folgende Übung: Wenn Sie allein sind, öffnen Sie Ihren Mund und bewegen den Unterkiefer leicht hin und her. Außerdem empfehle ich Ihnen ein Training, das auch viele Sänger und Schauspieler absolvieren: die Korkenübung. Nehmen Sie das Ende eines weichen Korkens zwischen die Zähne, aber beißen Sie nicht in den Korken, denn das Grundprinzip dieser Übung lautet: Alles mit Leichtigkeit! Nun nehmen Sie einen Text Ihrer Wahl, oder rezitieren Sie etwas, das Ihnen gerade einfällt. Sprechen Sie langsam, laut und so deutlich es nur irgendwie geht. Hören Sie sich selbst genau zu, und achten Sie darauf, ob und wie gut Sie sich verstehen können. Sie werden bemerken, dass Sie von Mal zu Mal deutlicher sprechen. Ich empfehle Ihnen am Anfang, nach ein bis zwei Minuten eine Pause einzulegen. Nehmen Sie den Korken aus dem Mund. Sind Ihre Kiefer verspannt? Dann lassen Sie Ihren Unterkiefer sanft hin- und herkreisen oder schütteln Sie Ihren Kopf. Machen Sie diese Korkenübung die erste Woche dreimal täglich, danach morgens und abends. Übrigens ist diese Übung auch hervorragend geeignet, um die Aussprache direkt vor einer wichtigen Rede spontan zu optimieren. Wenn Sie wüssten, wie viele Profis vor dem Auftritt hinter der Bühne noch schnell »in den Korken beißen«.

## Betonungen – Wichtige Botschaften gekonnt hervorheben

Die richtige Betonung ist der Rolls-Royce unter den sprachlichen Ausdrucksmitteln. Was bewirken Betonungen? Sie bringen damit sehr deutlich zum Ausdruck, was Ihnen an Ihrer Aussage besonders wichtig ist. Sie trennen so Wichtiges von weniger Wichtigem, Hauptsächliches von Nebensächlichem, verleihen Ihrer Aussage einen ganz bestimmten Sinn. Betonungen haben natürlich einen großen Einfluss darauf, welcher Teil beziehungsweise wie eine Bot-

schaft bei anderen ankommt. Sie bewirken eine bessere Verständlichkeit, mehr Lebendigkeit und stark erhöhte Aufmerksamkeit: Denn sie lenken die Gedanken aller auf den Kern der Aussage, verleihen ihr Emotion und mehr Gewicht. Ein Beispiel:
***»Ich habe gehört, dass er das Geld heute gestohlen hat.«***
Ohne besondere Betonung stellen Sie den Inhalt sachlich dar – so wie es die Nachrichtensprecher ganz bewusst tun, um keine Position zu beziehen beziehungsweise nicht parteiisch zu wirken.

»***Ich*** habe gehört, dass er das Geld heute gestohlen hat.«
Sie drücken aus, dass Sie nur das wiedergeben, was ***Sie*** von der Situation wissen.

»Ich habe ***gehört,*** dass er das Geld heute gestohlen hat.«
Sie legen Wert darauf, dass Sie keine Fakten oder die Wahrheit erzählen, sondern nur, was Ihnen zugetragen wurde.

»Ich habe gehört, dass ***er*** das Geld heute gestohlen hat.«
Sie äußern Ihr Erstaunen oder Ihre Bestürzung darüber, wer das Geld gestohlen hat.

»Ich habe gehört, dass er das ***Geld*** heute gestohlen hat.«
Hier ist Ihnen besonders wichtig, was gestohlen wurde.

»Ich habe gehört, dass er das Geld ***heute*** gestohlen hat.«
Die Priorität liegt auf dem Zeitpunkt.

»Ich habe gehört, dass er das Geld heute ***gestohlen*** hat.«
Fassungslos, persönlich betroffen, betonen Sie den Diebstahl.

Sie sehen: Durch die Betonung bestimmen Sie den Teil der Botschaft oder sogar den Sinn, der bei anderen als besonders wichtig ankommen soll.

**Fazit:**
Durch Betonungen machen Sie Ihre Aussagen und Ziele für andere klar verständlich und eindeutig.

Welche Möglichkeiten haben wir, um bestimmte Worte stärker hervorzuheben? Zwei einfache Mittel bieten sich an:

1. Dehnung – Sie sprechen das oder die Schlüsselwörter l-ä-n-g-e-r aus.
2. Lautstärke – Sie sprechen das oder die Schlüsselwörter hörbar lauter oder auch leiser aus als den Rest.

Beide Mittel bewirken wahre Wunder! Dazu eine kleine Übung: Sprechen Sie das Wort »wichtig« so aus, wie Sie es gewohnt sind. Dann deutlich schneller und schließlich sehr langsam und gedehnt. Wie gut gelingt Ihnen das? Jetzt dasselbe mit unterschiedlicher Lautstärke: nur gehaucht, dann äußerst lautstark. Und nun bauen Sie dieses Wort in einen Satz ein: ***Diese Aussage ist wichtig!***

Sprechen Sie diesen Satz mehrmals laut aus und konzentrieren Sie sich dabei besonders auf »wichtig«. Lassen Sie sich den Satz jedes Mal so richtig auf der Zunge zergehen, hören Sie selbst ganz bewusst zu und variieren Sie die Betonung. Was passiert?

**MEIN TIPP:** Überlegen Sie sich im Vorfeld (erst denken, dann sprechen!), welche Punkte Ihrer Aussage Ihnen besonders wichtig sind. Was sind die Kernaussagen, was soll beim Gegenüber ankommen, wie wichtig soll er Ihre Idee nehmen? Sprechen Sie die Schlüsselwörter und -botschaften sehr deutlich und betont aus. Und Sie werden sehen: Es wirkt!

## Lautstärke – Das richtige Maß zur richtigen Zeit

Wichtig sind drei Aspekte der Lautstärke. Erstens im Sinne der Verständlichkeit, die Lautstärke sollte stets den Personen und/oder der Örtlichkeit angemessen sein. Zweitens, wie eben besprochen, als bewusst eingesetztes Stilmittel, um Wichtiges hervorzuheben. Und drittens, um durch gezielten Lautstärkewechsel bei den Zuhörern für mehr Aufmerksamkeit zu sorgen. Lautstärke ist ein wichtiges

Mittel, das unsere Sprache lebendig und ausdrucksstark werden lässt.

**MEIN TIPP:** Achten Sie darauf, wie Ihre Gesprächspartner reden, und passen Sie sich dieser Lautstärke ein wenig an. Bitte vermeiden Sie Extreme! Wenn Sie zu leise sprechen, wirken Sie schnell unsicher, wenn Sie zu laut werden, dann gelten Sie leicht als arrogant oder dominant.

## Pausen – Das wertvolle Stilmittel, von dem alle etwas haben

Pausen sind ein äußerst wichtiges, nützliches und sehr wirkungsvolles Mittel. Mit bewussten Sprechpausen rücken Sie Ihre Worte ins rechte Licht und tun sowohl sich selbst als auch Ihrem Gesprächspartner etwas Gutes.

Bei einer Rede passiert Folgendes: Der Redner denkt, dann spricht er, und im Idealfall trägt sein natürlicher Atemrhythmus die Worte nach außen, verläuft die Atmung synchron zum Sprechen. Der Zuhörer ist damit beschäftigt, das Gehörte wahrzunehmen, es über Vergleiche, Assoziationen etc. in »seine« Sprache zu übersetzen und es anschließend zu bewerten. Beide Gesprächspartner sind also beschäftigt, der eine mit vordenken, sprechen, Luft holen, der andere mit verstehen, nachdenken, prüfen und bewerten. Sicher können Sie sich gut vorstellen, dass dieser Ablauf für alle Beteiligten schwieriger oder gar anstrengend ist, wenn der Redefluss nicht ab und zu unterbrochen wird. Verständnis, Spannung und Aufmerksamkeit reißen irgendwann sogar ab. Ein erfolgreiches Gespräch wird so unmöglich.

Dies zu vermeiden, ist der Sinn bewusster Sprechpausen. Sie beugen dadurch übrigens auch fast automatisch langen, schwer verständlichen Satzkonstruktionen vor. Dazu später mehr. Wann und in welchen Situationen bietet es sich an, Pausen zu machen? Hier sind die vier wichtigsten Momente:

1. *regelmäßig:* zwischen Sätzen;
2. *um die Spannung zu erhöhen:* vor wichtigen Argumenten/Schlüsselwörtern;

3. *um die Wirkung zu vertiefen:* nach besonderen Aussagen;
4. *bei negativem Feedback:* etwa bei Unruhe oder mangelnder Aufmerksamkeit.

Die *regelmäßige Sprechpause* garantiert Ihnen eine gleichmäßige Atmung: Das steigert Ihre Konzentration und Ihr Wohlbefinden. Auch Ihr Wahrnehmungsvermögen nimmt zu. Wie gut ist die Aufmerksamkeit, werden Sie und Ihre Argumente wirklich verstanden? Durch regelmäßige Pausen wirken Sie außerdem sehr souverän, denn Sie geben »der anderen Partei« die Möglichkeit, Zwischen- oder Verständnisfragen zu stellen.

**MEIN TIPP:** Achten Sie beim Sprechen ab sofort darauf, regelmäßige Pausen einzulegen. Spätestens kurz bevor Sie Ihr Lungenvolumen »ausgehaucht« haben, besser noch deutlich früher, ist es höchste Zeit. Bestätigungsfragen, die Sie ab und zu stellen, bieten eine hervorragende Gelegenheit für Pausen.

Die etwas längeren *Spannungspausen* sind ein ganz hervorragendes Stilmittel, um die Aufmerksamkeit anderer in die Höhe zu treiben. Setzen Sie sie dann ein, wenn Sie ein Maximum an Beachtung brauchen: für ein Highlight, ein besonderes Ergebnis oder eine bedeutende Aussage.

»Meine Damen und Herren, jetzt präsentiere ich Ihnen unseren diesjährigen Überraschungsgast. Es ist ...!«

Kurz bevor Sie den Namen des prominenten Gastes nennen, machen Sie eine bedeutungsvolle Pause. Was passiert? Richtig, die Aufmerksamkeit aller Anwesenden steigt, die Spannung nimmt in wenigen Sekunden rapide zu. Während dieser Zeit nehmen Sie intensiven Blickkontakt zu den anderen Personen auf, und erst wenn Sie das Gefühl haben, die Neugier ist auf dem Höhepunkt angelangt, nennen Sie den Namen. Und zwar unbedingt mit einem Höchstmaß an sprachlicher Betonung. Wichtige Botschaften brauchen Raum, um Beachtung und Anerkennung zu finden. Allzu oft erlebe ich, wie die besten Argumente und die interessantesten Highlights eines Redners entweder in seinem Redefluss oder im allgemeinen Trubel untergehen.

Extreme Beispiele für Spannungspausen finden Sie übrigens im Fernsehen: So werden zum Beispiel Gewinnshows kurz vor der Bekanntgabe der richtigen Lösung durch Werbung unterbrochen.

Und sicher kennen Sie die werbewirksamen Sponsorenpräsentationen, die stets direkt vor dem Start eines Spielfilm- oder Unterhaltungshighlights eingeblendet werden. Die Zuschauer freuen sich auf das Kommende, sind in gespannter Erwartung und »inhalieren« so quasi die Werbebotschaft, ohne es zu wollen. Und sie haben ja kaum eine Chance, wenn sie den oft wichtigen Anfang eines Films nicht verpassen möchten.

**MEIN TIPP:** Nutzen auch Sie ganz bewusst solche stark aufmerksamkeitssteigernden Pausen, um Ihre wichtigsten Argumente optimal zu platzieren beziehungsweise zu präsentieren. Es ist ganz einfach, wenn Sie sich bereits im Vorfeld geeignete Momente aussuchen. Sie können solche Pausen natürlich auch ganz spontan einbauen.

Bei *Wirkungspausen* liegt der Schwerpunkt darauf, das Gesagte, das Wichtige und Besondere ganz in Ruhe auf die Anwesenden wirken zu lassen. Genau wie der Aufbau von Spannung braucht auch die Wirkung immer ein wenig (Reaktions-)Zeit. Und die hat Ihr Gegenüber nur, wenn Sie nicht weiterreden, sondern eine Pause einlegen.

»Meine Damen und Herren, wir sind ab heute Marktführer! ...«

Eine solche Aussage ist wohl bedeutend genug, um ihr etwas Zeit zu geben. Das Wichtigste in diesem Satz ist das letzte Wort: Marktführer – und deshalb machen Sie gleich danach eine Wirkungspause. Diese können Sie nutzen, um in die Runde zu schauen, sich Feedback zu holen und festzustellen, ob die Botschaft mit vollem Gewicht angekommen ist. Erst danach geht es weiter!

**MEIN TIPP:** Bringen Sie alle wichtigen Zahlen, Daten und Fakten durch Wirkungspausen besser zur Geltung.

Es gibt einen Grund, der nach einer sofortigen Pause schreit: wenn Sie *negatives Feedback* wahrnehmen! Das duldet keinen Aufschub, selbst wenn Sie gerade das Highlight bringen wollten.

Warum? Weil Ihnen niemand mehr richtig zuhört oder zuhören will. Wenn Sie das einfach übergehen oder mit Worten wegreden wollen, dann gerät die Situation unter Umständen völlig außer Kontrolle. Was ist zu tun? Das Wichtigste: Machen Sie sofort eine Pause, hören Sie abrupt auf zu reden. Schauen Sie Ihr Gegenüber an, nehmen Sie Blickkontakt auf und bleiben Sie ruhig. Stellen Sie dann in sehr ruhigem Ton eine freundliche, aufklärende (Bestätigungs-) Frage, zum Beispiel: »Sind wir alle bis hier einer Meinung?«, »Welche wichtigen Fragen beschäftigen Sie gerade?« oder »Gibt es etwas Wichtiges, das wir sofort gemeinsam klären können?«.

Dadurch eröffnen Sie den in dieser Situation so wichtigen, vielleicht sogar entscheidenden Dialog und erfahren die Gründe für das negative Feedback. Meistens sind sie ganz handfest, zum Beispiel:

- mangelnde Konzentration
- kontroverse Meinungen
- Themaverfehlung

Ein plötzlicher ***Mangel an Konzentration*** liegt entweder daran, dass Sie Ihre Zuhörer durch zu langes Reden oder durch zu viele oder zu anspruchsvolle Inhalte überfordert haben. Manchmal liegt des Übels Wurzel auch an Kleinigkeiten: Die Luft im Raum ist schlecht oder es ist längst Essenszeit. Ja, selbst davon kann Ihr Erfolg abhängen!

Spürbare ***kontroverse Meinungen***, im schlimmsten Fall sogar Aggressionen, entstehen bei Ihren Gesprächspartnern, wenn Sie etwa unwahre Behauptungen oder persönlich angreifende Äußerungen von sich gegeben haben. Hier geht es nicht darum, Recht zu haben, sondern eine schnelle Klärung herbeizuführen. Also: Wenn Sie eine solche Stimmung spüren oder durch Fragen erkennen, dann konzentrieren Sie Ihre Energie ausschließlich darauf, eine gütliche, konstruktive Einigung herbeizuführen. Erst dann haben Sie die zwischenmenschliche Basis geschaffen, um mit Ihren Inhalten fortfahren zu können. Manchmal ist die Ursache eine flapsige, gedankenlose Äußerung, die Sie gemacht haben und die Sie jetzt einfach, humorvoll und mit einer kleinen Entschuldigung aus der Welt schaffen können.

In seltenen Fällen ist ein *verfehltes Thema* oder die nicht zielgruppengerechte Aufarbeitung Grund für negatives Feedback. Das prinzipielle Interesse der Zuhörer fehlt, oder Sie reden mit zu hohen beziehungsweise zu niedrigen Anforderungen. Wenn zum Beispiel der Anspruch Ihrer Präsentation für die Zielgruppe zu hoch ist, dann können Sie dies leicht ändern, indem Sie Fach- und Fremdwörter vermeiden, mehr praktische Beispiele bringen, oder auch ausführlicher werden. Außendienstmitarbeiter etwa wollen eher von Produktmerkmalen hören, die sich gut verkaufen lassen. Entwickler wiederum interessieren sich für technische Einzelheiten und Hintergründe.

Schwierig wird es, wenn sich die Gesprächspartner prinzipiell nicht für Ihre Ideen und Argumente interessieren. Dann liegt wohl ein Irrtum vor, wurde bei der Terminvereinbarung offensichtlich aneinander vorbeigeredet. Das Beste wird hier sein, das Gespräch freundlich, kontrolliert und mit der Frage nach dem richtigen Ansprechpartner zu beenden.

**MEIN TIPP:** Egal welcher der oben genannten Gründe für ein plötzliches negatives Feedback vorliegt – stellen Sie sich der Situation, schieben Sie alles andere zur Seite und konzentrieren Sie sich auf die schnelle und restlose Bereinigung. Wie oben bereits angesprochen, lassen sich die meisten Gründe spontan noch mit einfachen Mitteln beheben. Was zählt, ist der Zeitpunkt! Je länger Sie abwarten, desto größer der Schaden.

### Satzlänge – In der Kürze liegt die Kraft

Die Länge Ihrer Aussagen hat großen Einfluss auf deren Wirkung und Verständlichkeit. Wie bei den Pausen gilt es auch hier, das richtige Maß, den passenden Rhythmus zu finden.

*»Meine Damen und Herren, bevor ich Ihnen die vielen Vorteile sehr kurzer Sätze ans Herz lege, will ich Ihnen in prägnanten Worten, die Sie bitte, jeder für sich, ganz in Ruhe und möglichst*

*intensiv nachvollziehen, klarmachen, wie ich auf dieses wirklich unglaublich wichtige, meiner Meinung nach sogar, zumindest im Bereich zwischenmenschlicher Kommunikation, wichtigste Thema nach langer, leider eigener Erfahrung, allerdings zuletzt absolut eigenmotiviert gestoßen bin.«*

Puh, selbst das Niederschreiben war schon schwierig! Wie ergeht es Ihnen mit dieser Bandwurmformulierung? Stellen Sie sich vor, Sie hätten diesen Satz nur gehört. Wir haben bereits ausführlich darüber gesprochen, was beziehungsweise wie viel während einer Unterhaltung oder Rede auf beide Parteien einwirkt und in ihnen abläuft. Beides braucht einen regelmäßigen Wechsel zwischen Aktion und Reaktion, also Zuhören und Verstehen auf der einen, Vordenken und Reden auf der anderen Seite.

Sind Ihre Sätze zu lang – was wohl auch heißt, dass Sie keine Pausen machen –, dann muten Sie sich und Ihrem Gegenüber Einiges zu. Fangen wir beim Zuhörer an. Er ist aufmerksam, will das Gesagte hören, verstehen, nachvollziehen und natürlich für sich auswerten. Je länger Ihre Formulierungen werden, desto mehr Informationen übertragen Sie. Der Gesprächspartner hat nur wenig Zeit und kaum die Möglichkeit, all das Gehörte aufzunehmen und zu verarbeiten. Er ist nach kürzester Zeit (sichtbar) überfordert. Er gibt auf, ist entnervt, gelangweilt oder verärgert. Im schlimmsten Fall hört er Ihnen nur noch aus Höflichkeit zu oder lässt sich etwas einfallen, um das Gespräch zu beenden. So entsteht mancher Einwand: Ihr Gegenüber sucht Möglichkeiten, Ihren Redefluss zu stoppen.

Doch auch für den Redenden sind zu lange Sätze schädlich. Je ausschweifender Sie formulieren, desto schwieriger wird es, den Faden nicht zu verlieren und den Satz zu beenden. Sie bemerken diese Überforderung auch daran, dass Sie den Blickkontakt verlieren oder bewusst vermeiden: Sie schließen häufig für Sekunden(-bruchteile) die Augen oder schauen immer wieder kurz nach oben oder unten, um sich innerlich neu zu sammeln. Solange Sie nicht zu den wenigen begnadeten Rednern wie zum Beispiel Franz Josef Strauß gehören, rate ich Ihnen dringend davon ab, sich in Endlos- und Bandwurmsätzen zu ergehen. Die größte Wirkung erzielen Ihre Botschaften, wenn sie kurz und prägnant sind. Formulieren wir das genannte Negativbeispiel in kurze Sätze um:

*»Meine Damen und Herren, heute geht es um die vielen Vorteile sehr kurzer Sätze ... Bevor ich Ihnen diese ans Herz lege, will ich Ihnen in prägnanten Worten klar machen, wie ich auf dieses unglaublich wichtige Thema gestoßen bin. Sie bitte ich, dass jeder für sich, ganz in Ruhe und möglichst intensiv, dies nachvollzieht. Denn wir reden hier über das meiner Meinung nach sogar wichtigste Thema im Bereich zwischenmenschlicher Kommunikation. Ich bin darauf nach langer, leider eigener Erfahrung gestoßen. Allerdings zuletzt absolut eigenmotiviert.«*

**MEIN TIPP:** Es gibt ein gutes Maß für Satzlängen. Sie liegen genau richtig, wenn Sie Ihre Sätze jeweils in einem Atemgang aussprechen können, das heißt, ohne zwischendurch Luft zu holen. Halt! Es gibt eine Einschränkung, die ich mittlerweile mache: wenn Sie Spitzensportler sind und über ein riesiges Lungenvolumen verfügen. Diese Personen machten in meinem Training trotz meiner Empfehlung unglaubliche Satzkonstruktionen. Na klar, sieben bis acht Liter Luft wollen eben auch ausgesprochen werden.

## Sprechtempo – Angemessenheit ist das höchste Gebot

Sie können sich, spätestens nach den obigen Ausführungen, gut vorstellen, dass mit zunehmender Sprechgeschwindigkeit die Anforderungen an den Redenden rapide steigen. Zumindest wenn er nach wie vor gut und vor allem richtig verstanden werden und überzeugend wirken will. Denn je schneller Sie sprechen, desto mehr laufen Sie Gefahr, dass darunter die Deutlichkeit Ihrer Aussprache, die Kraft Ihrer Betonungen und die Wirkung sowie die Regelmäßigkeit Ihrer Pausen leiden.

Das angemessene Sprechtempo hängt von der Bedeutung der Inhalte, in allererster Linie allerdings vom Gegenüber ab. Als Faustformel können Sie sich hier merken, dass sich das Sprechtempo immer umgekehrt proportional zum inhaltlichen Anspruch verhalten sollte. Also je schwieriger der Inhalt, desto langsamer bitte die Sprechgeschwindigkeit. Eine Kontrolle darüber, ob Sie mit Ihrem Tempo richtig liegen, liefert Ihnen natürlich das Feedback des Gegenübers: Welchen Eindruck macht er? Hört er noch aufmerksam zu? Wirkt er interessiert?

**MEIN TIPP:** Wenn Sie zu den Schnellsprechern gehören, dann reden Sie entweder langsamer (lachen Sie nicht, das ist ernst gemeint!) oder machen Sie (mehr) regelmäßige Pausen. Die Zuhörer danken es Ihnen mit viel mehr Aufmerksamkeit und Interesse.

### Tonalitäten – Der richtige Ton unterstützt die Botschaft

Tonalitäten unterstützen die Wirkung Ihrer Botschaft, indem Sie Ihren Worten den dazu passenden Verlauf Ihrer Stimmlage schenken. Ob Frage, Aussage oder Befehl – der richtige Ton am Satzende macht Ihre Botschaft klar und eindeutig. Achten Sie einmal darauf, wie oft Menschen bei einer Aussage oder einem Befehl am Satzende den Ton wie bei einer Frage anheben. Und sich dann über die ausbleibende Wirkung beklagen. Das ist kein Wunder. Denn passt der Ton nicht zur Aussage, wird sie leicht unglaubwürdig.

**MEIN TIPP:** Optimal verstanden werden Sie, wenn Sie bei Fragen Ihre Stimme zum Satzende hin anheben, bei neutralen Aussagen gleich belassen und bei Befehlen, Anordnungen etc. absenken. Ihr Gesprächspartner versteht so ganz automatisch, wie Ihre Aussage gemeint ist.

### Fazit:

Die sieben Ausdrucksmittel, die Sie soeben kennen gelernt haben, sind wunderbare Werkzeuge, um Ihre Worte und Inhalte wirkungsvoll zu unterstützen.

Es ist zwar ein guter Anfang, wenn Sie eines dieser Ausdrucksmittel beherrschen und damit glänzen können. Das beste, wirkungs- und eindrucksvollste Gesamtergebnis erzielen Sie jedoch, wenn Sie diese Mittel im Zusammenspiel nutzen, ein sprachliches Feuerwerk entzünden. Das ist wie bei einem Orchester. So schön es ist, wenn die einzelnen Akteure ihr Bestes geben: Erst das optimale, vom Dirigenten koordinierte Zusammenwirken aller, der perfekte Einsatz des Einzelnen zur richtigen Zeit, sorgt für diese herrlichen Klangerlebnisse, die uns Freude und Genuss bereiten. Daher will ich Sie ermutigen, mit diesen Möglichkeiten zu spielen, zu experimentieren und die Wirkung auf andere Menschen genau zu beobachten.

SCHRITT 5
# Persönliche Überzeugungskraft entwickeln

Jetzt ist es an der Zeit, dass wir konkret werden und über die persönliche Überzeugungskraft in der Praxis reden. Worauf kommt es dabei im Einzelnen an?

## Attracting – So ziehen Sie Menschen in Ihren Bann

Werden Sie durch Attracting für andere zum Anziehungspunkt, für sich selbst zum persönlichen Erfolgsmagnet. Mit Attracting zeigen Sie Präsenz, ohne aufdringlich zu wirken, ziehen Menschen in den Bann, fesseln mit Worten und begeistern manchmal sogar ohne Worte. Lassen Sie mich dazu eine Geschichte erzählen: Vor einigen Jahren besuchte ich selbst wieder einmal ein Seminar. Ich tue dies regelmäßig, um mich in meinem Beruf als Trainer und Coach weiterzubilden, auf dem Laufenden zu bleiben und immer wieder mal »die andere Seite«, nämlich die des Teilnehmers, zu erleben. Für mich ist gerade das besonders spannend und gibt mir wichtige Impulse für meine Arbeit.

Als ich an jenem Freitagmorgen den Seminarraum betrat, fiel mir gleich die rote Rose auf, die im Raum stand. Wie die übrigen 22 Teilnehmer fragte ich mich: Was für ein Mensch wird wohl in wenigen Minuten als Trainer vor uns stehen? Dann war es zehn Uhr. Alle Anwesenden nahmen Platz und warteten. Die Tür ging auf und ein kleiner, älterer Mann betrat den Raum. Ich gebe gern zu, dass ich zunächst ein wenig überrascht, vielleicht sogar entsetzt war. Was hatte ich von diesem Mann zu erwarten? Er ging durch den Raum, dann stand er vor uns: geschätzte 1,60 Meter körperliche Präsenz. Es kam mir wie eine Ewigkeit vor, bis er zum ersten Mal seine Stimme erhob. Zuvor sah er sich ganz in Ruhe um und schenkte jedem Einzelnen von uns einen kurzen, intensiven und sehr freundlichen Blick. Dann neigte er seinen Kopf, blickte auf die vor ihm stehende Rose und sah anschließend wieder in die Runde. Was mir wie Minuten vorkam und ich Ihnen hier so ausführlich schildere, spielte sich natürlich in wenigen Sekunden ab. Vielleicht können Sie an dieser Stelle nachempfinden, welche außergewöhnliche Stimmung und Atmosphäre zu diesem Zeitpunkt in dem Raum herrschte: Es war mucksmäuschenstill, es knisterte quasi; 23 Augenpaare blickten gebannt in eine Richtung, die Oberkörper alle leicht nach vorn gebeugt. Dies alles, ohne dass der Trainer auch nur ein einziges Wort gesagt hätte. Nachdem ich mich von diesem überraschenden Erlebnis ein wenig erholt hatte, fragte ich mich: Wie wollte dieser kleine Mensch, der da vor uns stand, diese Spannung, diesen Genuss noch toppen?

Als er schließlich zu sprechen begann, versprühte er auch damit so viel Präsenz, Freundlichkeit und Wertschätzung, dass es kaum noch auszuhalten war. Jedes einzelne Wort war ein Erlebnis, ein Feuerwerk an Emotion. Jede Aussage betraf uns scheinbar persönlich, und es war fast so, als würde er zu jedem von uns ganz allein sprechen. Zwischen den Sätzen immer wieder Pausen, selbst einzelne Worte und Aussagen hatten so viel Raum, dass sie den Weg in unser aller Herz finden konnten. Und dies mit einer mir bis dahin nicht bekannten Klarheit, Eindeutigkeit und Eindringlichkeit. Sie können sich jetzt sicher vorstellen, dass wir zwei ganz außergewöhnliche Seminartage erlebten. Haben Sie es bemerkt? Ja, mir sind diese intensiven und wunderbaren Eindrücke bis heute so präsent, als wäre es erst gestern geschehen. In der nächsten Geschichte lief es leider genau umgekehrt.

## Vorsicht: So wird Begeisterung schnell zur Sackgasse

Können Sie sich vorstellen, dass Ihre Wirkung und Ihr Erfolg oft von einem einzigen Punkt abhängen? Dass nicht mehr zählt, was Sie alles richtig und gut gemacht, sondern nur noch, was Sie falsch gemacht oder missachtet haben? Ich erzähle Ihnen jetzt ein eindringliches Beispiel dafür, wie Sie durch Missachtung Ihres Gesprächspartners womöglich Ihre ganze Arbeit infrage stellen oder zum Scheitern verurteilen. Ich bin sicher: Sie werden aus meinem Fehler lernen.

Vor einigen Jahren freute ich mich auf einen meiner größeren öffentlichen Vorträge. Alles war bestens, der Kartenvorverkauf lief sehr gut und der Veranstalter stimmte mich im Vorfeld darauf ein, dass ich eine ausverkaufte Halle zu erwarten hatte – über 700 Zuschauer! Ich war begeistert, motiviert bis über beide Ohren und absolut überzeugt, dass ich dem Publikum mit meinem Vortrag einen außergewöhnlich spannenden, kurzweiligen Abend bereiten würde. So weit, so gut. Der Termin rückte näher, meine Begeisterung und meine Vorfreude stiegen immer weiter und gipfelten in den letzten Stunden darin, dass ich mir noch mehr vornahm. Obwohl ich sonst zu den Rednern gehöre, die viel Raum für Spontaneität lassen, sich sogar über Unvorhergesehenes freuen, war ich diesmal bis ins letzte Detail »verplant«, hatte jede Kleinigkeit meines Auftritts genau vorbereitet.

Ungefähr vier Stunden vor meinem Vortrag verfiel ich in gespannte Unruhe. Ich wollte anfangen, ich hatte ja so viel vor. Kurz vor 20 Uhr lief ich hinter der Bühne wie ein Raubtier im Käfig ungeduldig auf und ab. Dann erhielt ich die Nachricht, dass noch mehrere 100 Teilnehmer fehlten. Vor der Halle war ein größerer Stau! Also warteten wir. 20 Minuten später entschieden wir uns anzufangen, obwohl sicher noch gut 200 Leute fehlten. Ich ging auf die Bühne und legte los. Ich war kaum aufzuhalten, nur noch darauf konzentriert, meine vielen Inhalte zu präsentieren. Ich ließ mich nicht davon stören, dass bis fast 21 Uhr ständig verspätete Zuhörer den Saal betraten, und bemerkte auch nicht, dass sich die Stimmung zunehmend verschlechterte. Dabei war das doch klar: Der Teil des Publikums, der pünktlich erschienen war, musste warten und fühlte sich während des Vortrags von den vielen Zuspätkommenden gestört, die nach freien Plätzen suchten. Die Nachzügler wiederum waren sichtbar vom Stau genervt und ärgerten sich darüber, dass sie den Anfang der Veranstaltung verpasst hatten. Können Sie sich das vorstellen: ein Saal, voll mit über 700 verärgerten Zuhörern?

Ich tat weiterhin meine Arbeit, redete und redete und ging auf all das negative Feedback überhaupt nicht ein. Wahrscheinlich, nur so kann ich es mir erklären, wollte ich das alles nicht wahrhaben, sondern unbedingt mein Ziel erreichen. Was passierte? Klar, die schlechte Stimmung heizte sich immer mehr auf und entlud sich plötzlich, als ich den nächsten Punkt an das Flipchart schrieb. Das war natürlich ausgerechnet für diese Saalgröße viel zu klein. Ich schrieb also gerade einen Gedanken nieder, als ich verschiedene Zwischenrufe aus dem Publikum vernahm. Man könne ja überhaupt nichts lesen! Was meinen Sie wohl, tat ich daraufhin? Richtig, ich machte einfach weiter, würdigte die berechtigte Kritik mit keiner einzigen Reaktion. Sie können sich sicher gut vorstellen, dass auch der Rest der Veranstaltung kein Zuckerschlecken war: weder für mich noch für mein Publikum, bei dem ich mich an dieser Stelle nochmals entschuldige.

Was hätte ich tun können, nein, tun müssen, um die Stimmung im Saal in eine positive Richtung zu wenden, meinen Vortrag trotz aller Umstände noch zu einem vollen Erfolg zu machen? Haben Sie eine Idee? Natürlich, ich hätte auf den Unmut reagieren und auf das negative Feedback des Publikums unmittelbar eingehen müssen! Gleich zu Beginn auf den verspäteten Veranstaltungsbeginn, später auf die vielen Störungen durch die Nachzügler. Und schließlich vor allem auf die vielen berechtigten Zwischenrufe. Wie einfach wäre das für mich gewesen, und so sieht zum Glück mein übliches Verhalten aus – Einwände aufgreifen, hinterfragen oder sogar in den weiteren Ablauf einbauen. Stellen Sie sich vor, ich hätte die Vorwürfe wegen der viel zu kleinen Schrift ganz einfach so kommentiert: »Sehen Sie, das wollte ich Ihnen zeigen, genau darum geht es. Heute Abend zählt nur das gesprochene Wort.« Oder noch einfacher: »Ich danke Ihnen für Ihr Feedback, denn genau das ist die Basis für gute, partnerschaftliche Gespräche.« Und wissen Sie was: Heute bin ich sogar der festen Überzeugung, dass diese Unmutsbekundungen gar nicht gekommen wären, wenn ich mich von Anfang an um mein Publikum gekümmert hätte. Es waren ganz einfach Hilferufe stark vernachlässigter Zuschauer!

Was bleibt zu sagen? Natürlich habe ich mich über mein Verhalten, eigentlich ein typischer Anfängerfehler, geärgert. Denn wie oft hatte ich andere davor gewarnt – jetzt war ich selbst in die Falle getappt! Hat es mich niedergeschmettert? Nein, denn ich habe meine Lektion gelernt: Begeisterung und Überzeugung für die eigene Sache sind wichtig. Nur darf es nicht zu selbstverliebtem Fanatismus führen, der das Wichtigste überhaupt sträflich vernachlässigt: das Feedback, die Wünsche unseres Gegenübers!

## Überzeugungskraft – Einfache Zauberei im Alltag

Was sagen Sie zu diesen Beispielen? Warum erzähle ich Ihnen diese wohl? Ganz einfach! Ich will Sie motivieren und gleichzeitig warnen! Denn Erfolg und Misserfolg trennt nur ein schmaler Grat. Eine wichtige Kleinigkeit missachtet, und schon sind all Ihre anderen wertvollen Verhaltensweisen nichts mehr wert.

Jetzt sind wir so weit, das bislang Besprochene zu verdichten und den Zauber der Überzeugungskraft zu entdecken. Sie haben die Schlüssel dazu bereits in der Hand. Persönliche Überzeugungskraft ist nichts anderes als die erfolgreiche Anwendung der Schritte 1 bis 4:

1. Das persönliche Fundament festigen
2. Die typischen Erfolgsverhinderer vermeiden
3. Starke innere Überzeugungen aufbauen
4. Power-Sprache als Erfolgsinstrument nutzen

Noch einmal: Persönliche Überzeugungskraft entsteht aus dem Zusammenwirken des bisher Gesagten. Sie ist das Resultat Ihrer starken Persönlichkeit, Ihrer festen Überzeugungen und Ihres wirkungsvollen Redens und Handelns.

Bevor wir uns die wichtigen Zutaten und die feinen Strukturen der Überzeugungskraft näher ansehen, will ich sie, wie beim »Glücksquadrat« geschehen, in einem einprägsamen Bild darstellen:

**Der Erfolgskreislauf (☺ Erfolgstipp Nr. 13)**

Einstimmung
Wahrnehmung

Angleichen
Feedback holen/
geben

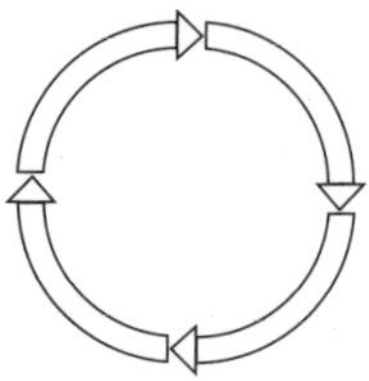

Überzeugen
Führen

Beziehung
aufbauen

Im Erfolgskreislauf sind all die Verhaltensmuster dargestellt, über die wir bereits gesprochen haben. In vielen Fällen wenden wir sie allerdings eher unbewusst, zufällig oder willkürlich an und legen zu viel Gewicht auf eines dieser Muster. Der Vielredner und der Durchschnittsverkäufer zum Beispiel überspringen die wichtigen Phasen der Wahrnehmung, des Angleichens und des Beziehungsaufbaus. Sie wollen sofort führen. Ein folgenschwerer Fehler!

Die Phase der *Einstimmung* und *Wahrnehmung* spielt gerade zu Beginn eine besondere Rolle. Sie ist die Basis für alles andere! Ohne Wahrnehmung kein Angleichen, kein Beziehungsaufbau, kein erfolgreiches Führen. Öffnen Sie Ihre Augen, Ihre Ohren und Ihr Herz! Aktivieren Sie Ihr Glücksquadrat und machen Sie sich so richtig fit für das Gespräch. Das ist die beste Vorbereitung, um Großes zu erreichen. Seien Sie neugierig und entwickeln Sie Lust darauf, andere Menschen wirklich kennen zu lernen. Entdecken Sie deren Innenwelt, Stimmungen, Gefühle und Motive. Denn egal welche Idee, welche Leistung oder welches Produkt Sie verkaufen wollen: Sie verkaufen im Grunde immer ein Gefühl! Emotionen anderer können für uns zu den stärksten Verbündeten oder auch zu den mächtigsten Gegnern werden. Wecken Sie im Gegenüber das richtige Gefühl, dann ist das super. Aktivieren Sie das falsche, dann viel Spaß bei der anstrengenden, langwierigen Wiedergutmachung.

Aktivieren Sie Ihre Wahrnehmung zu *Gesprächsbeginn*, um spontane Eindrücke zu gewinnen und möglichst viele Informationen über Ihr Gegenüber zu sammeln. Wie sehen Ihr Gesprächspartner und die Umgebung (zum Beispiel sein Büro) aus, in welcher Stimmung ist er, wie spricht er und wie verhält er sich? Mit diesen ersten Wahrnehmungen verschaffen Sie sich einen optimalen Start in das Gespräch und können für eine gute Atmosphäre sorgen.

Mit ***Angleichen*** meine ich, sich auf den anderen einzulassen, auf ihn einzugehen und sich seinem Verhalten ein klein wenig anzunähern. Das macht übrigens großen Spaß! Weil Sie dabei merken, dass Sie sich nicht immer gleich verhalten müssen. Sie können Ihre Sprache, Ihre Körpersprache und Ihre Sprechweise durchaus variieren. Nehmen Sie sich dafür, gerade am Anfang, viel Zeit. Sie werden schnell feststellen: Es lohnt sich! Durch Angleichen bauen Sie eine ***Beziehung*** auf, verstärken ein positives Gesprächsklima und wecken in Ihrem Partner ein gutes Gefühl, weil Sie Gemeinsamkeiten schaffen. Und Gemeinsamkeit sorgt für Vertrauen. Was meinen Sie, warum Sie sich im Freundeskreis immer wieder einmal zuprosten, Raucher sich gleichzeitig die Zigaretten anzünden? Nutzen Sie dieses typisch menschliche Verhalten, und sprechen Sie zum Beispiel etwas langsamer und leiser, wenn es Ihr Gegenüber auch tut.

Auch im weiteren Gesprächsverlauf holen Sie sich durch intensive Wahrnehmung bitte immer wieder ***Feedback***. Achten Sie auf die Reaktionen und ganz besonders auf Änderungen in der (Körper-)Sprache und im Verhalten Ihres Gegenübers.

Wann sollten Sie zum *Führen* übergehen? Ganz einfach: Wenn Sie Ihr Gegenüber überzeugt haben! Führen können Sie dann, wenn Sie ein Stück des Weges gemeinsam gegangen, sozusagen im Gleichschritt sind. Es ist wie bei einem Spaziergang zu zweit: Passt das Tempo nicht, dann entfernen Sie sich voneinander. Wenn die Beziehung stabil ist, Sie es für angebracht und den Zeitpunkt für richtig halten, Ihr Anliegen, Ihren Wunsch oder Ihr Produkt vorzustellen, dann tun Sie es. Maßgeschneidert auf diesen Gesprächspartner, den Sie nun gut kennen – seine Stimmung, seine Gefühle, Motive und Werte.

Zunächst die wichtigsten Punkte, wie Sie Ihre Überzeugungskraft steigern, im Überblick; gleich anschließend besprechen wir sie ausführlicher.

► **36 Tipps für Überzeugungstäter:**
**(☺ Erfolgstipp Nr. 14)**

1. **Gute innere Einstellung**
2. **Gesprächsziele definieren**
3. **Nutzen herausstellen**
4. **Auf die Highlights konzentrieren**
5. **Strategie festlegen**
6. **Auf Situation/Gesprächspartner einstimmen**
7. **Sich den Erfolg vorstellen**
8. **Freundliche Begrüßung**
9. **Stimmungen einfangen**
10. **Positive Erwartungen wecken**
11. **Blickkontakt herstellen und Namen nennen**
12. **Viel fragen, weniger reden**
13. **Aktiv zuhören**
14. **Aussagen und Fragen quittieren**
15. **Reaktionen beobachten, Feedback holen**
16. **An den Gesprächspartner angleichen**

17. **Vorbild sein und glaubwürdig verhalten**
18. **In Überschriften reden**
19. **Klar und deutlich sprechen**
20. **Kurze Sätze bilden**
21. **Sie- und Wir-Form verwenden**
22. **Gezielte Pausen setzen**
23. **Wichtiges positionieren und betonen**
24. **Tonalitäten gezielt einsetzen**
25. **Die wichtigsten Sinne ansprechen**
26. **Schritt für Schritt vorgehen**
27. **Pluspunkte und Teilerfolge sichern**
28. **Versteckte Botschaften und Aufforderungen senden**
29. **Motivierende Negationen einsetzen**
30. **Empfängerorientiert sprechen**
31. **Einwände und Kritik nicht persönlich nehmen**
32. **Magic Words nutzen**
33. **Unwörter und Floskeln vermeiden**
34. **Das Gespräch kontrolliert beenden**
35. **Den Erfolg in die Zukunft projizieren**
36. **Gesprächserfolge reflektieren**

Damit wir die Strukturen der Überzeugungskraft ganz genau beleuchten können, teilen wir die Situation in drei Phasen auf:

Phase 1: Vor dem Gespräch

Phase 2: Im Gespräch

- a. Beginn/Einstieg
- b. Gesprächsverlauf
- c. Gesprächsende

Phase 3: Nach dem Gespräch

Dies macht die sehr unterschiedlichen Prioritäten der jeweiligen Phasen noch deutlicher und bietet Ihnen die Möglichkeit, sich auf die für Sie wichtigsten Schritte zu konzentrieren.

### Phase 1: Vor dem Gespräch

*Gute innere Einstellung.* Bringen Sie sich vor Gesprächen in Bestlaune. Aktivieren Sie Ihr Glücksquadrat: Denn so, wie Sie denken, so reden und verhalten Sie sich auch.

*Gesprächsziele definieren.* Überlegen Sie sich vor jedem wichtigen Gespräch genau, was Sie erreichen und mit Ihren Worten bewirken wollen. Sie verhalten sich dann viel zielsicherer.

*Nutzen herausstellen.* Denken Sie immer daran, wie Sie anderen Ihr Anliegen schmackhaft machen wollen. Was hat Ihr Gesprächspartner davon, wenn er Ihr Angebot annimmt?

*Auf die Highlights konzentrieren.* Verzetteln Sie sich nicht, sondern konzentrieren Sie sich schon im Vorfeld auf das Wichtigste. Welches sind die drei größten Vorteile, die Sie zu bieten haben? Erst wenn Ihnen diese selbst klar sind, überzeugen Sie andere.

*Strategie festlegen.* Was nützen das beste Ziel und die tollsten Argumente, wenn die passende Strategie fehlt? Überlegen Sie sich sehr genau, wie Sie in einem Gespräch vorgehen wollen.

*Auf Situation/Gesprächspartner einstimmen.* Stellen Sie sich alles ganz genau vor: den Kunden, seine Stimme, vergangene positive Erfahrungen, die Situation etc.

*Sich den Erfolg vorstellen.* Gleich danach bringen Sie sich in den mentalen Ziel- und Erfolgszustand. Stellen Sie sich vor, wie gut Sie sich nach diesem erfolgreichen Gespräch fühlen werden. Ihr Erfolg beginnt tatsächlich schon lange vor der eigentlichen Situation: nämlich direkt in Ihrem Kopf!

Phase 2: Im Gespräch

a. Beginn/Einstieg:

*Freundliche Begrüßung.* Denken Sie an den entscheidenden ersten Eindruck. Begrüßen Sie Ihren Gesprächspartner deshalb mit Blickkontakt, einem angemessenen Händedruck und – natürlich – einem gewinnenden Lächeln. Sprechen Sie laut und deutlich. Wenn Sie zunächst aufeinander zugehen, achten Sie auf ein angemessenes Schritttempo, weder rennen noch zögerlich gehen.

*Stimmungen einfangen.* Öffnen Sie Ihre Augen und Ohren. Gerade zu Gesprächsbeginn erhalten Sie so viele wertvolle Informationen über Ihr Gegenüber.

*Positive Erwartungen wecken.* Ihre allerersten Worte prägen die Erwartungshaltung anderer Menschen! Denn in der Startphase eines Gesprächs ist die Aufmerksamkeit noch sehr groß. Zeigen Sie daher gleich von Anfang an, dass Sie Ihrem Gegenüber wirklich etwas zu bieten haben.

*Blickkontakt herstellen und Namen nennen.* Sprechen Sie andere immer wieder einmal mit Namen an. Vor allem vor einer wichtigen Frage oder Aussage. Und: Je wichtiger der Augenblick, desto entscheidender ist die Erfolgskombination von Name und Blickkontakt.

b. Gesprächsverlauf:

*Viel fragen, weniger reden.* Kennen Sie das Sprichwort: »Wer fragt, der führt, und wer führt, der gewinnt«? Oder das: »Wer fragt, der lenkt, was der andere denkt«? Erfolgreiche und zielsichere Gespräche führen Sie durch Fragen. Stellen Sie offene »W-Fragen« (wie, wer, wann ...), wenn Sie Informationen benötigen, und bevorzugen Sie geschlossene Fragen, wenn Ihnen ein Ja oder Nein als Antwort reicht, zum Beispiel wenn Sie eine Entscheidung brauchen.

*Aktiv zuhören.* Hören Sie sehr aktiv zu und vor allem sehr genau hin. Durch das Zuhören erfassen Sie das, was gesagt wurde, durchs Hinhören die emotionalen Botschaften, die Stimmung.

*Aussagen und Fragen quittieren.* Gehen Sie auf das Gesagte konkret ein und quittieren Sie Fragen, Aussagen, Einwände oder Kritik zum Beispiel mit »Ich verstehe«, »Ja, natürlich« oder »Ja, genau darum geht es«. Dies ist ein oft missachtetes Gebot des höflichen Umgangs, mit dem Sie dem anderen zeigen, dass Sie ihn verstanden haben.

*Reaktionen beobachten, Feedback holen.* Achten Sie besonders intensiv und genau darauf, wie sich Ihr Gesprächspartner verhält und äußert – also agiert und reagiert. Erst dieses Feedback zeigt Ihnen, wie gut das Gespräch für Sie läuft, ob Ihre Strategie stimmt und Ihre Argumente überzeugen. Dann können Sie jederzeit und spontan die richtigen Anpassungen vornehmen.

*An den Gesprächspartner angleichen.* Gemeinsamkeiten verbinden, das gilt auch für die Kommunikation. Ich weiß, woran Sie jetzt denken: Der zweite Teil dieser Weisheit lautet »Gegensätze ziehen sich an«. Ich rate Ihnen allerdings dringend davon ab, dies bei wichtigen (beruflichen) Gesprächen auszuprobieren. Gleichen Sie sich in den wichtigsten Punkten ein wenig an: Lautstärke, Tempo etc.

*Vorbild sein und glaubwürdig verhalten.* Tun Sie selbst das, wovon Sie gerade reden. Sprechen Sie zum Beispiel von Begeisterung, dann zeigen Sie sie auch. Wollen Sie Ihren Gesprächspartner beruhigen, dann müssen Sie selbst ruhig sein.

*In Überschriften reden.* Machen Sie es Ihrem Gegenüber leicht und sehr angenehm, Ihnen zuzuhören. Reden Sie in ankündigenden Überschriften. Erst das Thema, dann die Details. Das sorgt für klare Strukturen und macht das Gesagte besser verständlich.

*Klar und deutlich sprechen.* Sprechen Sie deutlich und mit fester Stimme. Sie wirken so automatisch viel sicherer und entschlossener.

*Kurze Sätze bilden.* Achten Sie unbedingt auf kurze Sätze mit zehn bis zwölf Wörtern. Reduzieren Sie Nebensätze. Das erleichtert Ihnen selbst die Darstellung und schont den Zuhörer. Denken Sie immer daran: Wer sich durchsetzen will, wählt kurze Sätze!

*Sie- und Wir-Form verwenden.* Nutzen Sie oft die Sie- und die Wir-Form. Das drückt Interesse am Gesprächspartner aus und schafft Vertrauen. Die Ich-Form ist dann gut geeignet, wenn Sie Verantwortung übernehmen wollen.

*Gezielte Pausen setzen.* Pausen sind für Sie und den anderen wichtig. Sie können durchatmen, vorausdenken und gewinnen Zeit. Der andere kann Informationen besser verdauen. Machen Sie regelmäßige Pausen und nutzen Sie Spannungspausen vor und Wirkungspausen nach besonders wichtigen Aussagen.

*Wichtiges positionieren und betonen.* Sprechen Sie wichtige Botschaften stark betont aus und stellen Sie sie unbedingt ins erste Drittel Ihrer Aussage.

*Tonalitäten gezielt einsetzen.* Ihre Aussagen sollten so klingen, wie sie gemeint sind. Also: Bei neutralen Aussagen gleich bleibende Stimmlage, bei Fragen geht der Ton am Satzende nach oben, bei Befehlen oder Drohungen deutlich nach unten.

*Die wichtigsten Sinne ansprechen.* Versuchen Sie mit Ihren Worten möglichst die drei wichtigsten Sinneskanäle anzusprechen: das Sehen, das Hören und das Empfinden. Das ist ein wichtiger Schlüssel zur Innenwelt anderer Menschen.

*Schritt für Schritt vorgehen.* Präsentieren Sie Ihre Argumente immer Schritt für Schritt. Einen Punkt erklären, danach Zustimmung abfragen, erst dann zum nächsten übergehen.

*Pluspunkte und Teilerfolge sichern.* Dies erreichen Sie am besten durch regelmäßige Bestätigungsfragen wie »Wollen wir das so machen?«, »Sind wir einer Meinung?«, »Einverstanden?«.

*Versteckte Botschaften und Aufforderungen senden.* Senden Sie hin und wieder wirkungsvolle Botschaften zwischen den Zeilen: »Bevor Sie sich *dafür* entscheiden, fassen wir noch einmal zusammen.« Dies sind wertvolle Vorannahmen, die beim Gegenüber auf der unbewussten Ebene wirken! Mit verneinten Aufforderungen können Sie sehr viel erreichen: »Sie brauchen jetzt noch *nicht* an die vielen Vorteile zu denken, die Sie haben werden.«

*Motivierende Negationen einsetzen.* Nicht immer können Sie sagen, was Sie denken. »Das ist falsch« wird für Ihren Kunden oder Chef annehmbarer, wenn Sie sagen: »Das ist nicht richtig«.

*Empfängerorientiert sprechen.* Beobachten Sie bei Ihren Fragen und Aussagen genau, wie Ihr Gegenüber darauf reagiert. So können Sie Ihre Strategie gegebenenfalls ändern. Feedback ist die Nahrung echter Champions.

*Einwände und Kritik nicht persönlich nehmen.* Andere Menschen haben andere Meinungen. Das ist völlig normal. Nehmen Sie Kritik nie persönlich. Bleiben Sie ruhig, reagieren Sie freundlich, äußern Sie Verständnis. Einwände und Kritik beweisen Interesse. Wichtig ist, darauf vorbereitet zu sein.

*Magic Words nutzen.* Bereichern Sie Ihre Sprache um viele wirkungsvolle Adjektive. So sprechen Sie die Sinne und die Emotionen Ihres Gegenübers an: herrlich, wertvoll, wundervoll, brillant, kostbar … Machen Sie zum Beispiel aus »drei Argumenten« – »drei wertvolle Argumente«.

*Unwörter und Floskeln vermeiden.* Reden Sie positiv und eindeutig. Streichen Sie nutzlose und störende Unwörter wie »eigentlich«, »äh«, »man« etc. aus Ihrem Vokabular. Formulieren Sie »Sie müssen …« um zu »Ich empfehle Ihnen« oder »Können Sie …?« zu »Wann können Sie …?«.

### c. Gesprächsende

*Das Gespräch kontrolliert beenden.* Achten Sie unbedingt darauf, das Gespräch definiert zu beenden – im Idealfall haben Sie jetzt Ihr Ziel erreicht. Fassen Sie Besprochenes kurz zusammen, wiederholen Sie Termine und Zahlen, motivieren Sie Ihren Gesprächspartner zum Handeln. Legen Sie fest, wer was zu tun hat, zum Beispiel wer wen wieder anruft.

*Den Erfolg in die Zukunft projizieren.* Machen Sie Ihrem Gegenüber mit Worten und Taten deutlich, dass Sie sich auf die zukünftige Zusammenarbeit und weitere Gespräche freuen. Geben Sie ihm Ihre Durchwahl, vielleicht sogar Ihre Privatnummer, und laden Sie ihn herzlich ein, Sie jederzeit anzurufen. Auch so entstehen feste Bindungen.

## Phase 3: Nach dem Gespräch

*Gesprächserfolge reflektieren.* Halten Sie gleich nach dem Gespräch fest, was Ihnen alles aufgefallen ist: Auf welche Argumente hat Ihr Gegenüber besonders reagiert, was war wichtig, vielleicht sogar entscheidend? Diese Nachbereitung, oft sträflich unterlassen, ist unglaublich wertvoll. Denn egal, ob das Gespräch für Sie angenehm oder unangenehm, erfolgreich oder ein wahrer Flop war: Sie sollten in jedem Fall wissen, woran es lag! Erst dadurch entstehen aus scheinbar zufälligen Erfolgserlebnissen wiederholbare Ereignisse.

Denken Sie immer daran: Was Sie sagen, ist wichtig, wie Sie es sagen, ist oft noch wichtiger. Und achten Sie stets darauf: Entscheidend für Ihre Wirkung und Ihren Erfolg ist letztlich nur, wie Sie bei anderen Menschen ankommen.

Im Anhang A1 finden Sie dazu »Testen Sie Ihr Wissen II: Überzeugende Gespräche« und in Anhang A3 den Beispieldialog »Das überzeugende Verkaufsgespräch«.

SCHRITT 6

# Mit Lust und Leichtigkeit erfolgreich telefonieren

*»Guten Tag, Herr Vogel. Mein Name ist Monika Unbekannt von der Firmengruppe Besserwisser aus der Schweiz. Wir bieten Sicherheit bei der X-Technik. Selbst so bekannte Weltmarktfimen wie Y nutzen unsere Dienstleistung. Und das soll doch was heißen, oder? Mein Ziel, Herr Vogel, ist es, Ihnen die vielen Vorteile unseres Angebots näher zu bringen. Damit können Sie, Herr Vogel, in Zukunft Ihre elektronischen Transaktionen mit höchster Übertragungssicherheit abwickeln ...«*

Diesen Anruf erhielt ich, während ich gerade dieses Kapitel schrieb. Lustig, oder? Da will ich Ihnen die Grundsätze des wirkungsvollen, erfolgreichen Telefonierens schmackhaft machen, suche dafür nach lehrreichen Beispielen und bekomme eines quasi auf dem Silbertablett serviert.

Während die abgelesenen oder auswendig gelernten Worte dieser fast roboterhaft wirkenden Stimme in schnellem Tempo auf mich eintrommelten, verlor ich in Sekundenschnelle das Interesse an diesem Gespräch. Weder eine Pause noch eine höfliche Frage der Anruferin ermöglichte es mir, am Monolog teilzuhaben. Zu klar war mir, dass ich nur eine Nummer, eine Adresse auf einer riesengroßen Liste war. Die Anruferin wirkte, als wollte Sie das Gespräch in Rekordtempo erledigen oder durch Ihren Redeschwall jegliche Möglichkeit der Unterbrechung von vornherein vermeiden. Auf jeden Fall hatte Sie ein klares Ziel. Sie wollte auf Ihrer langen Liste einen weiteren Haken machen, nämlich den hinter meinem Namen.

Ich gebe gern zu, dass ich mir keine große Mühe gab, den sympathischen, aktiven Zuhörer zu mimen. Ich nutzte die erste hörbare Pause der Anruferin, in der sie endlich einmal Luft holen musste, und gab ihr klar zu verstehen, dass ich keine Zeit für ein ausführliches Gespräch hatte. In diesem Augenblick war der Redeschwall schlagartig verstummt! Der sich anbahnende Dialog, die drohende Hinterfragung des Angebots oder die Vereinbarung eines alternativen Telefontermins waren wohl zu anspruchsvoll, nicht geplant und offensichtlich Motivation genug, doch lieber gleich den nächsten Ansprechpartner auf der großen Liste zu bearbeiten. Was bei mir blieb, war das äußerst negative Gefühl, überrumpelt, überfallen, ja verbal vergewaltigt worden zu sein. Es ging nicht um mich, nicht um meine Fragen oder Wünsche, sondern ausschließlich darum, mich angerufen, mich informiert – eben diesen Anruf erledigt zu haben. Kennen Sie das Gefühl?

Zugegeben, ein wirklich extrem abschreckendes, in dieser Form glücklicherweise seltenes Negativbeispiel.

Ungefähr eine Stunde zuvor, ich war ausgerechnet an diesem Tag allein im Büro und ging daher persönlich ans Telefon, hatte ich ein sehr viel angenehmeres Erlebnis:

*»Guten Tag, Herr Vogel. Mein Name ist Susanne Vokal vom Institut für Stimmbildung. Wir haben Ihnen vor kurzem ein Mailing zugeschickt, und nun wollte ich Sie fragen, ob Sie oder Ihre Mitarbeiter Interesse an einem Training haben?…«*

Die Stimme dieser Anruferin war wesentlich angenehmer. Sie klang sehr freundlich, weder gehetzt noch aggressiv. Und Sie wissen ja mittlerweile, was allein das ausmacht! Außerdem tat sie das, was ich im zweiten Fall sehr vermissen sollte: Sie bezog mich schnell aktiv in das Gespräch mit ein und sorgte für einen partnerschaftlichen Dialog. Sie gab mir das gute Gefühl, Teil des Ganzen zu sein, sich wirklich für mich und meine Meinung zu interessieren. Schade war, dass sie sich viel zu schnell mit meinen allgemeinen Reaktionen zufrieden gab (»Bei Interesse melden wir uns wieder«), nicht nachhakte und auch selbst nicht konkret wurde. So war klar, dass das Gespräch ohne definierten Abschluss endete. (Sicher ahnten Sie es bereits: Die Namen sind natürlich frei erfunden!)

Warum ist gutes Telefonieren für jeden von uns so wichtig? Wie aktiviere ich meinen Gesprächspartner, um entscheidende Informationen zu erhalten? Woran erkenne ich, wie es um sein Interesse steht?

Und schließlich: Wie finde ich die richtige, hochwirksame Mischung zwischen Reden und Zuhören?

Mit Lust und Leichtigkeit erfolgreich telefonieren – wie komme ich wohl auf diesen Titel? Ohne Lust haben Sie wenig Ausstrahlung, Wirkung und Überzeugungskraft. Ohne Leichtigkeit erzielen Sie keine Souveränität in Ihrem persönlichen Verhalten.

Das Telefon ist unser Tor zur Außenwelt. Oft entscheidet sich bereits dort unser weiterer Erfolg – denn hier werden neue Kontakte geknüpft, Termine vereinbart, bestehende Beziehungen gepflegt und Verkaufsumsätze realisiert. Das Telefon als Kontakt-, Beziehungs- und Verkaufsinstrument. Wo auch immer Sie sich gerade befinden, können Sie zu anderen Menschen auf einfachste Art in Sekundenschnelle Kontakt aufnehmen. Ist das nicht fantastisch? Spätestens seit der breiten Einführung von Mobiltelefonen sind uns kaum noch Grenzen gesetzt. Sie sind an keinen Arbeitsplatz mehr gebunden, können von unterwegs aus neue Termine vereinbaren, Verspätungen ankündigen, Wartezeiten mit Telefonaten verkürzen etc.

Kommen wir zu den Nachteilen: Wir sind immer erreichbar! Das führt bei vielen Menschen dazu, dass sie sich kontrolliert fühlen und überhaupt nicht mehr richtig entspannen können. Der nächste Punkt: Die große Flexibilität des Mobiltelefonierens bringt es mit sich, dass sich viele Menschen nicht mehr festlegen wollen oder mittlerweile nicht mehr können. Das typische »Ich melde mich nochmal, dann können wir uns spontan verabreden« hat zur Folge, dass häufig nur noch kurzfristige statt mittel- oder langfristige Entscheidungen getroffen werden. Und, seit es den SMS-Dienst gibt, fallen viele persönliche Telefonate einer kurzen Mail zum Opfer. Und eine SMS ist absolut nicht dasselbe wie ein Telefonat! Ich sehe diese Entwicklung ähnlich wie bei der Einführung des Telefaxgeräts und später der E-Mail: Am Anfang für ganz besonders eilige Mitteilungen reserviert, ersetzt diese Möglichkeit zunehmend die herkömmlichen Kommunikationswege. Mit dem großen Nachteil, dass immer kürzere Reaktionszeiten erwartet werden. Wo zum Beispiel der Verkäufer früher noch zwei Tage Zeit hatte, bis das vom Kunden angekündigte Schreiben zur Bearbeitung bei ihm eintraf, erhält er es heute oft schon in dem Moment, in dem es ihm angekündigt wird.

Eines jedoch ist über die vielen Jahre gleich geblieben: Nirgendwo sonst zählt so sehr das gesprochene Wort wie beim Telefonieren. Der Grund ist ganz einfach: weil sich die Gesprächspartner, außer am immer noch seltenen Bildtelefon, nur hören und nicht sehen können. So richtet sich die volle Aufmerksamkeit auf die Stimme und die Sprache des anderen. Die ganze Wahrnehmung, sonst auf mehrere Sinnessysteme verteilt, konzentriert sich jetzt zu fast 100 Prozent auf das Gehörte. Jeder Satz, jedes einzelne Wort wird erfasst: ob bewusst oder unbewusst. Und beim Telefonieren zählt bis zu 88 Prozent die Art und Weise, *wie* gesprochen wird, und nur zu etwa 12 Prozent der eigentliche Inhalt.

Wer also mit der Art und Weise, wie er spricht, nicht überzeugt, kommt meist nicht dazu, seine Argumente zu präsentieren. Das Interesse ebbt ab, das Telefonat wird nach kürzester Zeit ergebnislos beendet. Das muss nicht sein. Entscheidend für den Erfolg beim Telefonieren:

1. ein starker, sofort Appetit machender Einstieg;
2. ein gut strukturierter, leicht nachvollziehbarer Verlauf;
3. ein überzeugender, den Gesprächspartner zum Handeln, Entscheiden oder Zustimmen motivierender Abschluss.

## Fazit:

Entscheidend ist, dass wir dem Angerufenen ein sehr positives, angenehmes und vor allem individuell wirkendes Erlebnis vermitteln.

Was meine ich damit? Sehen, hören oder empfinden Sie dazu die folgende Situation nach. Stellen Sie sich vor, Sie rufen einen wichtigen Kunden an, um ihm ein neues Produkt zu präsentieren. Sie achten von Anfang an darauf, dass es Ihrem Gesprächspartner Spaß macht, sich mit Ihnen zu unterhalten. Denn Sie wollen sich auf jeden Fall sofort von den vielen störenden, langweilenden

Negativbeispielen abheben, die jeder von uns tagtäglich erlebt. Daher beachten Sie die Umgangsformen, wie zum Beispiel die wichtige Höflichkeitsfrage zu Beginn des Telefonats: »Haben Sie jetzt gerade Zeit für ein kurzes Gespräch?« Dann versuchen Sie natürlich beim Gegenüber schnell eine Erwartungshaltung aufzubauen, also ein Gefühl der Neugier und Spannung zu erzeugen. Wie machen Sie das? Sie wählen einen kurzen, prägnanten Aufhänger, zum Beispiel: »Es geht heute um die drei wichtigsten Möglichkeiten, Zeit zu sparen« oder »Ich habe heute etwas ganz Aktuelles für Sie«. Das ist Ihre hochwirksame Headline, quasi die Überschrift des Gesprächs. Denn Sie wissen genau, wie Sie selbst entscheiden, welchen Artikel in Ihrer Tageszeitung Sie zuerst lesen. Doch auch nach der Attraktivität der Headline, oder?

Erst danach präsentieren Sie die Details Ihres Angebots, immer eines nach dem anderen. Nach jedem dieser Punkte fragen Sie das Verständnis beziehungsweise die Zustimmung des Kunden ab, zum Beispiel durch »Ist das für Sie verständlich?«, »Sehen Sie das auch so?«, »Haben Sie sich das so vorgestellt?« oder »Können wir zum nächsten wichtigen Punkt übergehen?«. Also durch Bestätigungsfragen. Dadurch ersparen Sie sich Fragen oder Einwände am Gesprächsende, sorgen stets für Klarheit und haben die volle Aufmerksamkeit des Kunden. Beides, die Headline und die Unterpunkte, garnieren Sie mit Magic Words: mit Adjektiven und Adverbien, die Ihre Punkte zu »wichtigen«, »wertvollen« oder sehr »aktuellen« Punkten werden lassen.

Für eine gemeinsame Wellenlänge und ein lebendiges, partnerschaftliches Miteinander sorgen Sie, indem Sie den anderen regelmäßig – und nicht nur zu Beginn und am Ende des Gesprächs – mit seinem Namen ansprechen. Sie wissen um die besondere Bedeutung der Anrede bei wichtigen Fragen und Aussagen, zum Beispiel: »Herr Unbekannt, wollen wir den Auftrag gleich fixieren?« Sie achten auf klare, gut verständliche Aussagen: Sie reden in kurzen Sätzen und wählen viele kunden- beziehungsweise nutzenorientierte Formulierungen wie »Sie profitieren von …« oder »Sie erreichen dadurch …«. Und Sie achten sehr genau darauf, wie der andere spricht, und passen sich ihm in Lautstärke, Sprechgeschwindigkeit, Wortwahl etc. ein klein wenig an.

Viele Ihrer Aussagen greifen die letzten Worte oder die Schlüsselworte des Kunden auf. Sagte Ihr Kunde gerade: »Die Qualität ist mir besonders wichtig«, dann reagieren Sie darauf zum Beispiel mit: »Natürlich, die Qualität ist ein ganz besonders wichtiger Punkt.« Dadurch sind Sie automatisch in seiner Gedankenwelt und machen es ihm leicht, Sie zu verstehen und Ihnen zu vertrauen. Doch halt, das Wichtigste hätte ich beinahe vergessen: Sie sind ja ein Feedback-Fanatiker. Denn Sie wissen: Feedback ist die Nahrung der Champions. Sie holen sich das wichtige Feedback natürlich regelmäßig. Beim Telefonieren geht das auch wieder am besten mit Bestätigungsfragen wie »Sehen Sie das auch so?«, »Sind wir auch da einer Meinung?« etc.

Irgendwann kommen Sie ans Ende Ihres erfolgreichen Gesprächs. Jetzt ist Ihnen besonders wichtig, die Ernte Ihres Handelns einzubringen, also für einen definierten Abschluss zu sorgen. Das kann eine Terminvereinbarung, ein Fazit, ein Ausblick oder natürlich auch ein direkter Verkaufserfolg sein. So macht das Telefonieren beiden Seiten wirklich richtig Spaß. Natürlich gelten auch hier die grundlegenden Spielregeln der Überzeugung.

**MEIN TIPP:** Lesen Sie sich noch einmal die »36 Tipps für Überzeugungstäter« in Schritt 5 durch. Das sind diejenigen Erfolgsfaktoren, die beim Telefonieren eine ganz entscheidende Rolle spielen. Denken Sie immer an die Besonderheit, dass Ihr Gesprächspartner Sie nur hören, nicht aber sehen kann. Daher zählt jedes Wort doppelt, Stimmungen zwischen den Zeilen werden leicht wahrgenommen. Dies wird schnell zum Nachteil für all jene Zeitgenossen, die nicht darauf achten. Umgekehrt liegt darin ein riesengroßes Potenzial. Und das wollen wir künftig nutzen und erfolgreich ausschöpfen. Daher empfehle ich Ihnen, sich auch immer wieder einmal die wichtigsten Tipps zur Power-Sprache in Schritt 4 zu Gemüte zu führen.

Jetzt strukturieren wir ein erfolgreiches Telefonat. Zunächst der schnelle Überblick:

**► 23 goldene Tipps für den heißen Draht**

1. Gute innere Einstellung
2. Ruhige Umgebung
3. Position verändern
4. Organisatorische Vorbereitung
5. Nach zwei-/dreimal Klingeln abnehmen
6. Lächeln
7. Mit Vor-/Zunamen freundlich melden
8. Die Höflichkeitsfrage stellen
9. Positive Aufhänger nutzen
10. Regelmäßig Namen nennen
11. Positive Stimmungen übertragen
12. Besonders auf das Wie achten
13. Aktiv hinhören, Stimmungen einfangen
14. Fragen und Aussagen quittieren
15. Wichtiges positionieren und betonen
16. In Bildern sprechen
17. Viele Beispiele bringen
18. Power-Sprache einsetzen
19. Regelmäßig Feedback einholen und geben
20. Für einen definierten Abschluss sorgen
21. Bedanken und in die Zukunft blicken
22. Wichtiges sofort aufschreiben
23. Anknüpfungspunkte für die Zukunft suchen

Sehen wir uns die einzelnen Punkte genauer an. Wir unterscheiden wieder drei Phasen: Vor, während und nach dem Telefonat.

## Phase 1: Vor dem Telefonat

*Gute innere Einstellung.* Bringen Sie sich vor dem Telefonat unbedingt in Bestlaune. Denken Sie an etwas besonders Schönes, stellen Sie sich den Kunden oder den bevorstehenden Auftrag so positiv wie möglich vor. Denn so, wie Sie denken, so reden Sie auch.

Und nur das, worauf Sie sich selbst einstellen, wird eintreten. Denken Sie immer an die 88 Prozent Wirkung!

*Ruhige Umgebung.* Sorgen Sie gerade vor wichtigen Gesprächen unbedingt für Ruhe. Moderne Telefonanlagen übertragen jedes Nebengeräusch. Das stört Sie und andere. Was Sie jetzt brauchen, ist die volle Konzentration auf das Gespräch. Alles andere ist nur davor oder erst danach wieder von Bedeutung.

*Position verändern.* Falls möglich: Trennen Sie Schreibtisch und Telefonplatz. Das sorgt schon vor dem Gespräch für mehr Bewusstsein und die volle Konzentration auf das Telefonat. Es reicht, wenn Sie sich zum Beispiel um 90 Grad herumdrehen müssen, ehe Sie zum Hörer greifen. Übrigens sollte auch Ihr Blick auf etwas Ruhigem ruhen. Denn je mehr visuellen Eindrücken Sie ausgesetzt sind, desto weniger können Sie sich auf Ihre Worte konzentrieren. Sie werden einfach abgelenkt.

*Organisatorische Vorbereitung.* Notieren Sie unbedingt vorab wichtige Fragen, Aussagen oder Informationen. So haben Sie den Kopf frei, können sich zu 100 Prozent dem Gesprächspartner widmen. Weil Sie wissen, dass Sie nichts vergessen werden.

### Phase 2: Während des Telefonats

*Nach zwei-/dreimal Klingeln abnehmen.* Länger zu warten ist unhöflich, schneller zum Hörer zu greifen wirkt hektisch. Bauen Sie eine Sekunde Verzögerung ein, bevor Sie anfangen zu reden. Sonst wird der Anfang Ihrer Begrüßung verschluckt.

*Lächeln.* Dann klingt Ihre Stimme automatisch freundlicher, lebendiger und sympathischer. Machen Sie es sich zur Angewohnheit, zu lächeln, bevor Sie telefonieren.

*Mit Vor-/Zunamen freundlich melden.* Das bewirkt wahre Wunder! Denn es klingt viel persönlicher und weckt Vertrauen.

*Die Höflichkeitsfrage stellen.* Fragen Sie sofort, ob der andere jetzt Zeit für Sie hat. Wenn nicht, dann vereinbaren Sie lieber einen Alternativtermin, ehe Ihnen nur mit halbem Ohr zugehört wird. Denn das wäre verschenkte Liebesmühe.

*Positive Aufhänger nutzen.* Ihre allerersten Worte prägen die Erwartungshaltung! Zeigen Sie gleich von Anfang an, dass Sie wirklich etwas Besonderes zu bieten haben. Am besten durch einen kurzen und attraktiven Aufhänger, der dem anderen deutlich macht, dass er seine Zeit jetzt gut investiert.

*Regelmäßig Namen nennen.* Sprechen Sie Menschen sofort und dann immer wieder einmal mit Namen an. Schreiben Sie sich den Namen Ihres Gesprächspartners auf und verwenden Sie ihn vor allem bei entscheidenden Fragen und Aussagen.

*Positive Stimmungen übertragen.* Je positiver Sie sich selbst fühlen, desto mehr überträgt sich diese Emotion auf Ihren Gesprächspartner. Umgekehrt ebenso!

*Besonders auf das Wie achten.* Schauen Sie sich dazu immer wieder einmal den Abschnitt »Der Ton macht die Musik: Das Wie als Erfolgsfaktor« in Schritt 4 an.

*Aktiv hinhören, Stimmungen einfangen.* Öffnen Sie Ihre Ohren. Wie klingt Ihr Gesprächspartner, wie spricht er, wie ist seine Stimmung? Gehen Sie ein wenig darauf ein. Hören Sie nicht nur zu, sondern sehr genau hin. Machen Sie es hörbar, zum Beispiel durch »Aha«.

*Fragen und Aussagen quittieren.* Zeigen Sie durch »Ja«, »Ich verstehe Sie«, »Genau darum geht es« etc., dass die Worte des Gegenübers bei Ihnen angekommen sind.

*Wichtiges positionieren und betonen.* Sprechen Sie wichtige Botschaften, Zahlen und Fakten stark betont aus und positionieren Sie gerade diese unbedingt in das erste Drittel Ihrer Aussage.

*In Bildern sprechen.* Damit machen Sie es Ihrem Gesprächspartner besonders leicht, sich Ihre Aussagen vorzustellen.

*Viele Beispiele bringen.* So verdeutlichen Sie den Nutzen und machen dem anderen die Anwendung Ihres Angebots viel schneller klar als mit langatmigen Erklärungen.

*Power-Sprache einsetzen.* Gerade beim Telefonieren ist das gesprochene Wort unglaublich wichtig. Denken Sie an Schritt 4.

*Regelmäßig Feedback einholen und geben.* Holen Sie Ihr Gegenüber durch Bestätigungsfragen wie »Sehen Sie das auch so?« immer wieder aktiv ins Gespräch hinein. So aktivieren Sie dessen Aufmerksamkeit, erfragen sein Verständnis, seine Zustimmung und Wünsche. Und, vor allem, eventuelle Bedenken.

*Für einen definierten Abschluss sorgen.* Achtung: Der letzte Eindruck bleibt! Hier entscheiden Sie über das Ergebnis des gesamten Telefonats. Also: Entweder fassen Sie wichtige Ergebnisse am Ende nochmals kurz zusammen. Dazu wiederholen Sie Zahlen, Auftragsdaten und vereinbarte Termine, zum Beispiel: »Wir treffen uns also am… um…« So vermeiden Sie viele Missverständnisse. Oder Sie motivieren den Gesprächspartner zu einem Abschluss: »Herr Maier, wie wollen wir jetzt konkret weiterkommen? Ich schlage vor…«

*Bedanken und in die Zukunft blicken.* Jetzt festigen Sie die künftige Beziehung. Zum Beispiel, indem Sie sich ausdrücklich bedanken – für das Gespräch, einen Abschluss etc. Und durch Vorfreude: »Ich freue mich auf unser nächstes Gespräch.« Für die Zukunft: »Hier ist meine Durchwahl.«

### Phase 3: Nach dem Telefonat

*Wichtiges sofort aufschreiben.* Jetzt sind Ihre Eindrücke vom Gespräch noch frisch und vollständig. Schreiben Sie auf, was Sie während des Telefonats nicht oder nur teilweise notieren konnten. Was hat Ihnen der andere zwischen den Zeilen gesagt, welche persönlichen Informationen hat er Ihnen gegeben? Auf welche Argumente hat er am stärksten reagiert? Welche Punkte waren entscheidend?

*Anknüpfungspunkte für die Zukunft suchen.* Was können Sie für diesen Gesprächspartner zukünftig noch, anders oder mehr tun? Worauf legt er besonders großen Wert? Mit welcher Kleinigkeit könnten Sie ihm einen Gefallen erweisen oder eine Freude bereiten?

Wollen Sie Ihr neu erworbenes Wissen vertiefen oder testen? Dann lesen Sie den Beispieldialog »Das erfolgreiche Neukundentelefonat« in Anhang A3 und führen Sie den Test »Testen Sie Ihr Wissen II: Überzeugende Gespräche« in Anhang A1 durch. Es lohnt sich!

SCHRITT 7

# Sicher und souverän in der Krise

Gleich vorweg eine wichtige Anmerkung: Krisen, Ängste etc. sind weniger Realität, sondern entspringen meist Ihren Gedanken, Gefühlen – Ihrer Vorstellung. Nicht die Situation selbst ist negativ oder schlimm, sondern das, was Sie in dem Moment denken, was Sie daraus machen. Sie selbst produzieren diese unangenehmen Gefühle. Das heißt, dass Sie direkten Einfluss darauf haben. Wir haben ja bereits mehrfach darüber gesprochen, zum Beispiel bei den »13 Stolpersteinen« in Schritt 2 und beim »Glücksquadrat« beziehungsweise den »Bausteinen unseres Erlebens« in Schritt 1. Jetzt gleich haben Sie die Gelegenheit, die einzigartige Chance, sich von Ihrer Ohnmacht und den zwanghaften, fremdbeeinflussten und meist wenig erfolgreichen Reaktionen in diesen Negativmomenten ein für alle Mal zu befreien.

## Nie wieder sprachlos: So bleiben Sie bei Angriffen und Kritik souverän

*»Machen wir uns doch nichts vor. Sie sind völlig inkompetent!«*

Wir alle kennen diese unangenehmen Situationen, viele fürchten sie sogar: eine plötzliche Verbalattacke, eine provozierende Äußerung oder beleidigende Behauptung, und man ist wie gelähmt. Eben einfach sprachlos!

Woran liegt es, dass so vielen Menschen in diesem Moment die Worte fehlen, es ihnen, leider offensichtlich, die Sprache verschlägt? Und welche Möglichkeiten gibt es, sicher und souverän zu bleiben, wenn es einen kalt erwischt hat?

Gehen wir zunächst zum Ursprung des Übels: Multiplizieren Sie bitte 9 mal 9! Welches Ergebnis haben Sie? Ja, die richtige Lösung lautet 81. Wie konnten Sie diese Aufgabe überhaupt lösen? Richtig, Sie haben das Multiplizieren irgendwann einmal gelernt. Und wann haben Sie Schlagfertigkeit gelernt? Sehen Sie! Vielleicht lachen Sie jetzt, doch es ist nun einmal so: Wir Menschen können nur das, was wir gelernt haben. Lernen heißt neues Wissen aufnehmen und trainieren. Erst so entsteht erfolgreiches, praktisches Können. Nun frage ich Sie: Wie wollen Sie schlagfertig sein, wenn Sie nicht wissen, wie es geht? Dies ist die eine mögliche Ursache dafür, dass Sie bislang nicht so souverän waren, wie Sie es gern wären, quasi die »sachliche Komponente« der Sprachlosigkeit.

Kommen wir zum zweiten Grund. Er ist in Ihrem Charakter und Ihrer Persönlichkeit zu finden: Es ist die »emotionale Komponente«. In vielen Fällen rührt spontane, situationsgebundene Sprachlosigkeit daher, dass der Gesprächspartner beziehungsweise Provokateur voll ins Schwarze getroffen hat: Er hat den anderen emotional attackiert, bis ins Mark erschüttert, seine Ehre, Kompetenz oder Glaubwürdigkeit infrage gestellt. Der Getroffene nimmt es persönlich, oft werden sogar Selbstzweifel und Schuldgefühle geweckt, er hat die plötzliche Angst vor peinlichem, öffentlichem Versagen. Was bleibt, ist Wut, Rat- oder eben Sprachlosigkeit. In jedem Fall negative Emotionen, ein absolut sicherer Garant für innere Turbulenzen, schlechte Entscheidungen und grob fahrlässiges Verhalten. Solche Negativsituationen lassen sich nicht von vornherein vermeiden, denn niemand von uns weiß, was in den Köpfen anderer Menschen vor sich geht und welche negativen Emotionen dort gerade hohe Wellen schlagen. Oft wurden sie selbst sogar kurz zuvor bloßgestellt oder persönlich verletzt. Aber wir haben großen Einfluss auf unsere Reaktion. Wir allein entscheiden über das Ergebnis. Und eines steht fest: Das wirklich unangenehme Gefühl, rat- und sprachlos dazustehen, lässt sich vermeiden. Souveränität beziehungsweise Schlagfertigkeit ist nicht angeboren, sondern von jedermann leicht erlernbar.

Zwei wichtige Faktoren spielen eine Rolle: Zunächst einmal, die Provokation nicht so persönlich zu nehmen. Das hat mit einer gewissen Leichtigkeit und sehr viel Toleranz gegenüber anderen

Menschen und Meinungen zu tun; mit der inneren Einstellung und der Erwartungshaltung, dass es zwar nicht alle und immer, aber doch die meisten Menschen überwiegend gut mit Ihnen meinen; dass oft nicht Sie als Person angesprochen sind, sondern Sie lediglich als Sündenbock für fremde Stimmungen, Selbstzweifel oder sogar Unsicherheit herhalten sollen. Dies zu wissen ist der erste Erfolgsfaktor.

Also: Machen Sie es sich in solchen Momenten zur Gewohnheit, nicht persönlich darauf einzusteigen. Bleiben Sie Herr der Lage, denken Sie lieber an Ihr Glücksquadrat und die Bausteine Ihres Erlebens. Nichts muss für Sie so sein, wie es andere vielleicht wollen. Sie selbst entscheiden, ob Sie sich ärgern oder nicht. Je besser Sie sich fühlen, das heißt, je stabiler Ihr innerer Zustand ist, desto weniger schnell oder stark lassen Sie sich von außen negativ beeinflussen. Dies ist der entscheidende Erfolgsfaktor, um mit zwischenmenschlichem Ärger und Unannehmlichkeiten besser klarzukommen. Deshalb mache ich Ihnen dies hier auch so ausführlich bewusst, statt Ihnen lediglich Tipps und Ratschlage für schlagfertige Reaktionen zu erteilen. Denn diese allein ändern nichts daran, dass Sie sich nach einer Verbalattacke negativ oder deprimiert fühlen. Ich plädiere vielmehr für wirklich souveränes Verhalten statt bloßer Schlagfertigkeit. Und Souveränität kommt von Ihnen und von innen, ist ein glaubwürdiger und äußerst wohltuender Gefühlszustand. Erst er führt zu erfolgreichen Ergebnissen.

Sie haben noch einen Trumpf in der Hinterhand, ein As im Ärmel, den zweiten Erfolgsfaktor für Souveränität und Schlagfertigkeit bei Verbalattacken: die Vorbereitung. Denn was Sie in solchen Momenten brauchen, sind einfache, hochwirksame und leicht abrufbare »Notrezepte«. Um zunächst einmal Zeit zu gewinnen und klare Gedanken zu entwickeln, ohne sprachlos zu wirken. Wertvolle Zeit, um sich zu sammeln, vorauszudenken und die passende Antwort zu finden. Genau darin liegt die Ursache für häufiges Versagen: Viele Menschen versuchen nämlich, nach einer solchen Attacke spontan geistreich zu reagieren. Das ist meist zum Scheitern verurteilt, denn wir sind in diesem Moment nur selten zu klarem Denken fähig. Die Gedanken kreisen ziellos umher, wir sind emotional betroffen und blockiert. Umso mehr muss alles, was Sie jetzt vorhaben, für Sie mit der größten Leichtigkeit abrufbar sein. So, wie das Ergebnis von 9 mal 9.

Wie können Sie die wertvolle Zeit gewinnen, die Sie so dringend brauchen? Durch einfach strukturierte, leicht zu merkende (Gegen-) Fragen beziehungsweise Antworten, die wirklich immer passen und unser Gegenüber garantiert erst einmal beschäftigen. Stellen Sie sich folgende Situation vor: Es ist Montagfrüh, 9 Uhr, Abteilungsbesprechung. Sie sind mit Ihren Gedanken vielleicht noch bei den Ereignissen vom Wochenende, denken sich nichts Böses. Plötzlich sagt Ihr Chef vor versammelter Runde zu Ihnen: »Machen wir uns doch nichts vor. Sie sind völlig inkompetent!« Rums, das hat gesessen. Ein persönlicher Angriff, und das auch noch vor Ihren Kollegen. Was tun Sie jetzt? Üblicherweise reagieren wir darauf mit Rechtfertigung, Begründung, Trotz, Verärgerung oder Sprachlosigkeit. So oder so zeigen wir damit unser Maß an persönlicher Verletzung.

Dabei geht es auch ganz anders. Gehen wir an diesem Beispiel einmal Schritt für Schritt durch, wie Sie auf eine persönliche Attacke souverän und erfolgreich reagieren können:

»Machen wir uns doch nichts vor. Sie sind völlig inkompetent!«

Eines ist klar: Niemand von uns hört so etwas gern. Doch nun ist es geschehen, die Worte wurden fahrlässig und persönlich verletzend gewählt. Das können Sie nicht mehr ändern. Einfluss hingegen haben Sie darauf, wie Sie jetzt reagieren. Aktivieren Sie zunächst Ihr Glücksquadrat, denken Sie an etwas besonders Schönes. Ihr Verhalten bringt dies sofort zum Ausdruck. Dann beziehungsweise fast gleichzeitig nutzen Sie die Macht der offenen Fragen, also Formulierungen wie zum Beispiel:

»Wie bitte?«

»Wie meinen Sie das?«

»Wie darf ich Sie verstehen?«

»Wie kommen Sie darauf?«

Auf diese oder ähnliche Fragen hat Ihr Gegenüber immer erst einmal zu antworten, denn Sie hinterfragen seine Aussage und verlangen eine sachliche Begründung. Das bedeutet, Sie haben Zeit. Nutzen Sie diese, um über die (hoffentlich nicht vorhandene!) Berechtigung der Provokation nachzudenken und sich die nächsten Worte zurechtzulegen. Jetzt kommt es darauf an, wie Ihnen der Chef diesmal entgegentritt. Fällt seine Antwort einigermaßen sachlich und nachvollziehbar aus, dann bemühen auch Sie sich bitte, wieder zur Tagesordnung überzugehen. Bleibt der Chef hingegen bei seinem provozierenden, persönlich angreifenden und verletzenden Verhalten und antwortet Ihnen etwa:

»Das werde ich Ihnen doch nicht begründen. Jeder weiß es!«, dann sagen Sie zum Beispiel: »Sind Sie sicher?« oder »Wer ist denn jeder?«. Spätestens auf diese zweite Frage muss er vernünftig reagieren, um sich nicht selbst zu disqualifizieren und bloßzustellen. Sie sehen: Zwei kleine Fragen verschaffen Ihnen wertvolle Zeit und Luft. Sie spielen den Ball immer wieder dem anderen zu, beschäftigen ihn, bringen ihn in Zugzwang. Er muss begründen, also rea gieren, nicht Sie. Sie selbst agieren sehr gezielt und bleiben dabei souverän.

Wenn Sie beim Provokateur so richtig für Verwirrung und Unverständnis sorgen beziehungsweise seine Verbalattacke ad absurdum führen wollen, dann ist die Überzeichnung sehr wirkungsvoll: Sie greifen die provozierende Äußerung auf, stimmen zu oder verstärken sie sogar. Sie antworten einfach kurz und knapp, kombiniert mit einem Lächeln und festem Blickkontakt: »Ja!«, »Stimmt!«, »Genau!«, »Darauf lege ich großen Wert!«. Danach schauen Sie mit der größten Selbstverständlichkeit in die Runde. Wer glaubt Ihnen dies schon? Sie ziehen damit die Äußerung des Provokateurs automatisch ins Humorvolle beziehungsweise Lächerliche. Gehen Sie mit dieser Strategie bitte sehr vorsichtig um. Denn natürlich besteht die Gefahr, dass sich Ihr Gegenüber, aufgrund seiner Ohnmacht, seinerseits provoziert fühlt. Die Überzeichnung ist dann ein guter Weg, wenn die zuvor beschriebenen Mittel wahrscheinlich nicht helfen oder wenn es für Sie wichtig ist, dem anderen ein für alle Mal Einhalt zu gebieten.

Gehen wir die einzelnen Schritte noch einmal ganz genau durch und stellen wir Ihr neues, souveränes Verhalten dem bisherigen gegenüber:

**Die Struktur der souveränen Reaktion**

| Typische, bisherige Reaktion | | Neues, souveränes Verhalten |
|---|---|---|
| | Aktion: die Verbalattacke<br>*»Sie sind doch völlig inkompetent!«* | |
| | Phase 1: Inneres Erleben<br>Spontan erhöhte Aufmerksamkeit | |
| | Phase 2: Innere Reaktion | |
| Bestürzung, Überrumpelung, Enttäuschung, Misstrauen etc. | | Aha-Erlebnis: Was ist denn hier los? Ich bin gefordert! |
| | Phase 3: Inneres Verhalten | |
| Wut, Ärger, Demotivation, Aggression: negative Gefühle | | Glücksquadrat aktivieren! Sich positiv stimulieren! |
| | Phase 4: Reaktion/Verhalten nach außen | |
| Wort-/Sprachlosigkeit, Rechtfertigung, Begründung oder aggressiver Gegenangriff | | Positive Ausstrahlung, mit einem Lächeln und Blickkontakt reagieren, zum Beispiel: »Wie bitte?« |
| | Phase 5: Ergebnis nach außen | |
| Wirkt weder glaubwürdig noch souverän; Provokateur behält das Zepter in der Hand, kann munter weiteragieren | | Höchste Souveränität, Gewinn wertvoller Zeit für neue, sachliche Gedanken. Provokateur ist beschäftigt, muss reagieren statt agieren zu können, rückt in die Rechtfertigungsposition und verliert daher die Führung |

Das Wichtigste nochmals im Überblick:

► **Souveränität und Schlagfertigkeit bei verbalen Attacken (☺ Erfolgstipp Nr. 15)**

1. **Nehmen Sie provokante, beleidigende oder bloßstellende Äußerungen nie persönlich! Lachen Sie darüber, denn Sie fallen auf solche Manöver einfach nicht mehr herein. Sie haben ab sofort pfiffige Antworten parat, mit denen der andere nicht rechnet und die ihn in Zugzwang bringen.**

2. **Schauen Sie Ihr Gegenüber an, reagieren Sie**
   - **mit Fragen: »Wie bitte?«, »Wie meinen Sie das?«, »Sind Sie sich sicher?«. So gewinnen Sie auf jeden Fall erst einmal Zeit und der andere muss seine Aussage wiederholen oder begründen.**
   - **mit verwirrenden beziehungsweise provozierenden Aussagen: »Ja!«, »Stimmt!«, »Genau!«, »Darauf lege ich großen Wert« oder »Ich wollte mich Ihnen gern anpassen!«**

**Sie werden sehen: Ihr Gegenüber ist wie angewurzelt, fassungslos ob Ihrer »spontanen« Reaktion. Darauf folgt meist allgemeines Gelächter (zu Ihren Gunsten!) oder der Provokateur sucht entnervt oder auch respektvoll das Weite. Dasselbe gilt übrigens für unfaire oder unsachliche Kritik.**

»Ich finde Sie sehr unsympathisch!«
»Das können Sie doch gar nicht!«
»Ihre Meinung interessiert mich nicht!«
»Sie spinnen ja wohl!«
»Reden Sie doch endlich mal Klartext!«
»Sie wollen doch nur von Ihrer Unfähigkeit ablenken!«
»Jeder weiß doch, wie dumm Sie sich anstellen!«
»Also eine solche Unfähigkeit habe ich noch nie erlebt!«
»Sie sind ein maßloser Egoist!«
»Ich vertraue Ihnen überhaupt nicht!«

»Sie sind völlig unpassend gekleidet. Mode von gestern!«
»Das ist ja völliger Unsinn, was Sie da von sich geben!«
»Das macht jeder andere hier schneller und besser als Sie!«

Bei all diesen negativen, beleidigenden Aussagen sehen Sie mit einer einzigen Gegenfrage stets sehr gut aus: Mit

*»Wie meinen Sie das?«,*

*»Sind Sie sicher?«* oder

*»Wie kommen Sie darauf?«*

reagieren Sie äußerst souverän und sind erst einmal aus dem Schneider. Wählen Sie Ihre Lieblingsantwort und probieren Sie sie an den verschiedenen Beispielen aus. Vielleicht testen Sie auch erst alle drei Lösungsvorschläge und entscheiden sich dann für die Variante, mit der Sie sich am wohlsten fühlen. Das ist wichtig, denn je leichter Ihnen die Frage von den Lippen geht, desto natürlicher und souveräner wirken Sie.

## Einwände als Chance nutzen: So bleiben Sie standhaft und überzeugend

Was tun, wenn der Gesprächspartner sich nicht so ohne weiteres überzeugen lässt, uns mit vielen oder scheinbar schwer wiegenden Einwänden torpediert? Einfach aufgeben, wie dies sehr viele Menschen dann tun? Nein, das wäre wirklich schade! Denn erstens können Sie in dieser Situation so richtig beweisen, wie gut es um Ihre Überzeugungskraft bestellt ist. Zweitens liegt gerade in Einwänden eine große Chance, das Gegenüber für unser Vorhaben oder Anliegen zu gewinnen. Denn wer Einwände hat, der ist noch interessiert! Wirklich unangenehm wird es für Sie erst, wenn Ihr Gesprächspartner überhaupt keine Reaktion oder kein Interesse zeigt. Denken Sie dabei immer an das, was wir schon besprochen haben: Es ist völlig normal, dass andere Menschen andere Meinungen haben oder nicht sofort Ihren Wünschen entsprechen wollen. Betrachten Sie Einwände als normalen Bestandteil der Kommunikation. Einwände an sich sind nicht schlimm, wenn Sie damit richtig umgehen. Sie erhalten jetzt gleich eine Fülle an erfolgreichen Antworten, die Ihnen den souveränen Umgang mit möglichen Einwänden leichter machen.

Zuvor wollen wir uns kurz auf die prinzipielle Vorgehensweise bei Einwänden verständigen. Nehmen wir an, Sie haben Ihrem Chef eine Idee präsentiert. Er wendet ein:

*»Also, Ihre Idee gefällt mir überhaupt nicht!«*

Nun empfehle ich Ihnen zwei effektive Varianten, wie Sie auf diesen Einwand souverän und erfolgreich reagieren können:

Variante 1:
Sie drücken zunächst Ihr *Verständnis* aus – ohne Recht zu geben! – *und* verbinden es mit einer neuen *Lösung*, *Bedeutung* oder mit *anderen Gedanken:*

»*Ich verstehe natürlich*, dass Ihnen meine Idee nicht sofort gut gefällt, und deshalb würde ich Ihnen gern …«

Variante 2:
Sie drücken Ihr *Verständnis* aus *und hinterfragen* den Einwand gezielt:

»*Das verstehe ich gut.* Auch ich bin von Ideen anderer nicht immer sofort überzeugt. Bitte sagen Sie mir: Was genau gefällt Ihnen daran nicht? Wie würde Ihre Idee dazu aussehen?«

► **Auf Einwände positiv reagieren**
**(☺ Erfolgstipp Nr. 16)**

**In jedem Fall *Verständnis* zeigen *und* dann entweder**

**a) durch ein »und« die Verbindung zu neuen Gedanken, Lösungen oder Bedeutungen schaffen oder**

**b) die wahren Beweg-/Hintergründe *gezielt hinterfragen.***

Hier sind einige weitere Lösungsvorschläge:

Variante 1:
»*Ihre Meinung* ist interessant *und* ...«
»Ich *verstehe Sie* sehr gut *und* ...«
»Das *sehe ich ein und* ...«
»Ich *stimme Ihnen zu und* ...«
»Ich *respektiere Ihre Ansicht und* ...«
»Mir geht es *genauso und* ...«

Variante 2:
»Was meinen Sie genau mit ...?«
»Was bedeutet für Sie ... genau?«
»Was schlagen Sie stattdessen vor?«
»Wie sollten wir Ihrer Meinung nach vorgehen?«
»Welche Alternativen fallen Ihnen ein?«
»Womit vergleichen Sie ...?«
»Was würden Sie an meiner Stelle tun?«
»Was können wir tun, damit Sie einverstanden sind?«
»Wie würden Sie die Sache angehen?«
»Was hält Sie davon ab, ...?«
»Was würde geschehen, wenn ...?«
»Könnten Sie mir bitte die Gründe nennen?«
»Was ist denn für Ihre Zufriedenheit wichtig?«
»Wann darf ich Sie wieder anrufen?«
»Welche Fragen sind denn noch offen?«
»Was hält Sie von einer Entscheidung für ... ab?«
»Was steckt hinter Ihrer Frage?«
»Warum möchten Sie ...?«
»Warum denken Sie, dass ich ...?«
»Woran orientieren Sie sich?«
»Was wäre, wenn wir es so machen könnten?«
»Welchen Vorteil sehen Sie darin?«
»Was bringt es Ihnen, wenn wir ...?«

## Die hohe Kunst des Umdeutens

Oft sind Preis, Qualität, Zuverlässigkeit etc. Gegenstand des Einwands. Was wir jetzt also noch brauchen, sind einige wirksame positive Umdeutungen, um damit besser umgehen zu können: aus »alt« wird »bewährt«, aus »teuer« wird »exklusiv«.

**► Wirksame Umdeutungen für die tägliche Praxis**

| | | |
|---|---|---|
| aber | ➪ | und |
| alt | ➪ | bewährt/sicher |
| Angst | ➪ | Erwartung |
| das kostet | ➪ | das bringt/hat den Nutzen |
| erst | ➪ | schon/bereits |
| Fehler machen | ➪ | dazulernen |
| hoher Preis | ➪ | Qualität/Exklusivität |
| immer weg | ➪ | sehr gefragt/viele Aufträge |
| knapp | ➪ | ausreichend |
| kompliziert | ➪ | komplex |
| Kosten | ➪ | Investitionen |
| Krankheit | ➪ | Zeit/Ruhe/Erholung |
| merkwürdig | ➪ | besonders |
| nein! | ➪ | So/jetzt nicht! |
| nie gehört | ➪ | neu/aktuell |
| nur | ➪ | schon/immerhin |
| Problem | ➪ | Situation/Gelegenheit/Chance |
| schlicht | ➪ | einfach/angemessen |
| schwierig | ➪ | anspruchsvoll |
| teuer | ➪ | preiswert |
| trotzdem | ➪ | und |
| unbekannt | ➪ | aufstrebend/Geheimtipp |
| unerreichbar | ➪ | großes Ziel/hohes Niveau |
| zu klein | ➪ | fokussiert/spezialisiert/persönlich |
| zu neu | ➪ | innovativ/aktuell/zeitgemäß |

## 222 erfolgreiche Antworten auf typische Einwände

Hier finden Sie erfolgreiche Antworten auf die typischen Einwände im Privat- und Berufsleben. Achten Sie darauf, den Kern des Einwands umzudeuten. Entscheidend ist, dem Einwand eine neue Richtung, also eine andere, positive Bedeutung zu geben und herauszufinden, was der Gesprächspartner damit tatsächlich meint. Denn oft ist das, was gesagt wird, längst nicht das, was wirklich gemeint war.

Auch hier macht der Ton natürlich die Musik! Was Sie sagen, ist wichtig, die Art und Weise, wie Sie auf einen Einwand reagieren, kann für Ihren Erfolg entscheidend sein. Je geübter Sie in der Einwandbehandlung sind, desto größer ist die Gefahr, dass Ihre Antworten wie aus der Pistole geschossen kommen. Und das wirkt auf den anderen hart, aggressiv und überdominant. Also: Achten Sie auf das Wie!

**»Ich habe jetzt keine Zeit«**

»Das verstehe ich. Wann passt es Ihnen denn besser?«

»Natürlich. Wann melde ich mich denn am besten wieder?«

»Ja, Zeit ist für uns alle knapp. Wie gehen wir weiter vor?«

»Das ist in Ihrer Position natürlich völlig klar, und genau deshalb habe ich für Sie die wichtigsten Punkte zusammengefasst.«

+ Ihre Idee: ______________________________

**»Ich habe kein Interesse.«**

»Oh, das erstaunt mich. Darf ich fragen, warum?«

»Interessant. Meinen Sie dies für heute oder ganz generell?«

»Aha! Sind Sie sicher, dass Sie davon nicht profitieren wollen?«

»Das verstehe ich, und genau deshalb würde ich Ihnen das Ganze gern einmal völlig anders darstellen. Dann können Sie besser entscheiden, wie interessant dieses Angebot für Sie ist.«

+ Ihre Idee: ______________________________

**»Schicken Sie mir erst mal Unterlagen.«**
»Das mache ich gern. Wofür interessieren Sie sich besonders?«
»Natürlich! Was genau darf ich Ihnen denn zuschicken?«
»Selbstverständlich gern, und genau deshalb können wir jetzt gleich kurz besprechen, was für Sie besonders wichtig ist.«
»Gern! Wünschen Sie einen Überblick oder spezielle Infos?«
»Natürlich! Unsere Kunden bevorzugen oft eine kurze persönliche Info, statt lange lesen zu müssen. Wie ist es bei Ihnen?«
»Gern! Sind Sie sicher, dass Sie nicht doch lieber in wenigen Minuten ganz persönlich informiert werden wollen?«
+ Ihre Idee: ______________________________

**»Das ist mir zu teuer.«**
»Natürlich, auch ich achte auf den Preis. Was ist für Sie teuer?«
»Das verstehe ich. Welche Kriterien sind sonst für Sie wichtig?«
»Natürlich. Auf den Tag/das Stück gerechnet sind es gerade mal ...«
»Ich verstehe! Welche Leistungen könnten wir weglassen?«
»Aha! Bitte sagen Sie mir: Wie kommen Sie darauf?«
»Aha! Sind Sie sicher, dass der Preis für Sie entscheidend ist?«
»Ich verstehe! Was genau trennt uns denn von ›preiswert‹?«
»Klar, auch der Preis ist wichtig. Womit vergleichen Sie uns?«
»Ja, Qualität hat ihren Preis. Wollen Sie da Abstriche machen?«
»Ja, kurzfristig mag das so wirken. Wie langfristig denken Sie?«
»Aha! Waren Ihre Erfahrungen mit Billigangeboten stets gut?«
»Natürlich spielt auch der Preise eine Rolle. Und genau daher sollten Sie die vielen Vorteile unseres Angebots gut kennen.«
+ Ihre Idee: ______________________________

**»Die Konkurrenz bietet mir einen Nachlass an.«**
»Aha. Darf ich Sie fragen, wer Ihnen dies anbietet?«
»Interessant, und wie hoch ist dieser scheinbare Nachlass?«
»Aha. Und wie bezahlt die Konkurrenz dann hoch qualifiziertes Personal?«
»Ja, und meist findet der Nachlass dann bei den Leistungen statt.«
»Natürlich. Was meinen Sie: Lässt nicht auch der Service nach?«

»Aha. Was halten Sie von Anbietern, die beim Preis umfallen?«
»Ja, manche Anbieter machen Kompromisse bei der Qualität.«
»Ja, und wie schützen Sie sich vor teuren Nachforderungen?«
»Ich verstehe. Wie wichtig ist für Sie stattdessen der Profit, den Sie mit einem wirklich erfolgreichen Produkt machen?«
»Ja, und die entscheidende Frage lautet: Wo wird gespart?«
»Klar, doch zaubern kann niemand. Passen Sie bitte auf.«
»Das freut mich für Sie. Lassen Sie sich das bitte sofort schriftlich geben. Passen Sie auf, dass nachher keine Leistung fehlt.«
+ Ihre Idee: ______________________________

**»Sie haben mich nicht überzeugt.«**
»Danke für das offene Wort. Was genau hat Sie nicht überzeugt?«
»Danke! Welche Punkte sind für Sie denn besonders wichtig?«
»Aha! Was fehlt Ihnen noch, um überzeugt zu sein?«
»Das tut mir Leid. Was würde Sie denn sofort überzeugen?«
+ Ihre Idee: ______________________________

**»Das sagen alle, und nachher funktioniert es nicht.«**
»Oh, welche schlechten Erfahrungen haben Sie gemacht?«
»Natürlich! Was befürchten Sie denn konkret?«
»Ja, sehen Sie, und genau deshalb sprechen wir den gesamten Ablauf am besten ganz konkret und verbindlich durch.«
+ Ihre Idee: ______________________________

**»Das gefällt mir so noch nicht.«**
»Danke, dass Sie das jetzt sagen. Was genau meinen Sie?«
»Gut! Was können wir verändern, damit es Ihnen gefällt?«
»Danke, dass Sie das sagen. Worauf legen Sie noch Wert?«
+ Ihre Idee: ______________________________

**»Ich brauche 20 Prozent Rabatt.«**
»Aha! Sind Sie sicher, dass das entscheidend für Sie ist?«
»Klar, das wollen wir alle. Geben Sie selbst auch 20 Prozent?«
»Aha! Wäre es für Sie nicht unseriös, wenn ich dies täte?«

»Gut! Wie wollen wir die Leistungen um 20 Prozent reduzieren?«
»Aha! Sie legen auf die Qualität also keinen so großen Wert?«
»Okay! Sind Sie bereit, dafür Abstriche in Kauf zu nehmen?«
»Natürlich! Dann müssten wir allerdings den besonderen Service oder die Qualität reduzieren. Wollen Sie das wirklich?«
»Klar, ich achte auch auf den Preis. Und doch habe ich die Erfahrung gemacht, dass sich Billigangebote meist nicht rechnen.«
+ Ihre Idee: ______________________________

**»Das überlege ich mir nochmal.«**
»Gern! Wann reden wir am besten wieder darüber?«
»Ich verstehe! In welchen Punkten zweifeln Sie denn noch?«
»Natürlich. Was würde Sie denn jetzt sofort überzeugen?«
»Aha! Sind Sie sicher, dass Sie noch länger abwarten wollen?«
»Gut! Was würde Sie motivieren, sich sofort zu entscheiden?«
»Ja, ich entscheide auch nicht immer spontan. Und oft fehlen mir wichtige Informationen. Welche Fragen haben Sie noch?«
+ Ihre Idee: ______________________________

**»Das können wir so nicht machen.«**
»Ich verstehe. Was sollten wir Ihrer Meinung nach ändern?«
»Aha! Was spricht aus Ihrer Sicht noch nicht dafür?«
»Natürlich! Welche Wünsche oder Fragen haben Sie noch?«
»Aha! Sind Sie sicher, dass es so wirklich nicht geht?«
+ Ihre Idee: ______________________________

**»Das kann ich nicht allein entscheiden.«**
»Natürlich. Wen könnten wir denn noch dazunehmen?«
»Aha! Darf ich fragen: Wollen oder dürfen Sie nicht allein …?«
»Aha! Sind Sie sicher, dass Sie dies nicht entscheiden können?«
»Ich verstehe! Ich finde es gut, dass Sie eine zweite Person an dieser Entscheidung beteiligen wollen. An wen denken Sie?«
+ Ihre Idee: ______________________________

**»Das können andere viel besser.«**
»Ich verstehe! Wer sind für Sie denn die anderen?«
»Natürlich! Auch andere sind gut. Was meinen Sie mit ›besser‹?«
+ Ihre Idee: ______________________________

**»Das ist ja nichts Neues.«**
»Aha! Ist es für Sie besonders wichtig, dass es neu ist?«
»Interessant. Wie kommen Sie darauf, dass es nichts Neues ist?«
»Ich verstehe! Haben Sie mit Neuem immer gute Erfahrungen gemacht?«
»Aha! Ist Altbewährtes, Erprobtes für Sie nicht ebenso wichtig?«
+ Ihre Idee: ______________________________

**»Ich will mich erst einmal informieren.«**
»Das verstehe ich! An welche Anwendungen denken Sie?«
»Gern! Welche Informationen helfen Ihnen denn weiter?«
»Ich verstehe! Wie fühlen Sie sich am besten informiert?«
»Ja, natürlich! Und genau deshalb gebe ich Ihnen gern einen kurzen Überblick über die Möglichkeiten.«
+ Ihre Idee: ______________________________

**»Ich will nichts überstürzen.«**
»Klar! Wie viel Zeit brauchen Sie für gute Entscheidungen?«
»Das verstehe ich gut! Was verunsichert Sie jetzt noch?«
»Selbstverständlich! Wann ist für Sie der richtige Zeitpunkt?«
»Interessant! Sind Sie sicher, dass Sie jetzt etwas überstürzen?«
+ Ihre Idee: ______________________________

**»Jetzt ist nicht die richtige Zeit dafür.«**
»Ich verstehe. Wann ist für Sie denn die richtige Zeit?«
»Das ist interessant. Wie kommen Sie darauf?«
»Aha! Was macht Sie sicher, dass jetzt nicht die richtige Zeit ist?«
+ Ihre Idee: ______________________________

**»Ich will noch einmal abwarten.«**
»Natürlich! Was meinen Sie: Wie lange wollen Sie abwarten?«
»Ich verstehe! Was meinen Sie wird durchs Abwarten besser?«
»Aha! Sind Sie sicher, dass Ihnen keine Nachteile entstehen?«
»Aha! Sagen Sie bitte, wer hat Ihnen denn dazu geraten?«
+ Ihre Idee: ______________________________

**»Das ist noch nicht das Richtige.«**
»Ich verstehe! Was fehlt Ihnen denn noch?«
»Gut! Welche Verbesserungen schlagen Sie vor?«
»In Ordnung! Welche Punkte stören Sie denn noch?«
»Das verstehe ich gut, und genau deshalb ist es wichtig, dass wir uns noch einmal ganz genau über Ihre Wünsche unterhalten.«
+ Ihre Idee: ______________________________

**»Das habe ich mir anders vorgestellt.«**
»Das tut mir Leid. Welche Änderungen wünschen Sie denn?«
»Ich verstehe! Welche Vorstellungen haben Sie genau?«
»Ich verstehe Sie! Woran orientieren Sie sich?«
+ Ihre Idee: ______________________________

**»Ich will mich erst noch einmal erkundigen.«**
»Natürlich! Welche Informationen fehlen Ihnen denn noch?«
»Aha! Sind Sie sicher, dass das wirklich notwendig ist?«
»Interessant. Welche Vorteile versprechen Sie sich davon?«
»Natürlich. Bei wem werden Sie sich am besten erkundigen?«
+ Ihre Idee: ______________________________

**»Dafür bin ich nicht zuständig.«**
»Ich verstehe. Mit wem spreche ich darüber denn am besten?«
»Aha. Wen empfehlen Sie mir als richtigen Ansprechpartner?«
»Oh, das wusste ich nicht. Wofür sind Sie denn verantwortlich?«
+ Ihre Idee: ______________________________

**»Das muss ich noch mit meinem Chef besprechen.«**
»Ich verstehe. Wann und wie wollen Sie dies tun?«
»Natürlich. Wie kann ich Sie dabei am besten unterstützen?«
»Aha. Wie können wir dieses Gespräch optimal vorbereiten?«
»Natürlich. Was können wir tun, damit Sie dann gut dastehen?«
+ Ihre Idee: ______________________________

**»Ich brauche noch eine zweite Meinung.«**
»Ich verstehe! Was versprechen Sie sich von dieser Meinung?«
»Natürlich! Wen fragen wir da denn am besten?«
»Aha! Sind Sie sicher, dass Sie nicht selbst entscheiden wollen?«
»Gut! Welche Meinung wird für Sie dann entscheidend sein?«
»Aha! Was befürchten Sie, wenn Sie allein entscheiden?«
»Ich verstehe! Und ich frage mich, mit welchen zusätzlichen Informationen Sie jetzt wohl allein entscheiden könnten?«
»Natürlich kann es besser sein, wenn mehrere die Verantwortung tragen. Wollen Sie die Lorbeeren nicht allein ernten?«
+ Ihre Idee: ______________________________

**»Wir wollen uns erst noch Alternativen anschauen.«**
»Aha. In welchen Punkten sind Sie denn noch nicht überzeugt?«
»Ich verstehe. Darf ich fragen, wann/wie Sie dies tun werden?«
»Natürlich. Was wäre für Sie denn eine Alternative zu uns?«
»Aha. Meinen Sie, dies ist den zeitlichen Mehraufwand wert?«
+ Ihre Idee: ______________________________

**»Wir haben uns bereits für den Wettbewerber entschieden.«**
»Das respektiere ich natürlich. Was waren die Gründe dafür?«
»Schade. In welchen Teilen des Angebots lagen die Vorteile?«
»Aha. Darf ich fragen, ob Ihre Entscheidung endgültig ist?«
»Ich verstehe. Darf ich fragen, für welchen Wettbewerber?«
»Aha. Wollen Sie künftig allein auf diesen Anbieter bauen?«
»Gratuliere. Und in Bezug auf eine eventuelle künftige Zusammenarbeit wäre ich Ihnen sehr dankbar, wenn Sie mir kurz die Gründe nennen.«
+ Ihre Idee: ______________________________

**»Wir melden uns wieder.«**
»Vielen Dank. Wann darf ich ungefähr damit rechnen?«
»Das freut mich! Wollen wir gleich einen Termin vereinbaren?«
»Ich verstehe! Was darf ich Ihnen zwischenzeitlich zusenden?«
»Schön. Werden Sie sich telefonisch oder schriftlich melden?«
+ Ihre Idee: ________________________________________

**»Wir haben momentan kein Geld.«**
»Ich verstehe. Was meinen Sie, wann sich dies ändern wird?«
»Aha. Wann sollten wir wieder miteinander reden?«
»Ich verstehe, und deshalb informiere ich Sie gern rechtzeitig.«
»Ja, die wirtschaftliche Situation ist momentan für alle ungünstig. Und gerade deshalb sind neue Ideen besonders wichtig.«
»Aha! Was halten Sie von wichtigen, unverbindlichen Infos?«
»Natürlich. Sehen Sie, das kann sich schnell ändern, und ist es für Sie dann nicht wichtig, auf dem neuesten Stand zu sein?«
+ Ihre Idee: ________________________________________

**»Wir haben keinen Bedarf.«**
»Aha. Darf ich fragen, woran Sie keinen Bedarf haben?«
»Natürlich! Sind Sie sicher, dass Sie unser Angebot kennen?«
»Aha! Was meinen Sie: Wann wird sich das ändern?«
»Ich verstehe! Wollen Sie das wirklich entscheiden, bevor Sie alle Vorteile unseres Angebots kennen gelernt haben?«
»Das ist gut, und wir beraten Sie gerade dann besonders gern, wenn Sie noch keinen zwingenden Bedarf haben.«
+ Ihre Idee: ________________________________________

**»Ich habe Ihre Informationen noch nicht gelesen.«**
»Ich verstehe. Wollen wir jetzt einfach kurz darüber reden?«
»Natürlich, wir haben alle viel zu tun. Und genau deshalb würde ich Ihnen gern Zeit sparen und Sie jetzt kurz informieren.«
»Gut. Wann rufe ich Sie denn am besten wieder an?«

»Ich verstehe. Was halten Sie davon, wenn ich Ihnen die Arbeit abnehme und Ihnen jetzt das Wichtigste dazu erzähle?«
+ Ihre Idee: ___

**»Das interessiert uns nicht.«**
»Das ist interessant! Wie kommen Sie denn darauf?«
»Interessant! Meinen Sie das für jetzt oder für immer?«
»Aha! Was würde Ihr Interesse denn steigern?«
»Aha! Sind Sie wirklich sicher, dass Sie auf die besonderen Vorteile unseres Angebots verzichten wollen?«
»Ich verstehe! Haben Sie schlechte Erfahrungen gemacht?«
»Aha! Halten Sie diesen Entschluss nicht für vorschnell?«
+ Ihre Idee: ___

**»Das bringt doch alles nichts.«**
»Interessant. Wie kommen Sie denn darauf?«
»Aha! Was meinen Sie? Haben Sie schlechte Erfahrungen gemacht?«
»Ich verstehe Sie. Was halten Sie von einer neuen Erfahrung?«
»Ich verstehe. Wollen Sie wirklich alles unversucht lassen?«
»Aha! Sind Sie sicher, dass dies wirklich immer zutrifft?«
+ Ihre Idee: ___

**»Ich kenne Sie ja überhaupt nicht.«**
»Natürlich, und genau deshalb rufe ich Sie heute an.«
»Genau! Wäre es nicht schön, wenn wir dies sehr bald ändern?«
»Ich verstehe. Wir sind ein junges innovatives Unternehmen.«
»Natürlich. Wollen Sie immer bekannte Namen finanzieren?«
»Natürlich! Geben Sie mir die Möglichkeit, dies zu ändern?«
»Ich verstehe. Und genau deshalb suche ich die Gelegenheit, mich mit Ihnen bestens bekannt zu machen.«
»Genau! Wir legen auch keinen Wert auf Öffentlichkeit, sondern wenden uns lieber an ausgewählte Kunden wie Sie.«
+ Ihre Idee: ___

**»Ich habe noch nie von Ihrem Unternehmen gehört.«**
»Ich verstehe. Wie wichtig ist Ihnen der Bekanntheitsgrad?«
»Aha. Verbinden Sie mit Bekanntheit besondere Leistungen?«
»Natürlich, es gibt noch bekanntere Unternehmen. Meinen Sie wirklich, dass die automatisch besser sind?«
»Ja, wir ersparen unseren Kunden teure Werbung. Wollen Sie die beim Kauf unserer Produkte wirklich mitbezahlen?«
»Ja, wir sind ein hoch spezialisierter Anbieter. Wir legen größten Wert auf Kompetenz. Das wollen Sie doch auch, oder?«
»Ja, wir sind kein Massenanbieter. Wie wichtig ist Ihnen denn ein wirklich individueller, professioneller Service?«
+ Ihre Idee: ______________________________

**»Ihre Firma ist mir zu klein.«**
»Interessant! Wie kommen Sie darauf, dass wir klein sind?«
»Aha! Mit welchem Unternehmen vergleichen Sie uns denn?«
»Interessant! Ist die Unternehmensgröße für Sie sehr wichtig?«
»Aha! Legen Sie nicht auch Wert auf individuellen Service?«
»Ja, wir arbeiten gern besonders individuell und persönlich.«
»Ich verstehe! Wir achten tatsächlich sehr auf Exklusivität.«
»Ja, wir haben uns zum Vorteil unserer Kunden spezialisiert.«
»Ja, so können wir am besten Kernkompetenzen fokussieren.«
»Natürlich, so kommen wir mit wenig Verwaltungskosten aus.«
+ Ihre Idee: ______________________________

**»Ihre Firma ist mir zu groß.«**
»Ja, wir sind ein großes Unternehmen. Arbeiten Sie nicht gern mit namhaften und leistungsstarken Partnern zusammen?«
»Ja, und deshalb können wir bundesweiten Service anbieten.«
»Ja, das erscheint nach außen natürlich so. Tatsächlich sind wir in kundenspezifische persönliche Ansprechpartner aufgeteilt.«
»Natürlich! Sie legen doch Wert auf ein Komplettangebot?«
»Ja, daher können wir in kurzer Zeit Einiges für Sie realisieren.«
+ Ihre Idee: ______________________________

**»Wir haben damit sehr schlechte Erfahrungen gemacht.«**
»Das tut mir Leid. Was ist denn so schlecht gelaufen?«
»Ich verstehe. Sind Sie sicher, dass das immer so sein muss?«
»Aha! Darf ich fragen: Womit genau haben Sie schlechte …?«
»Ich verstehe. Wann haben Sie diese Erfahrung gemacht?«
»Aha. Was hätte Ihrer Meinung nach anders laufen müssen?«
»Aha. Was meinen Sie: Worauf ist künftig mehr zu achten?«
+ Ihre Idee: ____________________

**»Wir werden bereits bestens von einem Wettbewerber betreut.«**
»Das freut mich für Sie. Sind Sie sicher, dass das so bleibt?«
»Schön zu hören. Was halten Sie davon, jederzeit eine ebenso gute Alternative parat zu haben?«
»Prima. Sie sagen ›bestens‹. Was ist für Sie denn entscheidend?«
»Das ist schön. Wie wäre es, wenn Sie durch einen Zweitlieferanten möglichen Abhängigkeiten vorbeugen?«
»Prima. Wie interessant ist es für Sie, dieses ›bestens‹ noch zu steigern?«
»Aha. Sind Sie wirklich in allen Punkten restlos begeistert?«
»Das freut mich. Sie wollen den Wettbewerber doch bestimmt nicht zu sehr in Sicherheit wiegen, oder?«
»Das ist schön. Wie kommen Sie denn mit nur einem Anbieter in Zeiten erhöhter Nachfrage klar? Ist das nicht gefährlich?«
+ Ihre Idee: ____________________

**»Ihr Produkt ist mir zu neu.«**
»Ja, wir präsentieren Ihnen gern innovative Produkte.«
»Ja, Sie können tatsächlich jetzt schon davon profitieren.«
»Aha. Wollen Sie nicht auch zu den Ersten gehören, die …?«
»Ja, unser Produkt ist tatsächlich auf dem neuesten Stand.«
»Ja, es hat sich auf diesem Gebiet Einiges getan.«
»Ich verstehe. Ist heutzutage Neues nicht schnell altbewährt?«
»Aha. Haben Sie mit neuen Produkten schlechte Erfahrungen gemacht?«
+ Ihre Idee: ____________________

**»Ich glaube, Sie sind nicht der Richtige für uns.«**
»Ich verstehe. Wie kommen Sie denn darauf?«
»Interessant. Was meinen Sie bitte mit ›nicht der Richtige‹?«
»Aha. Darf ich fragen, wie Sie zu dieser Meinung kommen?«
»Ich respektiere Ihre Ansicht und wäre Ihnen sehr dankbar, wenn Sie sich einen neuen, zweiten Eindruck verschaffen.«
+ Ihre Idee: ______________________________

**»Ihr Angebot finde ich wenig attraktiv.«**
»Interessant. In welchen Punkten überzeugt es Sie denn nicht?«
»Aha. Wie sieht für Sie denn ein attraktives Angebot aus?«
»Natürlich. Wir wollen Sie auch lieber mit Fakten überzeugen.«
»Aha. Darf ich fragen, womit Sie unser Angebot vergleichen?«
»Ja, es stimmt, dass wir nicht mit Überschriften glänzen wollen.«
+ Ihre Idee: ______________________________

**»Sie reden mir zu sehr um den heißen Brei herum.«**
»Entschuldigung. Was meinen Sie damit? Bin ich zu langsam?«
»Das wollte ich nicht. Wollen wir gleich in medias res gehen?«
»Ich verstehe. Sie interessieren sich also nicht für die Details?«
»Das tut mir Leid. Was interessiert Sie denn ganz besonders?«
»Das tut mir Leid. Ich wollte Sie gern umfassend informieren.«
+ Ihre Idee: ______________________________

**»Das haben schon viele versprochen. Ich glaube das nicht.«**
»Ich verstehe, dass Sie enttäuscht sind. Was müsste ich tun, damit Sie mir jetzt glauben?«
»Ja, Schaumschläger gibt es. Was genau glauben Sie nicht?«
»Das tut mir Leid. Was meinen Sie: Ist es nicht gerade dann an der Zeit, dass Sie jetzt eine neue, positive Erfahrung machen?«
»Ja, Versprechungen gibt es oft. Wie darf ich Sie überzeugen?«
+ Ihre Idee: ______________________________

## Zusammenfassung

In Schritt 1 hatten Sie die Gelegenheit, Ihr persönliches Fundament zu festigen beziehungsweise auszubauen und sich die drei entscheidenden Fragen zu stellen: »Wer bin ich?«, »Was kann ich?« und »Was will ich?«

In Schritt 2 haben wir uns all die unnötigen Erfolgsminderer bewusst gemacht, um sie zukünftig zu vermeiden.

In Schritt 3 ging es darum, als Basis für die persönliche Überzeugungskraft starke innere Überzeugungen aufzubauen.

Schritt 4 hat Ihnen sicher Power-Sprache als effektives, äußerst wirkungsvolles Erfolgsinstrument schmackhaft gemacht.

In Schritt 5 ging es schließlich um das, was wir für unsere erfolgreiche Selbst-PR am meisten brauchen: persönliche Überzeugungskraft.

Schritt 6 konnte Sie bestimmt dazu motivieren, durch die Anwendung einfacher Mittel und Möglichkeiten künftig mit viel mehr Spaß, Wirkung und Überzeugungskraft zu telefonieren.

Und in Schritt 7 haben wir uns fit gemacht für die Momente des Lebens, in denen wir provoziert oder geärgert werden oder auf andere Widerstände treffen. Sie konnten sehen: Souveränität ist alles und ab sofort leicht möglich. Weil Sie wissen, wie!

Was bleibt mir zu sagen? Sie haben mit der Lektüre dieses Buches die Grundlage für hochwirksame Selbst-PR gelegt und ab sofort freie Bahn für mehr persönlichen Erfolg.

Entscheidend dafür wird sein, dass Sie die Übungen im Anhang durchführen, diese und die vielen Tipps immer wieder einmal kurz auffrischen und vor allem: dass Sie das Gelernte auch anwenden!

# Anhang

## A1: Erklärungen, Kommentare und Tests

### Wie gut ist Ihre aktuelle Performance?

Hier besprechen wir im Detail die wichtigen Fragen, mit denen ich Sie gleich auf den ersten Seiten bombardiert habe. Die ehrlichen Antworten darauf sind nichts anderes als Ihre ganz persönlichen Leistungsdaten, Ihr Power-Steckbrief und die Eckdaten Ihrer Selbst-PR. Wenn Sie diese Fragen noch nicht beantwortet haben, dann holen Sie dies jetzt bitte nach. Sie verpassen sonst Ihre große Chance auf den idealen Einstieg in dieses Thema.

Lesen Sie nun zu jeder Frage den Kommentar und meinen Tipp. Anschließend schreiben Sie bitte sofort Ihre eigenen Ideen und Gedanken auf. Kombinieren Sie das aufmerksame Lesen mit eigenständigem Denken, Entscheiden und Handeln.

### Fühlen Sie sich meistens sehr gut?

Haben Sie sich hier gefragt, ob es mir noch ganz gut geht, Ihnen diese Frage zu stellen? Für viele gleicht die Antwort einem Offenbarungseid. Ich hätte Sie auch auf diejenigen Situationen ansprechen können, in denen Sie sich einmal nicht so gut fühlen. (Haben Sie es bemerkt: eine motivierende Negation »nicht so gut« statt »schlecht«.) Doch diese negativen, unangenehmen Momente verinnerlichen wir ohnehin viel zu sehr, messen ihnen viel zu viel Bedeutung bei und erinnern uns leider zu oft und zu leicht daran. Ich will Ihren Fokus lieber ganz bewusst auf die schönen Momente des Lebens richten. Davon sollten Sie so viele wie nur irgend möglich haben, denn vor allem sie sind es, die unser Glück, unseren inneren wie äußeren Reichtum und so unsere gesamte Lebensqualität ausmachen.

**MEIN TIPP:** Schreiben Sie die Momente der letzten drei Tage auf, in denen Sie sich sehr wohl gefühlt haben. Waren es wirklich genug? Wenn ja, dann finden Sie heraus, was für Sie daran schön war. Und: Sorgen Sie für baldige und ständige Wiederholung! Wenn nein, dann überlegen Sie nochmals: Haben Sie etwas vergessen, oder gab es schöne Augenblicke, die für Sie schon zur Selbstverständlichkeit geworden sind, zum Beispiel ein leckeres Essen, das Ihnen von Ihrem Partner zubereitet wurde? Wenn Ihnen immer noch zu wenige dieser Momente einfallen, dann schaffen Sie sich welche: Tun Sie so bald wie möglich etwas, das Ihnen gut tut, oder aktivieren Sie Ihr Glücksquadrat. Sie wissen ja: In Ihrem Kopf fängt alles an!

________________________________________

________________________________________

________________________________________

### Bringen Sie sich oft selbst zum Lachen?

Sie warten doch nicht etwa wie die meisten Menschen darauf, dass andere Sie zum Lachen bringen, oder? Mit dem Lachen ist es wie mit den Pausen beim Reden: Beide Seiten haben etwas davon, Sie und Ihr Gegenüber. Ist Ihnen überhaupt bewusst, welche wunderbaren und positiven Dinge Sie allein durch ein kleines Lächeln in Ihrem Körper bewirken? Sie aktivieren dadurch Ihr Glücksquadrat. Sie entspannen sich: Ihre Gedanken werden positiv, Sie fühlen sich angenehm – und Sie schütten vitalisierende und lebensverlängernde Glückshormone aus. Na bitte, was wollen Sie mehr? Spüren Sie diesen wohltuenden Effekt? Am besten wird Ihnen das gelingen, wenn Sie mehrere Sekunden lang lachen.

**MEIN TIPP:** Erinnern Sie sich an etwas, über das Sie herzhaft gelacht haben, oder an eine Situation, in der Sie sich so richtig dumm angestellt haben. Ich weiß, das klingt ungewöhnlich, und doch empfehle ich es Ihnen. Denn alles, worüber Sie noch lachen, können Sie auch ändern! Was glauben Sie, wie viel Ärger, Streit und Missverständnisse uns allen erspart blieben, wenn die Beteiligten sich ab und zu einmal auf die Macht des Lachens besinnen würden? Statt mit verletzenden, beleidigenden Worten wie Boxer im Ring aufeinander loszugehen, nur um erneut die Eitelkeit sinnloser Rechthaberei zu pflegen. Also: Wenn Sie das nächste Mal ratlos oder überfordert vor einer anspruchsvollen Aufgabe sitzen oder erste Anzeichen von Verärgerung spüren: Stoppen Sie die negativen Automatismen, sagen Sie nichts, nehmen Sie sich eine Sekunde Zeit – und lachen Sie! Brauchen Sie ein wenig Schützenhilfe? Schauen Sie in einen Spiegel und sagen Sie zu sich: »O ja, ich bin einfach … unwiderstehlich!«

## Können Sie sich gut motivieren beziehungsweise begeistern?

Richtig, diese Frage ist fast gleichbedeutend mit den ersten beiden. Tun Sie das, was Sie tun, überwiegend aus freien Stücken oder nur, weil andere es wollen? Sind Sie nur durch Leidensdruck motivierbar oder auch durch die Vorfreude auf positive Ereignisse? Ganz konkret: Was motiviert Sie morgens zum Aufstehen: nicht zu spät zur Arbeit zu kommen oder die Vorfreude auf das erste Kundengespräch? Erledigen Sie wichtige Aufgaben erst dann, wenn es sich nicht mehr vermeiden lässt, oder sofort, weil Sie große Lust darauf haben? Dient Ihre Selbstmotivationsstrategie eher der Vermeidung von Ärger oder dem Erreichen von Zielen, leben Sie selbst- oder fremdbestimmt? Der Unterschied zwischen diesen beiden Verhaltensweisen liegt in dem Anspruch, den Sie an sich selbst haben. Ob

Sie an Ihre Zukunft glauben, diese aktiv in die Hand nehmen oder sich wie ein Blatt im Wind treiben lassen.

**MEIN TIPP:** Sie haben alle Möglichkeiten, sich zu motivieren. Denn das bedeutet ja nichts anderes, als sich zu bewegen. Die alles entscheidende Frage ist: wohin? Wo Sie stehen, das wissen Sie. Und wohin die Reise geht, das bestimmen allein Ihre Ziele und Prioritäten. Also, beherzigen Sie die Empfehlungen der ersten Fragen, bringen Sie sich in einen guten inneren Zustand und setzen Sie sich motivierende Ziele. Dann klappt der Rest fast von allein.

__________________________________________

__________________________________________

__________________________________________

## Haben Sie konkrete Lebensprioritäten und -ziele?

Wir haben es gerade angesprochen: Ohne klare persönliche Ziele ist Selbstmotivation kaum möglich. Wie steht es um Ihre persönlichen Prioritäten und Ziele: Gibt es sie, sind sie eindeutig? Mit unseren Zielen geben wir unserem Leben und Wirken eine ganz bestimmte Richtung. Wir entscheiden, worauf wir unsere Zeit und Energie verwenden. Unsere Prioritäten wiederum bestimmen, in welcher Reihenfolge wir die Verwirklichung unserer Ziele angehen, sie legen also immer die Bedeutung und die Wichtigkeit der einzelnen Vorhaben fest. Viel ausführlicher sprechen wir über dieses wichtige Thema in Schritt 2.

**MEIN TIPP:** Nehmen Sie sich nicht zu viel auf einmal vor! Sich für ein Ziel zu entscheiden bedeutet fast immer, sich gleichzeitig gegen ein anderes entscheiden zu müssen. Sie können nicht alles auf einmal tun, haben Ihre Kräfte zu bündeln und sich auf eine Sache zu konzentrieren. Sonst droht Verzettelung!

__________________________________________

__________________________________________

__________________________________________

### Sind Sie mit Ihrem Leben aktuell sehr glücklich?

Mit Ihrer Partnerschaft, Ihrem Beruf, Ihren Freunden, Hobbys etc.? Ich erwarte hier ein klares Ja, sonst gibt es mindestens die gelbe Karte. Bei einem Nein sollten Sie sofort darüber nachdenken, die Ursachen finden und den Mut haben, wichtige Veränderungen vorzunehmen. Ja, ich meine es genau so, wie ich es hier sage. Denn mangelndes Lebensglück ist unerträglich, unnötig und darf nicht weiter geduldet werden. Sie haben ein Recht darauf, meiner Meinung nach sogar die Pflicht, ein schönes und glückliches Leben zu führen. Meist geschieht dies nicht von allein, wir müssen uns dafür einsetzen, manchmal aktiv dafür kämpfen.

**MEIN TIPP:** Wenn Sie diese Frage nicht eindeutig mit einem Ja beantworten können, dann überlegen Sie sich ganz genau, woran beziehungsweise an wem das liegt. Wenn Sie es wissen, bitte ich Sie: Übereilen Sie nichts, überstürzen Sie keine Entscheidungen. Arbeiten Sie den Kern des Übels heraus und fragen Sie sich, bevor Sie Veränderungen von größerer Tragweite vornehmen, Folgendes: Macht es vielleicht Sinn, sich selbst, anderen Menschen oder Umständen, eben der Ursache des Übels, eine Chance zur Besserung einzuräumen?

________________________________

________________________________

________________________________

### Passt Ihr Beruf zu Ihren persönlichen Stärken?

Zählen Sie zu den Menschen, die ihren Beruf lieben, sich täglich daran erfreuen und die anfallenden Aufgaben mit viel Erfolg und großer Leichtigkeit erfüllen können? Sicher, ich gebe zu, das klingt stark nach einem Traum: der Beruf als Berufung! Und doch sollten wir einen Großteil der Arbeitszeit mit diesem Gefühl verbringen. Ausnahmen gibt es natürlich immer und fast bei jedem von uns. Diese sollten allerdings lediglich die Regel bestätigen.

Am besten erreichen wir das in einem Beruf, der möglichst gut zu unseren persönlichen Stärken, Schwächen und Interessen passt.

**MEIN TIPP:** Wenn Sie merken, dass Ihr derzeitiger Beruf Sie permanent überfordert oder Ihnen keinen Spaß macht, dann suchen Sie zunächst innerhalb des Unternehmens nach Möglichkeiten, dies ganz oder teilweise zu ändern. Geben Sie bestimmte Aufgaben ab, nehmen Sie andere dazu. Sprechen Sie, soweit möglich, offen mit Ihren Vorgesetzten darüber. Geben Sie zu erkennen, dass Sie dem Unternehmen den maximalen Nutzen bieten wollen, und bitten Sie um Aufgaben, die dies ermöglichen. Eignen Sie sich ständig neues Wissen und Können an, um mit diesen Tätigkeiten besser klarzukommen. Und wenn sich dieser Weg nicht anbietet: Dann haben Sie, nach genauem Abwägen aller Vor- und Nachteile, den Mut zur Veränderung!

---

---

---

## Sind Sie im Augenblick (im Beruf) erfolgreich?

Wieder so eine Frage, die Ihr Leben in einem Atemzug bilanziert. Wie lautet eigentlich Ihre persönliche Definition von Erfolg? Ich habe Erfolg für mich einmal so festgelegt: *E*igene *R*ichtung *F*inden, um *O*ptimale *L*ebensqualität zu *G*ewinnen! Wie gut gefällt Ihnen meine Definition? Können Sie sich damit identifizieren? Erfolg kann viel mehr bedeuten als die üblicherweise angeführten Attribute wie Geld, Karriere etc. Erfolg ist für jeden etwas anderes, ein höchst individueller positiver Zielzustand.

**MEIN TIPP:** Entwickeln Sie Ihre ganz persönliche Definition von Erfolg. Schreiben Sie auf, was für Sie Erfolg genau bedeutet und welche der einzelnen Punkte Sie bereits erreicht haben – sowohl beruflich als auch privat. Gehen Sie dabei von materiellen zu immateriellen Dingen über: Für manche Menschen kann es zum Beispiel einen großen Erfolg bedeuten, viele Stunden glücklich zu sein.

**Werden Ihre Leistungen überall wahrgenommen?**

Dieser wichtige Punkt kann den Erfolg und Ihre gesamte Lebensqualität bestimmen. Wohl kaum etwas ist für die meisten von uns so schlimm, wie von anderen Menschen nicht bemerkt, be- und geachtet zu werden. Das schmälert unser Selbstbewusstsein und Selbstwertgefühl, meist ohnehin die Ursache des Übels. Was nützt Ihnen die tollste Idee und die beste Leistung, wenn niemand davon erfährt? Gehören Sie eher zu denjenigen, an die man sich, zum Beispiel nach einer Party, gut erinnert, oder zählen Sie zu den »grauen Mäusen«, die durch ihre Unscheinbarkeit und Unauffälligkeit im Nirwana der Selbst-PR verschwinden? Sind Sie in der Chefetage Ihres Unternehmens bestens bekannt oder nur bei Ihren Kollegen?

Ich will Ihnen dazu ein Beispiel erzählen, wahrhaft extrem und sicher nicht zur Nachahmung empfohlen: Als ich noch als angestellter Vertriebsingenieur tätig war, hatte ich einen Kollegen, der weniger durch außergewöhnliche Leistungen als durch ein Höchstmaß an Auffälligkeit bestach. Er hatte ein ausgeklügeltes System entwickelt, um fast allgegenwärtig und besonders in den Chefetagen des Unternehmens bestens bekannt zu sein. Es gab kaum ein Führungskräftemeeting, in das er nicht, bevorzugt spätabends, »zufällig« hineinplatzte. Immer unter dem Vorwand, jemanden zu suchen. Natürlich hatte er sich zuvor bei den Chefsekretärinnen nach dem Teilnehmerkreis erkundigt, um sich auf die höchstrangig besetzten Besprechungen konzentrieren zu können. Er wusste immer, wann die Geschäftsführer und die Vorstände der Konzernmutter im Haus waren. Doch das war längst noch nicht alles. Er sorgte nämlich auch stets dafür, dass in seinem von außen gut sichtbaren Büro bis in die tiefe Nacht Licht brannte. Selbst wenn er dafür abends extra noch einmal ins Büro gehen musste. Ein kurzer Weg, denn er wohnte gleich um die Ecke. Ein Zufall, oder war selbst der Wohnort Teil der Strategie?

Dies sind nur zwei Aspekte seiner ausgeklügelten Selbst-PR. Was sagen Sie dazu? Bilden Sie sich Ihr eigenes Urteil darüber.

**MEIN TIPP:** Finden Sie für sich das richtige Maß heraus, mit dem Sie sich wohl fühlen und das zu Ihnen passt. Halten Sie mit Ihren Ideen und Leistungen nicht länger hinter dem Berg, und verschaffen Sie sich die Aufmerksamkeit anderer Menschen. Wie das im Einzelnen geht, erfahren Sie in diesem Buch.

___

___

___

### Kommen Sie mit Menschen gut zurecht?

Gemeint ist die Regel, nicht die Ausnahme. Denn jeder von uns hat mit Menschen zu tun, mit denen er sich nicht versteht. Wie ist Ihre Bilanz?

**MEIN TIPP:** Schreiben Sie die Namen all derjenigen auf, mit denen Sie gut zurechtkommen. Danach denken Sie an diejenigen, bei denen es nicht so ist. Nun entscheiden Sie über die jeweilige Bedeutung: Bei wem würden Sie es gern ändern und wie ist dies Ihrer Meinung nach möglich? Wenn Sie es wissen, dann machen Sie den ersten Schritt auf den anderen zu. Noch etwas ist wichtig: Wem schenken Sie den größten Teil Ihrer wertvollen Zeit? Ich hoffe denjenigen, die Ihnen gut tun!

___

___

___

### Können Sie andere Menschen für Ihre Ideen begeistern?

Damit verhält es sich wie mit der »Vermarktung« Ihrer Leistungen. Wir haben ausführlich darüber gesprochen. Auch hier gilt: So schön es ist, gute Ideen und große Ziele zu haben, diese nur im Kopf mit sich herumzutragen bringt Ihnen nichts, denn fast immer sind Sie darauf angewiesen, dass Ihnen andere bei der Realisierung oder durch entscheidende Kontakte helfen. Auf sich allein gestellt, erreichen Sie viel zu wenig.

**MEIN TIPP:** Tragen Sie Ihre Begeisterung für die Sache nach außen. Menschen spüren sehr schnell, ob Sie wirklich hinter einer Idee stehen, Feuer und Flamme dafür sind. Gleich nachdem Sie Ihre Idee präzisiert haben, fragen Sie sich, wie Sie sie auch für andere unwiderstehlich machen, welche Hilfe Sie von wem erwarten können. Dann werden Sie Ihre Ziele schneller erreichen.

________________________________

________________________________

________________________________

### Können Sie sich in aller Regel gut durchsetzen?

So schön es ist, mit den Menschen in unserer beruflichen und privaten Umgebung gut auszukommen: Ab und zu sind Konsequenz und Durchsetzungsvermögen gefragt. Wenn wir klare Prioritäten und Ziele haben, dann wollen und müssen wir manchmal bei einem Entschluss bleiben oder auch Nein sagen können. Die Ja-Sager, stets zur Zustimmung und zum Einlenken bereit, nur um Everybody's Darling zu sein, bringen weder sich noch andere wirklich weiter, höchstens in Teufels Küche. Ist Ihnen eine Angelegenheit wichtig, dann sollten Sie ruhig auch mal eine Konfrontation in Kauf nehmen.

**MEIN TIPP:** Lernen Sie, in einem vernünftigen Maß Egoist zu sein. Dazu gehört, manchmal Nein zu sagen, nicht alles mitzumachen, gegen die Meinung anderer zu sein. Der darauf oft folgende Liebesentzug ist zeitlich begrenzt – und unter dem Gesichtspunkt Ihrer Glaubwürdigkeit erträglich und notwendig.

### Lassen Sie sich bei Kritik leicht verunsichern?

Kaum etwas nehmen wir so persönlich wie Kritik. Kaum sagt jemand etwas, was unsere Meinung oder unsere Leistung infrage stellt, schon schlagen die Emotionen hohe Wellen. Manchmal reicht dazu sogar schon eine Frage. Wir fühlen uns angegriffen, erleben die Situation als unangenehm und sind als direkte Folge daraus nicht mehr souverän. Spätestens die dann automatisch einsetzenden negativen Gedanken sorgen dafür, dass wir in einen Unglückskreislauf geraten, bestehend aus Denken – Fühlen – Erleben – Verhalten. Wir werden diesen Zusammenhang später, dann allerdings positiv als Glücksquadrat kennen lernen.

**MEIN TIPP:** Leben Sie frei nach dem Motto »Andere Menschen haben andere Meinungen«! Das ist völlig normal, sogar hochinteressant und macht die Würze des Lebens aus. Nehmen Sie die vielleicht nicht immer auf angenehme Art und Weise geäußerte kontroverse Meinung anderer wichtig, allerdings nicht persönlich. Denn meist sind damit nicht Sie, sondern Ihre Aussagen und deren Inhalte gemeint. Konzentrieren Sie sich auf das, was Ihnen gesagt wurde. Seien Sie neugierig und hinterfragen Sie sehr gezielt, was der andere meint und wie er darauf kommt.

## Sind Sie bei Provokationen sehr schlagfertig?

Mit verbalen Provokationen verhält es sich wie mit Kritik. Nur ist die Ursache eine andere und, zugegeben, die Wirkung oft eine ganze Stufe schlimmer. Schlagfertigkeit oder, wie ich es viel lieber nenne, Souveränität bei verbalen Angriffen ist keine Hexerei, sondern für jedermann leicht erlern- und praktizierbar.

**MEIN TIPP:** Erweisen Sie dem Provokateur nicht den Gefallen, sich Attacken zu Herzen zu nehmen. Nutzen Sie stattdessen gezielte, gut funktionierende und einfach zu praktizierende Strategien, um souverän reagieren zu können. Alles nur eine Frage guter Vorbereitung.

______________________________

______________________________

______________________________

## Halten Sie sich für positiv und ausdrucksstark?

Die Frage ist: Wenn nicht Sie, wer dann? Oder sind Sie etwa ausschließlich auf die Bestätigung anderer angewiesen? Natürlich, wir profitieren und leben auch vom Lob, der Bestätigung unserer Mitmenschen, doch dürfen wir uns nicht zu sehr davon abhängig machen, nicht zu Sklaven fremder Meinungen werden. Was zählt, ist eine gute Mischung aus positivem Selbstbild und äußerer Bestätigung und dass beide einigermaßen übereinstimmen.

**MEIN TIPP:** Klafft zwischen Ihrem Selbst- und dem Fremdbild eine ständige oder zu große Lücke, dann empfehle ich Ihnen, die Ursachen zu ergründen. Überlegen Sie zunächst einmal selbst, woran es liegen könnte. Und danach sprechen Sie Menschen Ihres Vertrauens darauf an. Denn für den Erfolg Ihrer Selbst-PR zählt, wie und wie gut Sie auf andere wirken. Übrigens ist es so oder so eine spannende Erfahrung, sich von anderen ein Feedback einzuholen.

______________________________

______________________________

______________________________

**Fallen Ihnen spontan drei Erfolgserlebnisse ein?**

Wir haben über Wohlfühlen, Selbstmotivation etc. gesprochen: Hierin liegt die innere Quelle Ihrer Kraft. Je präsenter uns die schönen und erfolgreichen Momente unseres Lebens sind, desto mehr profitieren wir davon. Wie oft passiert es Ihnen, dass Sie sich saft- und kraftlos fühlen, antriebslos sind oder vor einer wichtigen Aufgabe zurückschrecken? Dann könnten Sie doch bestimmt gut einen kleinen Schubs oder zusätzliche Energiereserven gebrauchen, oder? Wenn Sie in solchen Momenten darauf warten, dass Ihnen äußere Umstände oder andere Menschen weiterhelfen, kann das lange dauern. Meinen Sie nicht auch, dass es viel besser ist, sich spontan und eigenständig selbst helfen und neue Kräfte mobilisieren zu können?

**MEIN TIPP:** Überlegen Sie sich, welche Momente Ihres Lebens für Sie besonders schön waren. Schön steht hier stellvertretend für erfolgreich, angenehm, bedeutend etc. Legen Sie dann fest, welche Erinnerung die stärksten beziehungsweise positivsten Gefühle in Ihnen auslöst. Schreiben Sie sie auf und rufen Sie sich diese Augenblicke ab sofort regelmäßig ins Gedächtnis. Vielleicht spielen Sie mit diesem Erlebnis in Gedanken sogar ein wenig, gestalten es um oder verlängern die besonders schönen Sekunden zu Minuten. Sie werden sehen, es gelingt Ihnen immer schneller und leichter. Das ist auch gut so, denn damit sind Sie auf die kritischen Situationen, in denen Sie diese zusätzliche Power brauchen, bestens vorbereitet. Übrigens eignet sich diese mentale Übung auch für die täglichen Pausen, Leerzeiten etc. Ohne direkten Leidensdruck ist sie eine besonders wertvolle und herrliche Erfahrung. Sie tut einfach gut!

## Haben Sie Ihren nächsten Erfolg bereits geplant?

Was soll das denn, fragen Sie sich jetzt vielleicht. Erfolge zu planen heißt nichts anderes, als klare persönliche Prioritäten und Ziele zu haben. Oft höre ich, man könne ja weder wissen noch habe man Einfluss darauf, was die anderen Beteiligten oder die Umstände dazutun. Das stimmt nur zu einem sehr kleinen Teil. Wir reden hier ja nicht umsonst über die vielen Chancen und Möglichkeiten, die Ihnen Selbst-PR bietet, um Ihren Erfolg aktiv zu gestalten. Hinge Erfolg wirklich nur von anderen oder den äußeren Umständen ab, dann wäre es nur konsequent, sofort mit dem Lesen aufzuhören. Aber es liegt ganz entscheidend in Ihrer Hand, was mit Ihnen und um Sie herum geschieht. Dass wir trotzdem immer wieder mit Unvorhergesehenem umgehen, auf plötzlich sich verändernde Situationen spontan eingehen und unserem Erfolg manchmal Nachdruck verleihen müssen, ist wohl klar. Manchmal haben Sie auch Umwege und Verzögerungen in Kauf zu nehmen. Doch wenn Sie etwas tun, wird auch etwas passieren. Nichts zu planen oder zu unternehmen, um ja keine Fehler zu machen beziehungsweise nicht enttäuscht zu werden, ist töricht.

**MEIN TIPP:** Setzen Sie sich jetzt hin und planen Sie Ihre nächsten Erfolge: Welche Ziele haben Sie kurz-, mittel- und langfristig? Überlegen, aufschreiben, handeln.

______________________________

______________________________

______________________________

## Gibt es etwas, das Sie sich jetzt nicht zutrauen?

Ich hoffe, denn das ist die beste Basis für neue Erfahrungen. Wenn Sie meinen, alles nur Erdenkliche einfach so aus dem Ärmel schütteln zu können, dann ist es um Ihre künftige persönliche Weiterentwicklung nicht gut bestellt. Sie sind dann nämlich in einem wahrhaft ziellosen Zustand der Beharrung und der Besitzstandswahrung und verteidigen nur noch, was Sie bereits können, wissen oder haben. Verstehen Sie mich bitte richtig: Es ist wunderschön und sogar sehr wichtig, Erreichtes zu genießen. Sich darauf auszuruhen ist allerdings wenig förderlich, irgendwann sogar gefährlich. Ganze Unternehmen sind untergegangen beziehungsweise vom Markt gefegt worden, weil sie viel zu lange die Augen vor neuen Trends und Entwicklungen verschlossen, sich auf den einmal erarbeiteten Lorbeeren ausgeruht haben.

**MEIN TIPP:** Wenn Sie mit Nein geantwortet haben, suchen Sie sich eine neue Herausforderung, an der Sie wachsen und lernen können. Bei Ja fragen Sie sich: Woran liegt es, dass Sie sich die Sache jetzt nicht zutrauen: Fehlt Ihnen Wissen, praktische Erfahrung oder haben Sie ganz einfach Angst davor? Wichtig ist, diese Angelegenheit nicht einfach auf die lange Bank zu schieben, sondern anzugehen und zu klären. Angst und Zweifel nehmen sonst zu, Demotivation tritt ein.

________________________________________

________________________________________

________________________________________

### Könnten Sie jetzt sofort ein einminütiges, sehr überzeugendes Selbstporträt als Rede abliefern?

Das ist Selbst-PR pur, und Sie haben in diesem Buch mehr als genug Gelegenheit dazu, knackige Statements zu üben! Den meisten Menschen fällt nichts so schwer, wie über sich selbst zu reden. Das höre und erlebe ich immer wieder in meinen Seminaren. Wie kommt das? Nun, zunächst werden wir nicht dazu erzogen, uns in den Mittelpunkt des Geschehens zu stellen. Höfliche Zurückhaltung ist in aller Regel das höchste Gebot. Welch ein Fehler! Der zweite Grund ist, dass wir uns vor einer Präsentation auf alles (oft viel zu gut) vorbereiten, nur auf eines nicht: die Selbstdarstellung!

**MEIN TIPP:** Auch in diesem Fall gilt: Wir können nur das, was wir gelernt und durch vielfache Wiederholung geübt haben. Fragen Sie sich nach Ihren Stärken, Besonderheiten, Leistungen und all dem, was Sie als einzigartigen Menschen ausmacht. Schreiben Sie sich diese wichtigen Punkte auf, üben Sie Ihr Selbstporträt vor dem Spiegel oder vor guten Freunden. Sind Sie es sich selbst wert, präsentieren Sie Ihre Person und Ihre Leistungen im vollen Brustton der Überzeugung und offenbaren Sie anderen mehr als nur Ihren Namen und Ihren Beruf.

## Status quo: 16 Fragen an Ihre Persönlichkeit

Haben Sie alle Fragen auf Seite 33 beantwortet? Dann sind Sie unserem gemeinsamen Ziel wieder ein gutes Stück näher gekommen. Schauen wir uns die Fragen genauer an:

### Betrachten Sie sich selbst als glücklichen Menschen?

Die Antwort darauf ist die Bilanz Ihres bisheriges Lebens. Bitte haben Sie hier, wie auch bei den übrigen Fragen, den Mut zu offenen und ehrlichen Antworten. Lautet Ihre Antwort Ja, dann sind Sie auf dem richtigen Weg. Bei einem Nein oder wenn Sie sich nicht sicher sind, ist es höchste Zeit, die Ursachen zu hinterfragen und, wenn irgend möglich, Ihrem Leben eine neue Richtung zu geben. Denn glücklich zu sein, das sollte für jeden Menschen das allerhöchste Ziel im Leben sein.

### Wissen Sie, was genau Ihnen an Ihrem Leben gefällt?

Diese Frage soll Hintergründe liefern und Ihnen bewusst machen, was Sie besonders genießen und woran Sie sich tagtäglich erfreuen. Unter anderem deshalb, damit Sie diese Orte, Menschen oder auch Tätigkeiten häufiger aktiv aufsuchen beziehungsweise ausüben. Umgekehrt kann es natürlich manchmal auch aufzeigen, wovon oder von wem Sie sich künftig fern halten sollten.

### Gibt es Dinge, die Sie gern ändern würden?

Natürlich, die findet doch fast jeder von uns. Es macht allerdings einen bedeutenden Unterschied, ob Sie hier antworten, dass Sie sich von einem langjährigen Partner trennen wollen, oder ob es darum geht, mehr Fachliteratur zu lesen. Gehen Sie »Kleinigkeiten« ruhig sofort an und überlegen Sie sich größere Entscheidungen gut.

**Gibt es Menschen, mit denen Sie im Unreinen sind?**
Ein ganz wichtiger Punkt. Immer wieder erlebe ich in meinen Coachings Menschen, die, ohne es zu wissen, aus diesem Grund unbewusst blockiert sind, Schuldgefühle haben, Ihr Leben nicht genießen können. Wenn es auch in Ihrem Leben Menschen gibt, mit denen Sie nicht im Reinen sind, dann empfehle ich Ihnen dringend, dies umgehend zu ändern. Gehen Sie auf diese Personen aktiv zu und klären Sie, was es zu klären gibt. Wenn Sie das nicht können oder wollen, dann machen Sie ganz bewusst Ihren inneren Frieden damit. Indem Sie zum Beispiel eine verstorbene Person, der Sie gern noch etwas Wichtiges gesagt oder mehr Zuneigung geschenkt hätten, in bester Erinnerung behalten. Oder indem Sie einen unangenehmen Zeitgenossen oder persönlichen Feind einfach für bedeutungslos erklären.

**Gibt es Entscheidungen, die Sie heute bereuen?**
Entscheidend ist, dass Sie von diesen Erfahrungen profitieren und etwas daraus lernen. Wenn Sie zu den Menschen gehören, die viele Entscheidungen treffen, sind Misserfolge fast schon programmiert. Eine reine Frage der Zeit und, natürlich, der Häufigkeit. Lassen Sie sich auch künftig nicht davon abhalten, nur reflektieren Sie unbedingt jede Ihrer Entscheidungen, sowohl die positiven als auch die negativen. Denn nur so machen Sie Erfolge leicht wiederholbar und vermeiden erneute Misserfolge.

**Kennen Sie Ihre persönlichen Werte und Ziele?**
Die Antwort auf diese Frage ist das wichtigste Fundament Ihres Denkens und Handelns. Entscheidend ist, dass Sie Ihre Werte und Ziele nicht nur kennen, sondern immer wieder hinterfragen. Denn alles verändert sich, nichts bleibt, wie es ist.

**Kennen Sie Ihre drei größten persönlichen Stärken?**
Ich bin immer wieder aufs Neue überrascht, um nicht zu sagen entsetzt, wenn ich auf diese Frage erst nach langem Zögern eine Ant-

wort erhalte. Oft ist sie dann auch noch sehr oberflächlich, unpräzise und wenig überzeugend. Dabei handelt es sich hier nicht um Zeitvertreib oder ein humorvolles Quiz, sondern um die Möglichkeit, Ihr Leben und Ihren Beruf sinnvoll zu gestalten. Wenn Ihnen Ihre Stärken bereits bewusst sind, schreiben Sie sie auf und entscheiden Sie sich für die drei größten. Sind Sie über Ihre Stärken noch im Unklaren, dann forsten Sie Ihre Erinnerungen sowohl nach positiven, erfolgreichen Erfahrungen durch als auch nach weniger schönen Momenten und Krisen, die Sie aktiv überwunden haben. So finden Sie auch Ihre persönlichen Stärken. Denn im ersten Fall haben Sie durch Ihr Können Erfolg produziert und im zweiten durch Ihre Fähigkeiten Schaden abgewendet.

### Nutzen Sie diese in Ihrem (beruflichen) Alltag?

Stärken zu haben und sie zu kennen ist das eine, daraus etwas zu machen das andere. Persönliche Stärken sind besondere Fähigkeiten, die auf Ihren Erfolg und Ihre Lebensqualität großen Einfluss haben; allerdings nur, wenn Sie sie zutage fördern, nutzen und Ihr (berufliches) Leben danach ausrichten. Wer zum Beispiel sein »Hobby zum Beruf macht«, tut in der Regel genau das, was er am besten kann. Überlegen Sie sich, welche Ihrer Stärken Sie ab sofort bewusster und häufiger nutzen und einsetzen können.

### Kennen Sie Ihre größten persönlichen Schwächen?

Das ist die andere Seite der Medaille. Denn wo Stärken sind, gibt es immer auch Defizite. Sie sollten Ihre Schwächen sehr genau kennen, damit Sie bewusster damit umgehen können. Und das war es dann auch schon, denn ich empfehle Ihnen, Ihre Kraft und Ihre Aufmerksamkeit auf Ihre Stärken zu legen. Dann haben Sie die Möglichkeit, an die Spitze zu kommen. Wenn Sie sich hingegen auf Ihre Schwächen konzentrieren, erreichen Sie höchstens das Mittelfeld – und das zählt heute, gerade im Beruf, weniger denn je.

**Gibt es Momente, wo diese Sie stören oder behindern?**
Wenn ja, dann versuchen Sie in diesen Momenten mehr mit Ihren Stärken zu glänzen oder, manchmal der einfachste und erfolgreichste Weg, vermeiden Sie solche Situationen. Wenn Sie es zum Beispiel als eine Ihrer Schwächen betrachten, schüchtern oder nicht sehr kontaktfreudig zu sein, aber im Außendienst arbeiten und viele Kunden besuchen »müssen«, dann haben Sie drei Möglichkeiten: Die erste ist, alles beim Alten zu lassen, sich ständig unwohl und unsicher zu fühlen. Mit dem katastrophalen Ergebnis, dass Sie auf Dauer vor die Hunde gehen und, das zeigt sich meist viel schneller, die Verkaufsergebnisse miserabel sind. Wollen Sie das wirklich? Ich rate Ihnen, einen der zufriedenstellenderen, viel erfolgreicheren Wege zu gehen: Entweder Sie stehen zu Ihrer »Schwäche« und beglücken Ihre Kunden noch mehr mit Ihren Stärken wie Einfühlungsvermögen, Sachverstand und Aufmerksamkeit oder Sie wechseln den Job.

**Wissen Sie, welche Menschen Ihnen wichtig sind?**
Für diese Menschen sollten Sie sich einsetzen und mit ihnen den größten Teil Ihrer freien Zeit verbringen. Nichts ist so knapp, keine unserer Ressourcen ist so begrenzt wie unsere Zeit. Was liegt also näher, als sich auch hier Prioritäten zu setzen, zwischen wichtigen und weniger wichtigen Menschen klipp und klar zu unterscheiden? Dazu kommt, das Ihnen liebe Menschen auch besonders gut tun.

**Zeigen Sie es diesen Menschen häufig genug?**
Solange Sie die Bedeutung, die diese Menschen für Sie haben, nur in Ihrem Herzen tragen, haben fast ausschließlich Sie etwas davon. Je mehr Sie Ihr Gefühl zeigen, ihm Taten folgen lassen, desto intensiver ist für alle Beteiligten das Glückserlebnis.

**Wissen Sie, welchen Menschen Sie wichtig sind?**
Dies ist natürlich ein Appell an Ihre Aufmerksamkeit, Ihr Einschätzungsvermögen und Ihr Selbstwertgefühl. Oft ist die Antwort weitgehend identisch mit der Frage nach den Personen, die Ihnen selbst wichtig sind. Die Frage ist: Gibt es in Ihrem Umfeld möglicherweise Menschen, denen Sie wichtig sind, und Sie haben es nur (noch) nicht bemerkt?

**Loben Sie andere gern? Haben Sie es heute getan?**
Andere Menschen zu loben heißt, fremde Leistungen, Gedanken und Verhaltensweisen wahrzunehmen und zu würdigen. Es ist der wohl beste Weg, wenn Sie das Gelobte gern nochmals oder immer wieder erleben wollen. Ein echtes Lob tut immer beiden Seiten gut, zeigt menschliche Größe, spornt Menschen zu Höchstleistungen an und lässt sie sich eigenständig entwickeln. Leben wir in einer »Lobkultur«, werden Sie selbst oft gelobt? Immer wenn ich diese Frage stelle, ernte ich ein mehr oder minder zynisches Lächeln. Auf die Frage »Wie oft loben Sie selbst andere?« eher betroffenes Schweigen. Daher bitte ich Sie, hier aktiv zu werden, nicht darauf zu warten, dass erst andere etwas tun. Üben Sie das Loben vielleicht zunächst ganz einfach an sich selbst: Beachten und loben Sie Ihre eigenen Leistungen – dann fällt es Ihnen auch bei anderen leichter.

**Sind Sie auf sich selbst, Ihre Leistungen stolz?**
Dieser Punkt schließt direkt an die oben genannte Frage an. Je mehr Sie auf sich, Ihre Ideen, Leistungen und Taten stolz sind, desto eher werden Sie sie wiederholen. Beachtung wirkt Wunder!

**Haben Sie für das, was Ihnen gut tut, genug Zeit?**
Das ist besonders bedeutend, weil es Ihren Werdegang, Ihre Lebensqualität und damit Ihren persönlichen Erfolg beeinflusst. Was nüt-

zen all unser Wissen, die Selbstreflexion und das Bewusstsein für die entscheidenden Punkte unseres Lebens, wenn wir es nicht auch umsetzen?

In meinen Coachings ist die fehlende Zeit oft das Argument, die fadenscheinige Ausrede dafür, dass wir uns für angenehme, wichtige, unseren persönlichen Erfolg fördernde Aktivitäten viel zu wenig Zeit nehmen. Ich stelle dann ganz konkrete Fragen, wie zum Beispiel: Was nutzt Ihnen die Begeisterung fürs Lesen, wenn Sie es nicht oder nur selten tun? Was haben Sie von der (noch) tollen Partnerschaft, wenn Sie nie zu Hause sind? Wozu haben Sie Kinder als Lebensglück, wenn Sie jeden Abend erst um 20 Uhr nach Hause kommen? Heraus kommt fast immer ein Mangel an Lebensprioritäten. Diese Menschen wollen alles, Karriere im Beruf, einen tollen Partner und eine glückliche Familie. Sie sind nicht bereit, auf irgendetwas zu verzichten beziehungsweise irgendwo zurückzustecken. Sie verbringen viel zu viel Zeit mit unwichtigen Dingen, oberflächlichen Bekannten und leicht delegierbaren Aufgaben. Nur kein Treffen auslassen, keine Aufgabe aus der Hand geben, immer präsent und wichtig sein. Was dann natürlich automatisch fehlt, ist die Zeit für das Wesentliche: Also wird sie ausschließlich bei sich selbst, zum Beispiel den Hobbys, eingespart. Und das geht auf Dauer schief! Denn diese Menschen hetzen ihrem Tag ständig hinterher, sind ausgepowert, ungeduldig, leicht reizbar und letztlich sogar wenig leistungsfähig.

Wollen Sie einen ganz anderen Weg gehen? Dann setzen Sie in Ihrem Leben ganz klare Prioritäten! Es geht nun einmal nicht alles, und wenn Sie alles beziehungsweise es jedem recht machen wollen, dann heißt das, nirgendwo wirklich etwas zu erreichen. Überlegen Sie sich einfach, was für Sie, für Ihr Leben wirklich das Wichtigste ist. Schreiben Sie sich Ihre Prioritäten auf. Haben Sie zu viele? Dann streichen Sie oder vergeben Sie Wichtigkeitsstufen von 1 bis … Das ist übrigens auch eine gute Übung für die Selbsterkenntnis. Spätestens danach werden Sie feststellen, dass Sie plötzlich mehr Zeit, vielleicht sogar einen anderen Tagesablauf haben. Sie werden manches überhaupt nicht mehr tun und das, was Sie tun, mit ganzer Kraft und Liebe.

## Testen Sie Ihr Wissen I: Basics der Kommunikation

In diesem Test haben Sie Gelegenheit, Ihr neues Wissen zu testen und zu festigen. Kreuzen Sie nur die Antworten an, die Ihnen besonders wichtig erscheinen. Bei manchen Fragen gibt es eine, bei anderen mehrere Lösungen. Sollten Sie mit einer Frage nicht sofort zurechtkommen, überlegen Sie zunächst in Ruhe und schlagen erst dann gegebenenfalls im dazugehörigen Kapitel nach. Die Auflösung finden Sie in A5, Seite 239.

1. Kommunikation findet immer auf der … statt:

☐ **Kontrollebene** ☐ **Sachebene** ☐ **Beziehungsebene**

2. Kommunikation findet … statt.

☐ **immer** ☐ **meistens** ☐ **partnerschaftlich**

3. Es zählt nicht, was Sie sagen, sondern nur, was …

☐ **Sie machen** ☐ **Sie wollen** ☐ **ankommt**

4. … statt nur zuhören!

☐ **Fragen** ☐ **Kritisieren** ☐ **genau Hinhören**

5. Die Erfolgsfaktoren im Gespräch sind bis zu:

☐ **45 % Körpersprache** ☐ **38 % Sprache** ☐ **17 % Inhalt**

☐ **55 % Körpersprache** ☐ **25 % Sprache** ☐ **20 % Inhalt**

☐ **65 % Körpersprache** ☐ **28 % Sprache** ☐ **7 % Inhalt**

6. Der Erfolgsfaktor beim Telefonieren ist bis zu … das »Wie«.

☐ **63 %** ☐ **55 %** ☐ **88 %**

7. Worte haben für jeden eine … Bedeutung.

☐ **einheitliche** ☐ **unterschiedliche** ☐ **gleich bleibende**

8. Entscheidend für Ihren Erfolg ist allein, wie Sie auf andere …

☐ **einreden** ☐ **wirken** ☐ **zugehen**

## Testen Sie Ihr Wissen II: Überzeugende Gespräche

Worauf achten Sie besonders? Kreuzen Sie nur die Antworten an, die Ihnen besonders wichtig erscheinen. Bei manchen Fragen gibt es eine, bei anderen mehrere Lösungen. Sollten Sie mit einer Frage nicht sofort zurechtkommen, überlegen Sie zunächst in Ruhe und schlagen erst dann gegebenenfalls im dazugehörigen Kapitel nach. Die Auflösung finden Sie in A5, Seite 241.

### 1. Vor dem (Telefon-)Gespräch

Bereits im Vorfeld

☐ **das Wetter** ☐ **klare Zielsetzung** ☐ **gute Vorbereitung**

Direkt davor

☐ **die Tagespolitik** ☐ **die Uhrzeit** ☐ **positive Einstellung**

### 2. Zu Beginn des Gesprächs

Bei der Begrüßung Ihres Gesprächspartners

☐ **Blickkontakt** ☐ **Lächeln** ☐ **positive Wortwahl**

In der Startphase des Gesprächs

☐ **Ihre Argumente** ☐ **viele Fragen stellen** ☐ **positive Stimmung**
☐ **viel Wahrnehmung** ☐ **Interesse wecken** ☐ **zur Sache kommen**

### 3. In der Gesprächssituation

In Bezug auf die namentliche Anrede des Gegenübers

☐ **nur zur Begrüßung** ☐ **nur zum Schluss** ☐ **immer wieder mal**

Um Vertrauen und eine gemeinsame Wellenlänge aufzubauen

☐ **selbst viel reden** ☐ **Sicherheit zeigen** ☐ **sich angleichen**

Um sich dem Gesprächspartner anzugleichen

- ☐ Sachlichkeit ☐ Überzeugung ☐ Körpersprache
- ☐ Timing ☐ Sprache/Wortwahl ☐ seine Stimmung

Während des gesamten Gesprächs

- ☐ die Reaktionen ☐ die Zeit ☐ Ihre Dominanz

Bei der Darstellung Ihrer Argumente

- ☐ alle nacheinander ☐ das Feedback ☐ die Details

In Bezug auf Ihre Sprache

- ☐ viele Fachbegriffe ☐ klare Aussagen ☐ passendes Niveau

Wenn Sie selbst sprechen

- ☐ laut sprechen ☐ kurze Sätze ☐ gezielte Betonungen
- ☐ hohe Stimme ☐ langsam reden ☐ Art und Weise

Bei und nach jeder Ihrer Aussagen, Fragen, Argumente

- ☐ Blickkontakt ☐ Feedback/Reaktion ☐ einfach weiterreden

In Bezug auf das Verhalten Ihres Gesprächspartners

- ☐ Mimik/Blickkontakt ☐ Körpersprache ☐ seine Argumente

Bei jeder Frage/Aussage Ihres Gesprächspartners

- ☐ das Wie ☐ (Körper-)Sprache ☐ nächstes Argument

Nach jeder Frage/Aussage Ihres Gesprächspartners

- ☐ sofort selbst reden ☐ schweigen ☐ positiv quittieren

In Bezug auf Reden – Fragen – Zuhören

- ☐ selbst viel reden ☐ viel fragen/zuhören ☐ nur zuhören

Bei Einwänden und Widerständen

- ☐ einfach übergehen ☐ positiv quittieren ☐ souverän reagieren

Bei Ihrer Reaktion auf Einwände und Widerstände

☐ **Recht behalten** ☐ **persönlich nehmen** ☐ **Verständnis zeigen**

In Bezug auf unklare beziehungsweise fehlende Informationen

☐ **einfach übergehen** ☐ **selbst ergänzen** ☐ **gezielt hinterfragen**

In Bezug auf Ihre Aussagen und Angaben

☐ **Eindeutigkeit** ☐ **möglichst vage** ☐ **Nutzen herausstellen**

Nach einer wichtigen Aussage, Ihrem Preisangebot etc.

☐ **immer begründen** ☐ **sofort weiterreden** ☐ **Wirkungspause**

In Bezug auf Ihre Fragen

☐ **viele Fragen stellen** ☐ **nur punktuell fragen** ☐ **nur offene Fragen**

Am Ende des Gesprächs

☐ **klares Fazit/Ergebnis** ☐ **positive Stimmung** ☐ **Wertschätzung/Dank**

## 19 Fragen: Ihre kommunikative Selbsteinschätzung

| | Ja | ? | Nein |
|---|---|---|---|
| Halten Sie sich selbst für ausdrucksstark? | ☐ | ☐ | ☐ |
| Setzen Sie sich meistens klare Gesprächsziele? | ☐ | ☐ | ☐ |
| Halten Sie generell gut Blickkontakt? | ☐ | ☐ | ☐ |
| Sprechen Sie Menschen oft mit Namen an? | ☐ | ☐ | ☐ |
| Halten Sie Ihre Sprechweise für wirkungsvoll? | ☐ | ☐ | ☐ |
| Sprechen Sie Ihre Worte sehr bewusst? | ☐ | ☐ | ☐ |
| Nutzen Sie gezielt Betonungen? | ☐ | ☐ | ☐ |
| Tun Sie aktiv etwas für Ihren Wortschatz? | ☐ | ☐ | ☐ |
| Nutzen Sie bewusst positive Sprache? | ☐ | ☐ | ☐ |
| Gibt es Unwörter, die Sie vermeiden wollen? | ☐ | ☐ | ☐ |
| Bilden Sie überwiegend kurze Sätze? | ☐ | ☐ | ☐ |
| Nutzen Sie gezielte Pausen als Stilmittel? | ☐ | ☐ | ☐ |
| Sind Sie ein guter, aufmerksamer Zuhörer? | ☐ | ☐ | ☐ |
| Stellen Sie in Gesprächen viele Fragen? | ☐ | ☐ | ☐ |
| Achten Sie auf das Feedback anderer Menschen? | ☐ | ☐ | ☐ |
| Achten Sie in Gesprächen auf eine gute Stimmung? | ☐ | ☐ | ☐ |
| Lassen Sie sich leicht verunsichern? | ☐ | ☐ | ☐ |
| Betrachten Sie sich als schlagfertig? | ☐ | ☐ | ☐ |
| Bleiben Sie bei Kritik/Angriffen souverän? | ☐ | ☐ | ☐ |

# A2: Workshops

## Status quo: Der große persönliche Selbsttest

Hier haben Sie die Gelegenheit, einen großen persönlichen Selbsttest durchzuführen. Dieser Workshop ist eine wertvolle Erfahrung, von der Sie sofort profitieren. Planen Sie ein bis zwei Stunden ein.

1. Bitte beschreiben Sie sich: Wer sind Sie?
(Ihre Person, Ausbildung, Werdegang, wichtige Lebensstationen)

________________________________________

________________________________________

________________________________________

________________________________________

2. Was ist Ihr Beruf?
(Tätigkeiten, Inhalte, Schwerpunkte, Beschreibung eines typischen Tages)

________________________________________

________________________________________

________________________________________

________________________________________

3. Welches ist Ihr wichtigstes persönliches Kapital, das Sie in Ihren Beruf einbringen?

______________________________________________

______________________________________________

______________________________________________

______________________________________________

______________________________________________

______________________________________________

4. Was sind Ihre wichtigsten persönlichen Werte und Ziele? Woran glauben Sie?

______________________________________________

______________________________________________

______________________________________________

______________________________________________

______________________________________________

______________________________________________

5. Was sind Ihre drei größten persönlichen Stärken?

______________________________________________

______________________________________________

______________________________________________

______________________________________________

______________________________________________

______________________________________________

6. Was sind Ihre größten persönlichen Defizite/Schwächen?

7. Was finden Sie an sich selbst okay, was nicht?

8. Was loben beziehungsweise wertschätzen andere an Ihnen? (Nennen Sie nur das, was Ihnen von anderen Menschen gesagt wird!)

9. **Was stört andere Menschen an Ihnen?**
(Nennen Sie nur das, was Ihnen gesagt wird!)

10. **Was mögen Sie besonders, was mögen Sie nicht?**
(Alles, was Ihnen einfällt: Personen, Orte, Tätigkeiten, Worte …)

Ich mag, ich liebe …

Ich mag nicht, ich hasse …

11. Was begeistert Sie?
(Personen, Fähigkeiten, Orte, Situationen, Tätigkeiten …)

12. Wann und wofür haben Sie sich zuletzt richtig begeistert?

13. Wie und wann haben Sie andere zuletzt richtig begeistert?

14. Welche Menschen sind Ihnen ganz besonders wichtig? Und wie, wann und wie oft zeigen Sie es ihnen?

15. Welchen Menschen sind Sie selbst wichtig? Und woran erkennen Sie das?

16. Werden Sie gern gelobt? Wie oft geschieht das, worauf legen Sie dabei Wert?

17. Loben Sie selbst gern andere Menschen? Und wie oft tun Sie dies, wie, wann und wofür das letzte Mal?

18. Wer hätte noch ein Lob verdient? Wann holen Sie es nach?

19. Welches waren Ihre größten/wichtigsten Entscheidungen?

20. Wie haben Sie diese gefällt?
(allein/mit anderen, rational/emotional, spontan/überlegt)

21. Gibt es Entscheidungen, die Sie bereuen? Wenn ja: Wie und warum würden Sie sie heute anders treffen?

22. Was alles gefällt Ihnen an Ihrem Leben, was weniger?

23. Worauf sind Sie selbst stolz?
(Fähigkeiten, Taten, Erfahrungen etc.)

______________________________________________

______________________________________________

______________________________________________

______________________________________________

______________________________________________

______________________________________________

______________________________________________

24. Erinnern Sie sich jetzt an die ganz besonders schönen Momente Ihres Lebens:
a. Welches war für Sie der schönste/intensivste/glücklichste?
b. Erinnern Sie sich ganz genau: Was war oder geschah dort? (Personen, Gespräche, Stimmen, Musik, Bilder, Gerüche, Farben, Gefühle)
c. Wie oft denken Sie aktiv an diesen besonderen Moment?
d. Wie gut geht es Ihnen, wenn Sie das jetzt zwei Minuten lang tun?

a. ____________________________________________

b. ____________________________________________

c. ____________________________________________

d. ____________________________________________

25. Erinnern Sie sich an Erfolgsmomente in Ihrem Beruf:
a. Welches war der erfolgreichste/intensivste/wichtigste?
b. Erinnern Sie sich ganz genau: Was war oder geschah dort? (Personen, Gespräche, Stimmen, Musik, Bilder, Gerüche, Farben, Gefühle)

25. Fortsetzung:

c. Wie oft denken Sie aktiv an diesen erfolgreichsten Moment?

d. Wie gut geht es Ihnen, wenn Sie das jetzt zwei Minuten lang tun?

a. ______________________________

b. ______________________________

c. ______________________________

d. ______________________________

26. Was sind Ihre größten persönlichen Ziele?
(Nennen Sie je drei kurz-, mittel- und langfristige Ziele.)

Kurzfristig:

1. ______________________________

2. ______________________________

3. ______________________________

Mittelfristig:

1. ______________________________

2. ______________________________

3. ______________________________

Langfristig:

1. ______________________________

2. ______________________________

3. ______________________________

27. Was tun Sie konkret, um diese Ziele sicher zu erreichen? Und wie wissen Sie, ob Sie auf dem richtigen Weg sind?

28. Wie schätzen Sie Ihre Wirkung auf andere Menschen ein? Was sind Sie für ein Typ? Wie gut kommen Sie an?

29. Wie erkennen Sie, ob Sie gut oder schlecht ankommen?

30. Wonach beurteilen Sie andere Menschen? Was ist Ihnen dabei besonders wichtig?

31. Was kann entscheidend sein, um künftig bei anderen noch besser anzukommen?

32. Was oder welche Fähigkeit könnte Ihnen dabei helfen?

*Fazit:* Was könnten Sie selbst aktiv beziehungsweise zusätzlich tun, um noch glücklicher und erfolgreicher zu sein?

## Mehr Bewusstsein für das eigene Erleben

Lassen Sie den heutigen Tag, die letzten Ereignisse und Entscheidungen in Gedanken Revue passieren. Beantworten Sie nun folgende Fragen:

1. Wer hat Ihre letzten Entscheidungen getroffen?
(Sie selbst oder war es die Idee beziehungsweise der Wille anderer?)

______________________________________________

______________________________________________

______________________________________________

______________________________________________

2. Worüber haben Sie sich zuletzt geärgert?
(War es das wirklich wert, und haben Sie sich oder andere Sie geärgert? War es Ihr freier Wille oder mussten Sie sich ärgern?)

______________________________________________

______________________________________________

______________________________________________

______________________________________________

3. Wann/worüber haben Sie zuletzt gelacht oder sich gefreut?
(Haben Sie diesen Glücksmoment selbst bewirkt, waren Sie aktiv oder haben Sie auf das Handeln anderer reagiert?)

______________________________________________

______________________________________________

______________________________________________

______________________________________________

## Die Bausteine unseres Erlebens

Rufen Sie sich nun erst eine besonders positive, anschließend eine negative Erfahrung ins Gedächtnis. Nehmen Sie sich jeweils Zeit, gehen Sie zurück in diese Situation und erinnern Sie sich ganz genau, möglichst an jede Einzelheit. Halten Sie fest, wie Sie diesen Moment erlebt haben.

### Die positive, angenehme Situation:

**Sehen Sie Bilder?** ☐ **Ja** ☐ **?** ☐ **Nein**

***Wenn ja,* sind diese …**

| | | |
|---|---|---|
| ☐ groß | ☐ klein | ____________ |
| ☐ farbig | ☐ schwarzweiß | ____________ |
| ☐ hell | ☐ dunkel | ____________ |
| ☐ deutlich | ☐ undeutlich | ____________ |
| ☐ nah | ☐ fern | ____________ |
| ☐ statisch | ☐ ein bewegter Film | ____________ |
| ☐ rund | ☐ eckig | ____________ |
| ☐ transparent | ☐ umrahmt | ____________ |
| ☐ Sehen Sie sich von außen? | ☐ Stehen Sie mitten im Erleben? | ____________ |

**Hören Sie Stimmen, Geräusche etc.?** ☐ **Ja** ☐ **?** ☐ **Nein**

***Wenn ja,* sind diese …**

| | | |
|---|---|---|
| ☐ laut | ☐ leise | ____________ |
| ☐ deutlich | ☐ undeutlich | ____________ |
| ☐ angenehm | ☐ unangenehm | ____________ |
| ☐ schnell | ☐ langsam | ____________ |

**Empfinden Sie Gefühle?** ☐ **Ja** ☐ **?** ☐ **Nein**

***Wenn ja,* sind diese …**

| | | |
|---|---|---|
| ☐ intensiv | ☐ schwach | ____________ |
| ☐ konstant | ☐ ständig wechselnd | ____________ |
| ☐ angenehm | ☐ unangenehm | ____________ |
| ☐ im Körper ortbar | ☐ im Körper nicht ortbar | ____________ |

## Die negative, unangenehme Situation:

**Sehen Sie Bilder?** ☐ Ja ☐ ? ☐ **Nein**

***Wenn ja,* sind diese …**

| | | |
|---|---|---|
| ☐ **groß** | ☐ **klein** | ____________ |
| ☐ **farbig** | ☐ **schwarzweiß** | ____________ |
| ☐ **hell** | ☐ **dunkel** | ____________ |
| ☐ **deutlich** | ☐ **undeutlich** | ____________ |
| ☐ **nah** | ☐ **fern** | ____________ |
| ☐ **statisch** | ☐ **ein bewegter Film** | ____________ |
| ☐ **rund** | ☐ **eckig** | ____________ |
| ☐ **transparent** | ☐ **umrahmt** | ____________ |
| ☐ **Sehen Sie sich von außen?** | ☐ **Stehen Sie mitten im Erleben?** | ____________ |

**Hören Sie Stimmen, Geräusche etc.?** ☐ Ja ☐ ? ☐ **Nein**

***Wenn ja,* sind diese …**

| | | |
|---|---|---|
| ☐ **laut** | ☐ **leise** | ____________ |
| ☐ **deutlich** | ☐ **undeutlich** | ____________ |
| ☐ **angenehm** | ☐ **unangenehm** | ____________ |
| ☐ **schnell** | ☐ **langsam** | ____________ |

**Empfinden Sie Gefühle?** ☐ Ja ☐ ? ☐ **Nein**

***Wenn ja,* sind diese …**

| | | |
|---|---|---|
| ☐ **intensiv** | ☐ **schwach** | ____________ |
| ☐ **konstant** | ☐ **ständig wechselnd** | ____________ |
| ☐ **angenehm** | ☐ **unangenehm** | ____________ |
| ☐ **im Körper ortbar** | ☐ **im Körper nicht ortbar** | ____________ |

Worin liegen die Unterschiede zwischen der positiven und der negativen Erinnerung? Sind sie groß oder eher im Kleinen zu finden? Sehen, hören oder fühlen Sie überwiegend?

______________________________________________

______________________________________________

Jetzt folgt der alles entscheidende Schritt: Nach dem Erleben dieser Situationen und dem Erkennen Ihrer individuellen Muster machen Sie sich nun an die Veränderung.

**Veränderung Ihres subjektiven Erlebens:**
Verändern Sie das negative Erlebnis so, dass es der positiven Erinnerung ähnelt. Gleichen Sie die einzelnen Bausteine der negativen Erfahrung an die der positiven an. Wichtig: Nehmen Sie sich immer nur einen Baustein vor. Gehen Sie zurück in die negative Erinnerung und machen Sie zunächst aus zum Beispiel kleinen Bildern große. Danach vielleicht als Nächstes aus dunklen helle und später aus schwarzweißen farbige. Achten Sie bei jeder Veränderung genauestens darauf, wie sich Ihre Empfindung und deren Intensität ändert. Schreiben Sie sich jeweils sofort auf, welche Veränderung bei Ihnen zu welchem Ergebnis geführt hat. Denken Sie dazwischen immer kurz an etwas Alltägliches, zum Beispiel an das Wetter oder die Uhrzeit, und gehen Sie erst danach und mit dem nächsten Punkt wieder in die Erinnerung zurück. Fassen wir die einzelnen Schritte zusammen:

1. Einen Baustein auswählen, zum Beispiel Größe des Bildes
2. In die negative Erinnerung hineingehen
3. Den Baustein in die »positive Richtung« verändern
4. Auf die Veränderung der Empfindung/Intensität achten
5. Eindrücke sofort aufschreiben
6. Kurz unterbrechen, zum Beispiel an das Wetter denken
7. Nächsten Baustein auswählen; dann die Schritte 2 bis 7 wiederholen.

Wählen Sie selbst die Art und Richtung der Veränderung. Was wirkt bei Ihnen am stärksten? Wir konzentrieren uns hier auf Sehen und Hören. Das reicht meistens aus.

Sehen Sie Bilder? Verändern Sie diese, zum Beispiel

| von | auf | Ergebnis/Gefühlsänderung |
|---|---|---|
| ☐ klein | ☐ groß | ______________ |
| ☐ schwarzweiß | ☐ farbig | ______________ |
| ☐ dunkel | ☐ hell | ______________ |
| ☐ undeutlich | ☐ deutlich | ______________ |
| ☐ assoziiert[1] | ☐ dissoziiert[2] | ______________ |
| ☐ | ☐ | ______________ |
| ☐ | ☐ | ______________ |
| ☐ | ☐ | ______________ |

Hören Sie Stimmen? Verändern Sie diese, zum Beispiel

| von | auf | Ergebnis/Gefühlsänderung |
|---|---|---|
| ☐ laut | ☐ leise | ______________ |
| ☐ deutlich | ☐ undeutlich | ______________ |
| ☐ | ☐ | ______________ |
| ☐ | ☐ | ______________ |
| ☐ | ☐ | ______________ |

Halten Sie Ihre drei wichtigsten Ergebnisse bitte unbedingt fest. Diese Veränderungen wirken bei mir besonders stark:

1. ______________________________

2. ______________________________

3. ______________________________

---

1 Assoziiert: Sie sehen und erleben die Situation aus Ihren Augen.

2 Dissoziiert: Sie erleben alles als Außenstehender, sehen sich selbst in der Situation.

## So wird aus Zielen persönliche Überzeugung

Nach dem Überblick in Schritt 3 gehen wir die genannten Punkte jetzt gemeinsam durch, beleuchten die Hintergründe meiner Aussagen und Fragen. Sie trennen durch diese Hinterfragung die Spreu vom Weizen, das heißt kurzzeitige Gedanken von echter, dauerhafter Überzeugung. Präzisieren Sie jetzt ein konkretes Ziel beziehungsweise eine konkrete Idee:

1. **Überlegen Sie ganz genau: Worum geht es Ihnen im Kern?**

___

___

___

**TIPP:** Schreiben Sie zunächst einmal auf, was Sie vorhaben. Dann überlegen Sie sich bitte den Ursprung und den Inhalt Ihrer Überzeugung: Was ist des Pudels Kern? Und streichen Sie den Rest.

2. **Legen Sie sich fest: Was beziehungsweise welches Ziel wollen Sie erreichen?**

___

___

___

**TIPP:** Wichtig ist, dass Sie das Ziel stets klar vor Augen haben, sonst ist auch die Strategie nicht eindeutig.

3. Welchen Nutzen oder Vorteil bieten Sie Ihrem Gegenüber?

___

___

___

**TIPP:** Ein ganz entscheidender Punkt. Ist Ihr Ziel nur für Sie oder auch für andere von Vorteil? Sie werden Menschen viel leichter von Ihrem Vorhaben überzeugen können, wenn Sie auch deren persönlichen Nutzen daraus sehr klar herausstellen können.

4. Präzisieren Sie: Können Sie Ihr Ziel in drei Worten darstellen?

___

___

___

**TIPP:** Jetzt haben Sie die wunderbare Möglichkeit, Qualität, Reife und Eindeutigkeit Ihres Zieles zu überprüfen: Denn erst wenn Sie es jedem jederzeit mit wenigen Worten darstellen können, ist es Ihnen selbst auch wirklich klar. Ansonsten fehlt es Ihnen entweder noch an eigener Überzeugung oder am nötigen Feinschliff Ihrer Gedanken. In beiden Fällen gilt: Halten Sie sich damit noch zurück!

5. Vergleichen Sie: Was ist neu, anders oder besonders?

___

___

___

**TIPP:** Am schnellsten überzeugen Sie, wenn Ihre Idee in zumindest einem Punkt neu, anders oder besonders ist. Überlegen Sie! Mit ein bisschen Phantasie fällt Ihnen sicher etwas dazu ein.

## 6. Konzentrieren Sie sich: auf drei Highlights, die überzeugen.

______________________________________________

______________________________________________

______________________________________________

**TIPP:** Jetzt gilt es, die drei entscheidenden Highlights Ihrer Idee festzulegen. Idealerweise sind es die Punkte, die den Nutzen für andere oder für das Unternehmen klar herausstellen. Drei Highlights müssen ausreichen, um zu überzeugen. Die anderen verwenden Sie nur, wenn Sie um ausführliche Informationen gebeten werden.

## 7. Fragen Sie sich: Würden Sie Ihren Vorschlag/Ihre Idee kaufen?

______________________________________________

______________________________________________

______________________________________________

**TIPP:** Nochmals ein spannender Test, um die Hintergründe und die Bedeutung Ihrer Gedanken zu überprüfen. Bauen Sie die Argumente, die Sie soeben aufgelistet haben, in Ihre »Überzeugungsarbeit« ein.

8. Denken Sie vor: Warum sollte Ihr Gegenüber anbeißen?

________________________________________________

________________________________________________

________________________________________________

**TIPP:** Jetzt geht es ausschließlich um die andere Seite. Was haben Sie zu bieten, warum sollten andere Ihnen zustimmen? Ein wichtiger Fokus: Versetzen Sie sich in die Lage Ihrer Zielgruppe, deren Vorlieben, Interessen, Prioritäten etc.

9. Fixieren Sie: Wie wollen Sie in das Gespräch einsteigen?

________________________________________________

________________________________________________

________________________________________________

**TIPP:** Ab hier können Sie Ihr Vorhaben in Gedanken durchspielen. Stellen Sie sich vor, Sie sind in der Situation: Wie beginnen Sie das Gespräch, wie tragen Sie Ihr Ziel vor?

10. Strategie festlegen: Wie werden Sie im Gespräch vorgehen?

________________________________________________

________________________________________________

________________________________________________

**TIPP:** Was sind nach dem Einstieg Ihre nächsten Schritte, wie sichern Sie sich schon sehr früh Pluspunkte und Teilerfolge? Nutzen Sie regelmäßige Bestätigungsfragen wie: »Sehen Sie das auch so?«, »Sind wir da einer Meinung?«, »Können wir diesen Punkt so festhalten?« oder auch »Wollen wir zum nächsten wichtigen Punkt übergehen?« So vermeiden Sie störende Einwände am Ende des Gesprächs.

## 11. Erfahrungen abschätzen: Wie könnte Ihr Gegenüber reagieren?

______________________________________________

______________________________________________

______________________________________________

**TIPP:** Kennen Sie Ihren Gesprächspartner? Wenn ja, dann reflektieren Sie frühere erfolgreiche Erfahrungen. Wenn nein: Dann überlegen Sie: Wer könnte Ihnen mehr Informationen über die Person geben?

## 12. Vorteile suchen: Welche Vorlieben spricht Ihr Vorschlag an?

______________________________________________

______________________________________________

______________________________________________

**TIPP:** Die Ergebnisse der Fragen 3, 8 und 11 bieten Ihnen die Möglichkeit zu einem weiteren bedeutenden Schritt. Denn jetzt kommt es darauf an, Ihre Idee in solche Vorteile zu kleiden, die möglichst die persönlichen Werte und Gewohnheiten des Gegenübers ansprechen. Was ist dem anderen wichtig, was mag er beziehungsweise worauf legt er Ihrer Meinung nach großen Wert? Welche Highlights Ihrer Idee sind wohl am besten geeignet, um ihn zu überzeugen?

13. Fit für Schwierigkeiten: Befürchten Sie diese, sind Sie vorbereitet?

**TIPP:** Stellen Sie sich jetzt wieder das Gespräch ganz konkret vor: Worauf haben Sie sich einzustellen? Wird das Gespräch einfach, oder erwarten Sie eher eine hitzige Diskussion? Überlegen Sie, wie Sie dann (re-)agieren wollen und wie Sie sich möglicherweise darauf vorbereiten könnten. Wenn Sie zum Beispiel wissen, dass Ihr Gesprächspartner sich ausschließlich von Fakten überzeugen lässt, dann besorgen Sie sich Statistiken, Forschungsergebnisse etc.

14. Für Notfälle: Wie ist Ihr »Plan B«, wenn nichts klappt? Was tun Sie, wenn Ihr Gegenüber Nein sagt?

**TIPP:** Stellen Sie sich ein Negativszenario, den »worst case«, vor! Was wäre, wenn das Gespräch so richtig schief läuft, nichts funktioniert, keines Ihrer guten Argumente beim anderen ankommt oder er ganz einfach Nein sagt? Legen Sie sich dafür einen »Plan B« zurecht: einen abrupten Wechsel Ihrer bisherigen Strategie oder einen positiven, freundlichen Gesprächsausstieg, der zukünftige Diskussionen möglich macht.

15. Zusammenfassen:

- *Wie könnte das Gespräch starten/verlaufen?*
- *Wie könnte das Gesprächsende aussehen?*
- *Was konkret tun Sie beziehungsweise passiert danach?*

________________________________________

________________________________________

________________________________________

**TIPP:** Fassen Sie all Ihre bisherigen Überlegungen zusammen, spielen Sie das Ganze komplett in Gedanken durch: den Einstieg in die Situation, Ihre Strategie, den Ablauf, Ihre Bestätigungsfragen, mögliche Schwierigkeiten, den erfolgreichen Abschluss und – Ihr Verhalten danach!

## A3: Beispieldialoge

Hier haben Sie die Gelegenheit, das bisher Gelernte anhand von Beispieldialogen Schritt für Schritt nachzuvollziehen. Vielleicht lassen Sie sich inspirieren, um noch mehr Lust, gute Ideen und wertvolle Kräfte für Ihr nächstes wichtiges Gespräch zu entwickeln. Studieren Sie in Ruhe die feinen, oft fast unscheinbaren Strukturen gekonnter Gesprächsführung.

Die Dialoge laufen von einem definierten Anfang bis zu einem kontrollierten Abschluss. Achten Sie sowohl auf den Dialog als auch auf die wichtigen Bemerkungen, in denen kommentiert wird, was gerade passiert beziehungsweise was bewirkt werden soll.

## Das erfolgreiche Neukundentelefonat

Jetzt spielen wir ein erfolgreiches Telefonat, das Sie sich in Schritt 6 bereits in Gedanken vorgestellt haben, durch. Es wird Ihnen die einzelnen wichtigen Schritte guten, überzeugenden Telefonierens noch einmal deutlich machen. Die Situation: Sie rufen einen Neukunden an, um ihm eine Zeitmanagement-Software zu präsentieren beziehungsweise anzubieten. Ziel des Telefonats ist ein Termin für ein persönliches Beratungs-/Verkaufsgespräch.

| ► | **Der Telefondialog** | **Bemerkungen** |
|---|---|---|
| Sie: | Guten Tag, Herr Maier! Mein Name ist Hans Müller von der Firma XY in Berlin. Herr Maier, haben Sie kurz Zeit? Ich würde Ihnen gern ein ganz besonderes Produkt vorstellen. | Die Begrüßung: lächeln, laut und deutlich sprechen, Namen verwenden, Höflichkeitsfrage |
| | *a. Gegenüber hat absolut keine Zeit* | |
| Maier: | Nein, also jetzt passt es mir überhaupt nicht! | Hier ist gerade nichts zu machen. |
| Sie: | Das verstehe ich. Wann rufe ich Sie denn am besten wieder an? Eher frühmorgens oder spätabends? | Am besten gleich Termin vereinbaren, Alternativtechnik |
| Maier: | Am besten morgens gegen acht Uhr. | |
| Sie: | Gut, dann melde ich mich gern gleich morgen früh um acht Uhr wieder bei Ihnen. | |
| | *b. Gegenüber hat keine Zeit, ist unschlüssig* | |
| Maier: | Jetzt habe ich gerade wenig Zeit! | |

| | | |
|---|---|---|
| Sie: | Sehen Sie, und genau darum geht es. Wie fänden Sie es, einfach wieder mehr Zeit zu haben? | Schnell Appetit machen, Aufhänger bringen, dann hat der andere auch Zeit. Das ist Einwandbehandlung |
| Maier: | Zu schön, um wahr zu sein! | |
| Sie: | Ja, das denken viele. Und doch ist es möglich. Wenn Sie sich kurz Zeit nehmen, dann wissen Sie in wenigen Minuten, wie es geht. Was halten Sie davon? | |
| Maier: | Na gut, dann erzählen Sie mal. Aber fassen Sie sich bitte unbedingt kurz! | |
| Sie: | Ja, natürlich. | |

*c. Gegenüber hat kurz Zeit*

| | | |
|---|---|---|
| Maier: | Ja, wenn es schnell geht. Worum geht es denn? | |
| Sie: | Sehen Sie, Sie sprechen das Thema ja bereits an. Oft muss es »schnell gehen«. Zeitersparnis ist für jeden von uns wichtig. Und genau dafür haben wir ein wirklich innovatives Produkt. Wie wäre es für Sie, wenn Sie künftig 20 bis 30 Prozent Ihrer Zeit sparen könnten? | Aufhänger bringen<br><br>Den anderen durch spannende Fragen ins Gespräch holen |
| Maier: | Ja, wer will das nicht. Und wie machen Sie das? | |
| Sie: | Genau das erfahren Sie jetzt. Unsere einzigartige Zeitmanagement-Software bietet Ihnen drei Gewinn bringende Vorteile: 1. …, 2. …, 3. …! Was sagen Sie dazu? | Quittieren, Produkt nennen, nur Highlights 1 bis 3 aufzählen! Sofortige Hinterfragung |
| Maier: | Das hört sich natürlich gut an. Können Sie das konkret nachweisen? | |

| | | |
|---|---|---|
| Sie: | Natürlich, sonst wären ja alles leere Versprechungen. Wollen Sie jetzt sofort Näheres dazu erfahren oder vereinbaren wir lieber gleich einen Gesprächstermin? | |
| Maier: | Nein, erzählen Sie mal. Ich entscheide erst danach, ob ein persönliches Gespräch für mich Sinn macht. | |
| Sie: | Klar, gern. Also, unser Thema in der heutigen Zeit lautet doch: Wie habe ich mehr Zeit für das Wesentliche? Haben Sie Ihre Zeit immer im Griff? | Konkrete Fragen stellen |
| Maier: | Nein, wer hat das schon! | |
| Sie: | Sehen Sie, und genau hier greift unsere Software ein. Die wichtigsten drei Vorteile habe ich Ihnen ja bereits genannt: 1. …, 2. …, 3. …! | Quittieren, Vorteile 1 bis 3 erst jetzt näher erklären |
| | Der erste Punkt bedeutet für Sie konkret, dass Sie … Sie können damit … und … Was halten Sie davon? | Punkt für Punkt, danach jeweils eine Bestätigungsfrage |
| Maier: | Ja, das klingt wirklich spannend. Was ist mit den beiden anderen Punkten: Was habe ich davon? | |
| Sie: | Vom zweiten Vorteil haben Sie in erster Linie … Das heißt, Sie haben die Möglichkeit, Ihre Zeit besser … | Erklärung Punkt 2 |
| | Wie finden Sie das? Ist das nicht eine tolle Sache? | Bestätigungsfrage |
| Maier: | Stimmt! Und weiter? | |
| Sie: | Wenn Sie dann noch den dritten Punkt beachten, dann haben Sie sowohl im Beruf als auch in der ohnehin knappen Freizeit einfach viel mehr Zeit. Wie gut finden Sie gerade diesen dritten Vorteil? | Bestätigungsfrage |

| | | |
|---|---|---|
| Maier: | Ja, das leuchtet mir ein. Ist es nicht schwierig, damit umzugehen? Ich bin am PC alles andere als ein Profi. | |
| Sie: | Das verstehe ich sehr gut. Sie haben in Ihrer Position natürlich viel Wichtigeres zu tun, als sich mit komplizierter Software herumzuschlagen. Sie können absolut sicher sein, dass unser Produkt kinderleicht zu bedienen ist. Und das ist nur einer von vielen weiteren Vorteilen, die ich Ihnen gern persönlich präsentiere. Was meinen Sie: Wann haben Sie etwas Zeit dafür? Wollen wir am besten jetzt gleich einen Termin vereinbaren? | Einwand auflösen |
| Maier: | Hm, ich weiß nicht so recht. | |
| Sie: | Sind Sie sicher, dass Sie noch länger auf die Vorteile verzichten wollen, über die wir uns einig waren? | Einwand auflösen |
| Maier: | Okay, ich schaue mal in meinen Terminplaner. | |
| Sie: | Wie wollen wir vorgehen: Darf ich Ihnen zwei alternative Termine vorschlagen? Oder haben Sie einen konkreten Termin im Auge? | Achtung: Terminvereinbarung! Vorgehensweise klären |
| Maier: | Nein, schlagen Sie was vor. | |
| Sie: | Gut. Passt es Ihnen besser am … um … oder am … um …? | Alternativtechnik |
| Maier: | Der letzte Termin passt mir gut. Sie kommen zu mir? | |
| Sie: | Ja, natürlich. Haben Sie sonst irgendwelche Wünsche für unser Gespräch? | Einfach fragen: Zusatzwünsche? |

| | | |
|---|---|---|
| Maier: | Nein, Sie bringen die Software ja mit, oder? | |
| Sie: | Ja, selbstverständlich. Sie können sich alles ganz praktisch an unserer Demosoftware anschauen. | Vorteile andeuten |
| Maier: | Prima. | |
| Sie: | Wie viel Zeit nehmen wir uns für das Gespräch? | Wichtige Klärung, wird oft vergessen |
| Maier: | Reicht uns eine Stunde? | |
| Sie: | Ja, das ist völlig ausreichend. Und die Zeit sparen Sie ja anschließend sehr schnell wieder ein! | |
| Maier: | Mal sehen! | |
| Sie: | Gut, Herr Maier, dann sehen wir uns also am … um …! | Fazit: Wichtiges wiederholen! Vermeidet Missverständnisse |
| Maier: | Ja, geht in Ordnung. | |
| Sie: | Prima, dann freue ich mich darauf, wenn wir uns dort kennen lernen. Herzlichen Dank! | |
| Maier: | Auf Wiedersehen! | |

## Das überzeugende Verkaufsgespräch

Sie treffen nach diesem ersten Telefonat Ihren Neukunden Herrn Maier zum persönlichen Gespräch und präsentieren Ihre Zeitmanagement-Software. Ihr Ziel für dieses Verkaufsgespräch ist möglichst der direkte Abschluss.

| ► | **Der Verkaufsdialog** | **Bemerkungen** |
|---|---|---|
| Sie: | Guten Tag, Herr Maier! Schön, dass Sie sich heute Zeit für mich nehmen und wir uns persönlich kennen lernen. Hier ist meine Visitenkarte. | Die Begrüßung: lächeln, Blickkontakt, deutlich sprechen, Namen nennen, bedanken! |
| Maier: | Danke, hier ist meine Visitenkarte. Ja, jetzt bin ich gespannt, was Sie mir mitgebracht haben. | |
| Sie: | Herr Maier, ich verspreche Ihnen auf jeden Fall spannende Eindrücke. Und den Zeitrahmen von einer Stunde werden wir auch einhalten. | Positive Erwartungen erzeugen |
| Maier: | Das ist gut! | |
| Sie: | Herr Maier, wie wollen wir vorgehen: Wünschen Sie zunächst noch einmal einen kurzen Überblick über die wichtigsten Leistungsmerkmale oder wollen Sie das Produkt lieber gleich praktisch ausprobieren? | Sofort fragen: Wünsche? Vorgehensweise? |
| Maier: | Der praktische Test ist mir lieber. Über die Vorteile haben wir am Telefon schon gesprochen. | |
| Sie: | Wunderbar! Dann starte ich jetzt die Demosoftware. Wo wollen wir uns denn am besten gemeinsam vor das | Handlung erklären, Örtlichkeit klären |

| | | |
|---|---|---|
| | Notebook setzen? Hier oder drüben am Tisch? | |
| Maier: | Am Tisch wird es besser gehen. | |
| Sie: | Gut. Setzen Sie sich bitte auf die rechte Seite. Und was sehen Sie? Die Software ist bereits startklar. Darf ich fragen, was für Sie am wichtigsten ist, wenn Sie mit einem Programm arbeiten wollen? | Den anderen durch Fragen hereinholen, Kaufmotive klären |
| Maier: | Na ja, einfach zu bedienen muss es sein. | |
| Sie: | Natürlich. Ehe ich Ihnen dies nun lang und breit anpreise: Probieren Sie es doch einfach aus. Worauf haben Sie Lust, was wollen Sie gern ausprobieren? | Quittieren, weitere Fragen |
| Maier: | Meine wöchentliche Zeitplanung. | |
| Sie: | Gut, wie machen Sie das mit diesem Programm?<br>(Nun folgt eine längere Phase des Ausprobierens. Der Kunde kommt mit dem Programm schnell zurecht.) | Konkrete Fragen stellen |
| Sie: | Sehen Sie, wie einfach das Ganze geht? | Vorteile bestätigen lassen |
| Maier: | Ja tatsächlich. Ich bin wirklich angenehm überrascht! | |
| Sie: | Wollen wir die vielen Vorteile, die Sie selbst eben praktisch genießen durften, kurz zusammenfassen? | Vorgehen klären |
| Maier: | Ja, das macht Sinn. | |
| Sie: | Genau. Ich nehme ganz einfach unseren Prospekt dazu und gehe an die entsprechenden Stellen der Beschreibung. Sehen Sie, zum Beispiel die Wochenplanung: Das ging | Quittieren,<br>Vorteile nennen, bestätigen lassen |

| | | |
|---|---|---|
| | doch wirklich so einfach wie hier beschrieben, oder? | |
| Maier: | Das stimmt. | |
| Sie: | Gehen wir es der Reihe nach durch. Wie war es mit …? | Punkt für Punkt erklären, regelmäßig Bestätigungsfragen stellen |
| Maier: | Das gefiel mir auch gut! | |
| Sie: | Und wie leicht fiel Ihnen die Neuprogrammierung? | |
| Maier: | Also da hatte ich kleine Schwierigkeiten! Das hat mich noch nicht ganz überzeugt. | Erster Einwand |
| Sie: | Natürlich, das wäre ja auch etwas viel verlangt, alles sofort zu 100 Prozent zu können. Dazu | Sofort auflösen |
| | bietet das Programm einfach zu viele Möglichkeiten. Trauen Sie es sich zu? | An Selbstvertrauen appellieren |
| Maier: | Klar, ich bin ja nicht dumm. | |
| Sie: | Herr Maier, welche Fragen haben Sie bis hierher? | Offene Frage für mehr Information |
| Maier: | So weit ist alles klar. Halt, welchen PC brauche ich? | |
| Sie: | Den ganz normalen Stand der Technik. Sie werden ja sicher nicht mit uralten Geräten arbeiten, oder? | |
| Maier: | Natürlich nicht. | |
| Sie: | Bestens. Welchen Teil Ihrer Zeitplanung wollen Sie denn als Erstes angehen? | Konkrete Wünsche ansprechen |
| Maier: | Ja, wie gesagt die Wochenplanung. | |
| Sie: | Gibt es Mitarbeiter in Ihrem Unternehmen, für die diese Software ebenso wichtig ist? | Zusätzliche Aufträge möglich? |
| Maier: | Warum fragen Sie? | |
| Sie: | Nun, weil Sie natürlich sehr davon | |

| | | |
|---|---|---|
| | profitieren, wenn Mitarbeiter besser mit ihrer Zeit klarkommen, oder? | Sofort neue Vorteile darstellen |
| Maier: | Klar! Wird es denn dann auch billiger? | |
| Sie: | Natürlich können Sie Gruppenlizenzen zu besonders attraktiven Konditionen erwerben. An wie viele Mitarbeiter denken Sie denn? | |
| Maier: | An fünf. Ist Ihr Produkt ansonsten nicht preiswert? | |
| Sie: | Natürlich. Und wie bei anderen, so ist es bei uns: Mit der Menge wird der Preis immer attraktiver. Das erleben wir alle ja tagtäglich beim Einkaufen! | Einwand auflösen |
| Maier: | Was kostet mich denn nun das Ganze? | |
| Sie: | Das sage ich Ihnen gern. Lassen Sie uns überlegen: Was macht mehr Sinn, als Einzelplatz für Sie oder doch lieber gleich als Gruppenlizenz? | Kunde wird konkret; die Frage ist: Was will er? |
| Maier: | Ich will mich jetzt noch nicht entscheiden. | Einwand |
| Sie: | Natürlich, spontane Entscheidungen fallen mir auch nicht immer leicht. Doch sind es nicht oft die besten? | Verständnis zeigen, zum Handeln motivieren |
| Maier: | Nicht immer! | |
| Sie: | Klar! Herr Maier, es ist so: Ich will Ihnen ein besonders attraktives Angebot machen. Das wollen Sie doch auch, oder? Wozu Geld verschenken? | Quittieren, dann übergehen<br>Jetzt Locktechnik |
| Maier: | Klar, natürlich! | |
| Sie: | Und das kann ich jetzt sofort für Sie ausrechnen, wenn ich weiß, wofür Sie sich entscheiden. Ein Vorschlag: | Sofortiges Handeln anbieten |

| | | |
|---|---|---|
| | Machen wir es uns leicht und tun wir einfach so, als wüssten Sie, was Sie wollen: Wozu tendieren Sie eher? | Als-ob-Methode |
| Maier: | Schon die Gruppenversion, aber das kann doch wirklich nicht so ein großer Unterschied sein. | |
| Sie: | Groß nicht und doch Geld, das Sie sparen können. | Nochmals auf Gewinnstreben ansprechen |
| Maier: | Also die Gruppenlizenz! | |
| Sie: | Gut, dann rechne ich das mal schnell für Sie aus. Haben Sie zwischenzeitlich noch wichtige Fragen? | Quittieren<br>Letzte Bedenken hinterfragen |
| Maier: | Nein, der Preis zählt jetzt. | |
| Sie: | Gut, das sehe ich genauso. Wir haben über die vielen Vorteile, von denen Sie und Ihre Mitarbeiter ab sofort profitieren, bereits sehr ausführlich gesprochen. Und: Sie haben ja alles auch ganz praktisch erlebt. | Vorteile in die Waagschale werfen für nochmalige Bestätigung |
| Maier: | Ja, das war wirklich eindrucksvoll. | |
| Sie: | So, Herr Maier, hier ist Ihr persönliches Angebot. Der Komplettpreis als Gruppenlizenz beträgt xxx Euro. Was sagen Sie jetzt: Ist das nicht ein tolles Angebot? | Preis klar und deutlich nennen, mit Blickkontakt und Namen |
| Maier: | Für mich und alle Mitarbeiter, komplett mit Service? | |
| Sie: | Genau. Das ist ein garantierter Festpreis. | |

Nun sind wir am entscheidenden Punkt angekommen: Entweder der Kunde kauft jetzt, oder es folgt die Preisverhandlung. Nehmen wir einmal an, der Kunde macht es Ihnen nicht leicht.

## Die erfolgreiche Preisverhandlung

Jetzt wird der Kunde zum wahren Kämpfer, torpediert Sie mit allen nur erdenklichen Einwänden. So, wie es in der Realität eben manchmal abläuft!

| ► | **Der Verhandlungsdialog** | **Bemerkungen** |
|---|---|---|
| | | Achtung wichtig: lächeln, Namen nennen, Blickkontakt, Freundlichkeit, bedanken! |
| Maier: | Kurzum: Mir ist das einfach zu teuer! | Erster Einwand |
| Sie: | Herr Maier, ich verstehe Sie sehr gut. Wir alle achten natürlich auf den Preis. Ist die Zeitersparnis auf der anderen Seite für Sie nicht noch viel wichtiger? | Quittieren und positiv auflösen |
| Maier: | Ja, aber es muss sich auch rechnen. | Einwand |
| Sie: | Klar, und genau darum geht es uns. Die Frage ist, welche Rechnung Sie anstellen: Sie denken doch bestimmt langfristig? | Quittieren und Argument nutzen |
| Maier: | Schon, nur ich muss die Kosten auch rechtfertigen. | Einwand |
| Sie: | Ja, natürlich. Und Sie präsentieren dem Einkauf doch wahrscheinlich an erster Stelle das Einsparpotenzial? | Gute Idee liefern |
| Maier: | Klar, doch die werden sofort nach den Kosten fragen. | Idee übernommen |
| Sie: | Das ist gut. Glauben Sie, dass die Investitionen dann noch eine Rolle spielen, wenn der Gewinn überwiegt? | Positiv aufgreifen und umdeuten |

| | | |
|---|---|---|
| Maier: | Trotzdem, andere bieten so etwas viel billiger an. | |
| Sie: | Natürlich, das weiß ich. Haben Sie solche Angebote schon einmal persönlich unter die Lupe genommen? | Konkret hinterfragen |
| Maier: | Nein, noch nicht. | |
| Sie: | Seien Sie froh. | |
| Maier: | Warum? | Verunsichern |
| Sie: | Weil Sie sich den scheinbaren Vorteil teuer erkaufen. | Aufmerksamkeit ist geweckt |
| Maier: | Wie meinen Sie das? | |
| Sie: | Nun, zum Beispiel durch eine umständliche, sehr zeitraubende Bedienung. Unsinnig, Sie wollen doch gerade mit dieser Software viel Zeit sparen, oder? | Verunsicheung, Nutzenorientierung |
| Maier: | Ihre Konkurrenz kann doch sicher auch was. | |
| Sie: | Natürlich. Unsere Vorteile haben Sie allerdings schon persönlich erlebt. Sie wissen genau, was Sie erhalten.<br>Ist es für Sie nicht auch am besten, sich für das zu entscheiden, wovon Sie sich selbst überzeugt haben? | Positiv Erlebtes bestätigen lassen<br>Appell an Werte |
| Maier: | Gut, nur diese Summe kann ich nicht ausgeben. | |
| Sie: | Das respektiere ich natürlich. Was halten Sie davon, wenn wir zunächst mit Ihrer Einzelplatzversion starten und die anderen später aufschalten? | Quittieren, Vorschlag machen |
| Maier: | Dann bekomme ich jetzt aber den schlechteren Preis. | |
| Sie: | Ja, wenn Sie es von dieser Seite sehen. Ich habe Sie doch richtig verstanden: Entscheidend für Sie ist | Kundenwunsch hinterfragen |

| | | |
|---|---|---|
| | nicht das attraktivste Angebot, sondern die Startinvestition? | |
| Maier: | Schön und gut: Ich brauche mindestens 20 Prozent Rabatt. | |
| Sie: | Ich kann Sie gut verstehen, wer von uns wünscht sich das nicht? | Quittieren, sonst zunächst nichts! |
| Maier: | Also, dann geben Sie mir den Rabatt? | |
| Sie: | Herr Maier, was würden Sie zu Ihrem Verkaufsmitarbeiter sagen, wenn er solche Rabatte gibt? | Erst bei Nachfrage darauf eingehen |
| Maier: | Gut, dann einigen wir uns auf glatte 20 Prozent. | |
| Sie: | Interessant. Fänden Sie es nicht unseriös, um nicht zu sagen sogar unverschämt, wenn ich dies könnte und Ihnen nicht schon längst angeboten hätte? | Persönlich werden |
| Maier: | Dann eben 15 Prozent! Mein letztes Wort. | |
| Sie: | Ich verstehe Sie ja. Auch ich neige manchmal dazu, nur auf den niedrigsten Preis zu achten. Und das habe ich schon oft bereut, Sie nicht? | Zweifel streuen |
| Maier: | Ja, aber oft ist auch ein günstiges Produkt gut. | |
| Sie: | Ja, eben nur oft. Wollen Sie es wirklich auf den Zufall ankommen lassen, hoffen, dass es hier auch so ist? Oder lieber das sichere Gefühl haben, sich garantiert für das Richtige zu entscheiden? Was ist Ihnen lieber? | Zweifel vertiefen. Sicherheitsgefühl ansprechen |
| Maier: | Ich brauche aber einen besseren Preis! | |
| Sie: | Was versprechen Sie sich eigentlich davon? | Quittieren |

| | | |
|---|---|---|
| Maier: | Dann kann ich Ihnen den Auftrag sofort erteilen. | |
| Sie: | Ja, und ansonsten warten Sie lieber ab, statt in den Genuss der immensen Zeitersparnis zu kommen? | Gewinnverzicht ansprechen |
| Maier: | Nein, dann spare ich mir das Geld. | |
| Sie: | Was sind schon die Investitionen im Vergleich zu den Möglichkeiten und den Einsparungen? Wie schnell rechnet sich die Preisdifferenz für jemanden in Ihrer Position? Was alles könnten Sie so zusätzlich leisten? | Gegenüberstellung<br>Kosten – Nutzen<br>Praxisbeispiel |
| Maier: | Klar, nur was hab ich persönlich davon? | |
| Sie: | Eine wichtige Frage. Zum Beispiel ein höheres Ergebnis und mehr Anerkennung im Beruf, mehr Freizeit. Wie wichtig ist das für Sie? | Quittieren, Vorteile in Aussicht stellen |
| Maier: | Schon wichtig. Aber welchen Rabatt bieten Sie mir? | |
| Sie: | Denselben, um den wir die Leistungen und Vorteile unserer Zeitmanagement-Software reduzieren können. Reicht Ihnen die halbe Zeitersparnis aus? | Leistungsreduzierung/Verlust an Vorteilen andeuten |
| Maier: | Nein, so habe ich das nicht gemeint. Das geht doch auch gar nicht, oder? | |
| Sie: | Eben, das ist der Punkt. Und selbst wenn es ginge: Ich könnte es nicht verantworten, Ihnen eine nutzenreduzierte Software anzubieten. Denken Sie nur an die vielen Vorteile, die Sie vorhin selbst erlebt haben. Das wäre doch wirklich schade, oder? | Sofort auflösen, an persönliche Vertrauensbasis appellieren |
| Maier: | Also, was machen wir jetzt? | Offene Frage für mehr |

| | | |
|---|---|---|
| Sie: | Ja, Sie liefern das Stichwort: Die Stunde ist um. Wie nutzen wir die letzten fünf Minuten am besten, damit Sie schon bald viel Zeit sparen können? Wie kommen wir für Sie jetzt zu einer optimalen Entscheidung? | Information oder Wünsche |
| Maier: | Nicht ohne einen Verhandlungserfolg für mich! | |
| Sie: | Aha! Jetzt bin ich gespannt: Was wäre für Sie denn, außer einem Nachlass, ein guter Verhandlungserfolg? | Dringend hinterfragen! |
| Maier: | Irgendein deutlicher Vorteil, mit dem ich vor meinen Kollegen vom Einkauf glänzen kann. | |
| Sie: | Klar, auch ich will vor meinen Kollegen gut dastehen. Lassen Sie mich bitte überlegen. Ich will da sehr gern etwas für Sie tun. | Persönlicher Einsatz für den Kunden |
| Maier: | Da bin ich gespannt! | |
| Sie: | Jetzt habe ich ein unwiderstehlich gutes Angebot für Sie. Das können Sie Ihrem Kollegen besser als alles andere verkaufen. Wissen Sie, was wir machen? | Spannung aufbauen |
| Maier: | Nein! | |
| Sie: | Sie entscheiden sich für die Gruppenlizenz und erhalten von mir zusätzlich eine Lizenz für Ihren Kollegen. Wie gut finden Sie dieses Angebot? | Statt Nachlass lieber günstige Zusatzleistungen anbieten |
| Maier: | Na ja, ein direkter Nachlass ist das nicht! | |
| Sie: | Stimmt, es ist viel mehr wert. Zum einen können Sie damit vor Ihrem Kollegen glänzen. Das ist ein wirklich messbarer Verhandlungserfolg. Auf | Neue, zusätzliche Vorteile darstellen |

| | | |
|---|---|---|
| | der anderen Seite hat auch er einen sofortigen Gewinn an Zeit. Wollen wir das jetzt genau so machen? | Auftrag sichern |
| Maier: | Na gut, Sie haben mich überzeugt. | |
| Sie: | Es freut mich, dass wir gemeinsam zu diesem Ergebnis kommen. Herzlichen Dank für den Auftrag! | Positives Fazit, bedanken |

## A4: 99 Ideen, um sofort besser anzukommen – Kleinigkeiten mit großer Wirkung

Jetzt geht es um die vielen wertvollen Kleinigkeiten, denen wir im Alltag oft nicht genug Aufmerksamkeit schenken. Und doch sind es meist gerade diese scheinbaren Nebensächlichkeiten, die uns Wirkung verleihen oder auch kosten. Wenn Sie diese Ideen ab sofort (noch stärker) beachten, dann werden Sie bei anderen besser ankommen, Sympathien wecken und erfolgreich wirken.

| | |
|---|---|
| **Idee Nr. 1:** | **Seien Sie neugierig, offen und so richtig freundlich!** |
| **Idee Nr. 2:** | **Überraschen Sie andere mit (spontanen) Aktivitäten!** |
| **Idee Nr. 3:** | **Lassen Sie öfter mal Blumen sprechen!** |
| **Idee Nr. 4:** | **Verhalten Sie sich ab und zu anders/überraschend!** |
| **Idee Nr. 5:** | **Kleiden Sie sich häufiger mal ganz besonders!** |
| **Idee Nr. 6:** | **Schreiben oder hinterlassen Sie kurze Grüße!** |
| **Idee Nr. 7:** | **Rufen Sie andere einfach mal ohne Grund an!** |
| **Idee Nr. 8:** | **Freuen Sie sich auf Anlässe und andere Menschen!** |
| **Idee Nr. 9:** | **Erinnern Sie andere an besondere/schöne Momente!** |
| **Idee Nr. 10:** | **Gratulieren Sie herzlichst zu Leistungen/Anlässen!** |
| **Idee Nr. 11:** | **Sprechen Sie anderen offen Komplimente aus!** |
| **Idee Nr. 12:** | **Seien Sie pünktlich!** |
| **Idee Nr. 13:** | **Bringen Sie oft etwas Schönes mit!** |
| **Idee Nr. 14:** | **Bedanken Sie sich auch für »Kleinigkeiten«!** |
| **Idee Nr. 15:** | **Rufen Sie Ihre »Gegner« doch einfach mal an!** |
| **Idee Nr. 16:** | **Fragen Sie Menschen nach ihren Wünschen!** |
| **Idee Nr. 17:** | **Bitten Sie Menschen ganz offen um Rat!** |
| **Idee Nr. 18:** | **Fragen Sie andere, wie gut es ihnen geht!** |

Idee Nr. 19: Fragen Sie, was Sie für andere tun können!

Idee Nr. 20: Sprechen Sie über andere so positiv wie nur möglich!

Idee Nr. 21: Loben Sie öffentlich die Leistungen anderer!

Idee Nr. 22: Schreiben Sie jede Ihrer Ideen immer sofort auf!

Idee Nr. 23: Sagen Sie anderen, wie wichtig sie Ihnen sind!

Idee Nr. 24: Suchen und finden Sie an anderen das Positive!

Idee Nr. 25: Sprechen Sie Menschen auf deren Stärken an!

Idee Nr. 26: Machen Sie sich einen Sport daraus, Gutes zu tun!

Idee Nr. 27: Nutzen Sie jede Gelegenheit, um sehr höflich zu sein!

Idee Nr. 28: Geben Sie anderen das Gefühl, dass Sie sich Zeit für sie nehmen!

Idee Nr. 29: Begeistern Sie sich und Sie begeistern andere!

Idee Nr. 30: Wecken Sie in anderen gezielt Wünsche!

Idee Nr. 31: Schauen Sie anderen mal so richtig tief in die Augen!

Idee Nr. 32: Bringen Sie sich und andere zum Lachen!

Idee Nr. 33: Lachen Sie vor anderen auch mal über sich selbst!

Idee Nr. 34: Helfen Sie anderen, Sorgen und Ängste zu meistern!

Idee Nr. 35: Helfen Sie Menschen, ihre Grenzen zu überwinden!

Idee Nr. 36: Seien Sie so oft wie möglich ein gutes Vorbild!

Idee Nr. 37: Tun Sie selbst das, was Sie anderen empfehlen!

Idee Nr. 38: Sprechen Sie Menschen häufig mit Namen an!

Idee Nr. 39: Interessieren Sie sich für andere, deren Hobbys etc.!

Idee Nr. 40: Seien Sie ein richtig guter, aufmerksamer Zuhörer!

Idee Nr. 41: Zeigen Sie Mut und Größe, sich zu entschuldigen!

Idee Nr. 42: Geben Sie eigene Fehler ganz offen zu!

Idee Nr. 43: Räumen Sie Missverständnisse aktiv aus dem Weg!

Idee Nr. 44: Lassen Sie andere auf der gleichen Stufe stehen!

Idee Nr. 45: Wählen Sie höfliche, klare und positive Worte!

Idee Nr. 46: Seien Sie tolerant und offen für andere Meinungen!

Idee Nr. 47: Wenn Sie etwas nicht verstehen, ergründen Sie es!

Idee Nr. 48: Durchbrechen Sie die Mauer des Schweigens!

Idee Nr. 49: Seien Sie vorsichtig mit Gerüchten und Vorurteilen!

Idee Nr. 50: Betrachten Sie Freundlichkeit immer als erstes Mittel!

Idee Nr. 51: Verhelfen Sie anderen zu Spitzenleistungen!

Idee Nr. 52: Vermeiden Sie schroffe Worte!

Idee Nr. 53: Wenn Sie sich ärgern – abwarten, nicht sofort antworten!

Idee Nr. 54: Auch wenn Sie Recht haben: Tun Sie den ersten Schritt!
Idee Nr. 55: Geben Sie anderen die Chance, ihr Gesicht zu wahren!
Idee Nr. 56: Lassen Sie auch andere richtig glänzen!
Idee Nr. 57: Empfehlen und raten Sie, anstatt zu befehlen!
Idee Nr. 58: Machen Sie anderen Mut, Dinge aktiv anzupacken!
Idee Nr. 59: Helfen Sie Menschen, klare Gedanken zu fassen!
Idee Nr. 60: Seien Sie für andere Menschen einfach da!
Idee Nr. 61: Fragen Sie sich: Wie fände ich meine Meinung?
Idee Nr. 62: Unterscheiden Sie zwischen Großem und Kleinem!
Idee Nr. 63: Streiten Sie sich nicht ständig um Kleinigkeiten!
Idee Nr. 64: Machen Sie Schluss mit kindischer Rechthaberei!
Idee Nr. 65: Finden Sie heraus, was dem anderen wichtig ist!
Idee Nr. 66: Schreiben Sie ohne Anlass einen persönlichen Brief!
Idee Nr. 67: Telefonieren Sie ohne direkten Grund beziehungsweise Absicht!
Idee Nr. 68: Fragen Sie, statt einfach zu behaupten!
Idee Nr. 69: Schaffen Sie wertvolle gemeinsame Erlebnisse!
Idee Nr. 70: Nehmen Sie an anderen Kleinigkeiten wahr!
Idee Nr. 71: Verurteilen Sie weder Menschen noch deren Ansichten!
Idee Nr. 72: Beurteilen Sie, verurteilen Sie nicht!
Idee Nr. 73: Verhelfen Sie anderen zu klaren Prioritäten und Zielen!
Idee Nr. 74: Geben Sie auch anderen Raum, sich gut darzustellen!
Idee Nr. 75: Beschreiben Sie Ihre Ideen/Ziele leicht nachvollziehbar!
Idee Nr. 76: Stellen Sie Ihre Leistungen nicht (ab-)wertend dar!
Idee Nr. 77: Reden Sie ruhig einmal unüblich: »Wie sehr gut ...?«!
Idee Nr. 78: Bringen Sie andere Menschen aktiv zusammen!
Idee Nr. 79: Schaffen Sie für andere Mehrwert und Synergieeffekte!
Idee Nr. 80: Verhelfen Sie anderen zu wichtigen Kontakten!
Idee Nr. 81: Tun Sie häufig mehr, als andere von Ihnen erwarten!
Idee Nr. 82: Verhelfen Sie anderen zu mehr Selbstvertrauen!
Idee Nr. 83: Loben Sie oft, persönlich und ausdrücklich!
Idee Nr. 84: Schaffen Sie möglichst viele Gemeinsamkeiten!
Idee Nr. 85: Suchen Sie Gesprächsthemen, die andere interessieren!
Idee Nr. 86: Passen Sie Ihre »Wichtigkeit« immer der Situation an!
Idee Nr. 87: Starten/beenden Sie den Tag mit guten Taten/Gedanken!
Idee Nr. 88: Sorgen Sie dafür, dass Sie für etwas stehen!

| | |
|---|---|
| Idee Nr. 89: | Machen Sie verständlich, warum Sie etwas wollen! |
| Idee Nr. 90: | Betrachten Sie offene Kritik immer auch als wertvoll! |
| Idee Nr. 91: | Nehmen Sie Kritik wichtig, doch nicht persönlich! |
| Idee Nr. 92: | Hinterfragen Sie Kritik, bleiben Sie möglichst sachlich! |
| Idee Nr. 93: | Sagen Sie so oft wie möglich »bitte«, »danke«, »gern«! |
| Idee Nr. 94: | Glauben Sie daran, dass andere es gut mit Ihnen meinen! |
| Idee Nr. 95: | Verwenden Sie die Sprache/Worte anderer! |
| Idee Nr. 96: | Beachten Sie das Verhalten und die Reaktionen anderer! |
| Idee Nr. 97: | Sorgen Sie selbst für einen guten ersten Eindruck! |
| Idee Nr. 98: | Geben Sie anderen häufiger mal eine zweite Chance! |
| Idee Nr. 99: | Achten Sie darauf, wie (gut) Sie bei anderen ankommen! |

# A5: Die persönliche Erfolgskontrolle

## Auflösung zu »Testen Sie Ihr Wissen I: Basics der Kommunikation«

1. Kommunikation findet immer auf der … statt:
   ☐ **Kontrollebene** ☒ **Sachebene** ☒ **Beziehungsebene**

2. Kommunikation findet … statt.
   ☒ **immer** ☐ **meistens** ☐ **partnerschaftlich**

3. Es zählt nicht, was Sie sagen, sondern nur, was …
   ☐ **Sie machen** ☐ **Sie wollen** ☒ **ankommt**

4. … statt nur zuhören!
   ☐ **Fragen** ☐ **Kritisieren** ☒ **genau Hinhören**

5. Die Erfolgsfaktoren im Gespräch sind bis zu:

| | | |
|---|---|---|
| ☐ **45 % Körpersprache** | ☒ **38 % Sprache** | ☐ **17 % Inhalt** |
| ☒ **55 % Körpersprache** | ☐ **25 % Sprache** | ☐ **20 % Inhalt** |
| ☐ **65 % Körpersprache** | ☐ **28 % Sprache** | ☒ **7 % Inhalt** |

6. Der Erfolgsfaktor beim Telefonieren ist zu … das »Wie«.
   ☐ **63 %** ☐ **55 %** ☒ **88 %**

7. Worte haben für jeden eine … Bedeutung.
   ☐ **einheitliche** ☒ **unterschiedliche** ☐ **gleich bleibende**

8. Entscheidend für Ihren Erfolg ist allein, wie Sie auf andere …
   ☐ **einreden** ☒ **wirken** ☐ **zugehen**

# Auflösung zu »Testen Sie Ihr Wissen II: Überzeugende Gespräche«

## Worauf achten Sie besonders?

### 1. Vor dem (Telefon-)Gespräch

Bereits im Vorfeld

- ☐ das Wetter
- ☒ klare Zielsetzung
- ☒ gute Vorbereitung

Direkt davor

- ☐ die Tagespolitik
- ☐ die Uhrzeit
- ☒ positive Einstellung

### 2. Zu Beginn des Gesprächs

Bei der Begrüßung Ihres Gesprächspartners

- ☒ Blickkontakt
- ☒ Lächeln
- ☐ positive Wortwahl

In der Startphase des Gesprächs

- ☐ Ihre Argumente
- ☐ viele Fragen stellen
- ☒ positive Stimmung
- ☒ viel Wahrnehmung
- ☒ Interesse wecken
- ☐ zur Sache kommen

### 3. In der Gesprächssituation

In Bezug auf die namentliche Anrede des Gegenübers

- ☐ nur zur Begrüßung
- ☐ nur zum Schluss
- ☒ immer wieder mal

Um Vertrauen und eine gemeinsame Wellenlänge aufzubauen

- ☐ selbst viel reden
- ☐ Sicherheit zeigen
- ☒ sich angleichen

Um sich dem Gesprächspartner anzugleichen

- ☐ Sachlichkeit
- ☐ Überzeugung
- ☒ Körpersprache
- ☐ Timing
- ☒ Sprache/Wortwahl
- ☒ seine Stimmung

Während des gesamten Gesprächs

☒ die Reaktionen ☐ die Zeit ☐ Ihre Dominanz

Bei der Darstellung Ihrer Argumente

☐ alle nacheinander ☒ das Feedback ☐ die Details

In Bezug auf Ihre Sprache

☐ viele Fachbegriffe ☒ klare Aussagen ☒ passendes Niveau

Wenn Sie selbst sprechen

☐ laut sprechen ☒ kurze Sätze ☒ gezielte Betonungen
☐ hohe Stimme ☐ langsam reden ☒ Art und Weise

Bei und nach jeder Ihrer Aussagen, Fragen, Argumente

☒ Blickkontakt ☒ Feedback/Reaktion ☐ einfach weiterreden

In Bezug auf das Verhalten Ihres Gesprächspartners

☒ Mimik/Blickkontakt ☒ Körpersprache ☐ seine Argumente

Bei jeder Frage/Aussage Ihres Gesprächspartners

☒ das Wie ☒ (Körper-)Sprache ☐ nächstes Argument

Nach jeder Frage/Aussage Ihres Gesprächspartners

☐ sofort selbst reden ☐ schweigen ☒ positiv quittieren

In Bezug auf Reden – Fragen – Zuhören

☐ selbst viel reden ☒ viel fragen/zuhören ☐ nur zuhören

Bei Einwänden und Widerständen

☐ einfach übergehen ☒ positiv quittieren ☒ souverän reagieren

Bei Ihrer Reaktion auf Einwände und Widerstände

☐ Recht behalten ☐ persönlich nehmen ☒ Verständnis zeigen

In Bezug auf unklare beziehungsweise fehlende Informationen

☐ **einfach übergehen** ☐ **selbst ergänzen** ☒ **gezielt hinterfragen**

In Bezug auf Ihre Aussagen und Angaben

☒ **Eindeutigkeit** ☐ **möglichst vage** ☒ **Nutzen herausstellen**

Nach einer wichtigen Aussage, Ihrem Preisangebot etc.

☐ **immer begründen** ☐ **sofort weiterreden** ☒ **Wirkungspause**

In Bezug auf Ihre Fragen

☒ **viele Fragen stellen** ☐ **nur punktuell fragen** ☐ **nur offene Fragen**

Am Ende des Gesprächs

☒ **klares Fazit/Ergebnis** ☒ **positive Stimmung** ☒ **Wertschätzung/Dank**

## Das 1x1 erfolgreicher Selbst-PR

Gratuliere, Sie sind am Ziel! Denn hier stehen die wichtigsten Erfolgsfaktoren Ihrer Selbst-PR. Allerdings nur, wenn Sie hier alle »☺ Erfolgstipps« übertragen haben! Wollen Sie dies nachholen? Lesen Sie nochmals »So entdecken Sie dieses Buch«.

Nr. 1: ____________________

Nr. 2: ____________________

Nr. 3: ____________________

Nr. 4: ____________________

Nr. 5: ____________________

Nr. 6: ____________________

Nr. 7: ____________________

Nr. 8: ____________________

Nr. 9: ____________________

Nr. 10: ____________________

Nr. 11: ____________________

Nr. 12: ____________________

Nr. 13: ____________________

Nr. 14: ____________________

Nr. 15: ____________________

Nr. 16: ____________________

## Machen Sie sich in 5 Minuten fit für die entscheidenden Momente

| | Ja | ? | Nein |
|---|---|---|---|
| **1 Minute für Äußerlichkeiten** | | | |
| Stimmt Ihr Outfit (Kleidung, Schuhe, Haare etc.)? | ☐ | ☐ | ☐ |
| Wirken Ihre Unterlagen professionell genug? | ☐ | ☐ | ☐ |
| **1 Minute für Selbstbesinnung** | | | |
| Fühlen Sie sich im Moment so richtig gut? | ☐ | ☐ | ☐ |
| Können Sie etwas tun, was Ihnen jetzt gut tut? | ☐ | ☐ | ☐ |
| Können Sie sich jetzt einmal tief entspannen? | ☐ | ☐ | ☐ |
| **1 Minute für letzte Vorbereitungen** | | | |
| Haben Sie noch etwas in Ihren Unterlagen zu ordnen? | ☐ | ☐ | ☐ |
| Haben Sie Visitenkarten und alle Präsentationsmittel? | ☐ | ☐ | ☐ |
| Kennen Sie die Namen/Funktionen aller Beteiligten? | ☐ | ☐ | ☐ |
| Gibt es etwas, das Sie jetzt kurz auffrischen sollten? | ☐ | ☐ | ☐ |
| **1 Minute für Gedanken an den Gesprächspartner** | | | |
| Können Sie sich Ihr Gegenüber positiv vorstellen? | ☐ | ☐ | ☐ |
| Erinnern Sie sich an das letzte gute Gespräch mit ihm? | ☐ | ☐ | ☐ |
| Glauben Sie, souverän mit ihm umgehen zu können? | ☐ | ☐ | ☐ |
| **1 Minute für Gesprächsziele und Selbstmotivation** | | | |
| Haben Sie für dieses Gespräch ein klares Ziel? | ☐ | ☐ | ☐ |
| Wissen Sie genau, wie Sie vorgehen wollen? | ☐ | ☐ | ☐ |
| Haben Sie Ihre wichtigsten Argumente parat? | ☐ | ☐ | ☐ |
| Rechnen Sie im Gespräch mit Schwierigkeiten? | ☐ | ☐ | ☐ |
| Sind Sie überzeugt, dass Sie Ihr Ziel erreichen? | ☐ | ☐ | ☐ |
| Denken Sie an Blickkontakt, Lächeln, das Wie? | ☐ | ☐ | ☐ |
| Können Sie jetzt Ihr Glücksquadrat aktivieren? | ☐ | ☐ | ☐ |

# Literaturempfehlungen

Bandler, Richard: Veränderung des subjektiven Erlebens. Fortgeschrittene Methoden des NLP, Paderborn 1987

Bandler, Richard/Donner, Paul: Die Schatztruhe: NLP im Verkauf. Das neue Paradigma des Erfolgs, Paderborn 1995

Bandler, Richard/La Valle, John: Die Schatzkammer des Erfolgs. Nutze deine natürliche Fähigkeit zu überzeugen. Ein Trainingskurs für Verkäufer & Manager, Paderborn 1998

Gross, Daniel: Forbes – Die größten Erfolgsstories aller Zeiten. Mitreißende Unternehmensgeschichten aus dem Land der unbegrenzten Möglichkeiten, Landsberg/Lech 1997

Ruhleder, Rolf H.: Rhetorik, Kinesik, Dialektik. Redegewandtheit, Körpersprache, Überzeugungskunst, Bonn 1997

Vogel, Ingo: Personal Way. Der persönliche Weg zum Lebenserfolg, München 1999

Vogel, Ingo: So reden Sie sich an die Spitze. Sprache als Erfolgsinstrument, München 2000

Walther, George: Sag, was du meinst, und du bekommst, was du willst. Mit Power talking zum Erfolg, Düsseldorf 1995

Walther, George: Phone Power. So nutzen Sie das Telefon als effektives Erfolgsinstrument, München 1998

## »Asgodom macht Mut, den eigenen Wünschen zu folgen. Ein nützliches Buch.«

*Süddeutsche Zeitung*

Erfolg wird in Zukunft nur haben, wer bewußtere Wert-, Sinn- und Zielentscheidungen trifft und danach handelt. Sabine Asgodom gibt zahlreiche Tips, wie man ein eigenes, ganz persönliches Work-Life-Konzept entwickeln kann, um innere Balance zu finden und ein erfülltes Leben zu führen – im Job und privat. Sie weist den Weg vom »Eigentlich-Land«, in dem die Menschen gern etwas ändern möchten, aber dann doch nichts unternehmen, in die Stadt »Tun«, deren Bewohner selbst die Verantwortung für ihr Leben übernehmen.

**Leben macht die Arbeit süß**

Wie Sie Ihr persönliches Work-Life-Konzept entwickeln

ISBN-13: 978-3-548-36588-6

ISBN-10: 3-548-36588-4

ULLSTEIN

0367